云南省哲学社会科学创新团队成果文库

财政分权、转移支付与基本公共服务供给效率

Fiscal Decentralization，Transfer Payment and the Efficiency of Basic Public Service Supply

王守义 著

社会科学文献出版社
SOCIAL SCIENCES ACADEMIC PRESS(CHINA)

《云南省哲学社会科学创新团队成果文库》编辑说明

《云南省哲学社会科学创新团队成果文库》是云南省哲学社会科学创新团队建设中的一个重要项目。编辑出版《云南省哲学社会科学创新团队成果文库》是落实中央、省委关于加强中国特色新型智库建设意见，充分发挥哲学社会科学优秀成果的示范引领作用，为推进哲学社会科学学科体系、学术观点和科研方法创新，为繁荣发展哲学社会科学服务。

云南省哲学社会科学创新团队 2011 年开始立项建设，在整合研究力量和出人才、出成果方面成效显著，产生了一批有学术分量的基础理论研究和应用研究成果，2016 年云南省社会科学界联合会决定组织编辑出版《云南省哲学社会科学创新团队成果文库》。

《云南省哲学社会科学创新团队成果文库》从 2016 年开始编辑出版，拟用 5 年时间集中推出 100 本我省哲学社会科学创新团队研究成果。云南省社科联高度重视此项工作，专门成立了评审委员会，遵循科学、公平、公正、公开的原则，对申报的项目进行了资格审查、初评、终评的遴选工作，按照“坚持正确导向，充分体现马克思主义的立场、观点、方法；具有原创性、开拓性、前沿性，对推动经济社会发展和学科建设意义重大；符合学术规范，学风严谨、文风朴实”的标准，遴选出一批创新团队的优秀成果，根据“统一标识、统一封面、统一版式、统一标准”的总体要求，组织出版，以达到整理、总结、展示、交流，推动学术研究，促进云南社会科学学术建设与繁荣发展的目的。

编委会

2017 年 6 月

内容摘要

作为中国基本公共服务主要的供给主体，县级政府获得了大量而稳定的来自上级政府的财政转移支付，这些资金的规模在县级政府财政总收入中所占比重比较大，已经成为县级政府提供基本公共服务的主要资金来源。于是财政转移支付对县级政府基本公共服务供给效率会产生何种影响，就成为一个值得研究的问题。

本研究通过理论模型推导地方政府基本公共服务供给对一般性转移支付资金和专项转移支付资金的敏感程度，即以地方政府基本公共服务产出量与投入量的比值作为衡量基本公共服务供给效率指标，通过对该指标方程求因变量（基本公共服务产出量）对自变量（一般性转移支付和专项转移支付）的偏导数来表征变量间的敏感性，进而得出两种转移支付对基本公共服务供给效率产生的影响。在此研究基础上，运用委托代理理论，证明在辖区居民的基本公共服务真实需求并未被完全显示及表达的情况下，上述理论模型仍然能够求得均衡解。

为了清晰地展示中国不同区域财政转移支付对县级基本公共服务供给效率的影响，本研究选取了全国省级层面样本和东部地区经济较发达的广东、中部省份中经济欠发达的农业大省安徽以及在西部地区中经济发展相对落后的云南这三个省份的县级层面样本，运用全国省级层面数据和三省2004～2014年县级政府财政收支的面板数据进行实证研究和比较分析。首先是就财政转移支付（分为一般性转移支付和专项转移支付）以及其他被选择的控制变量对县级政府基本公共服务支出结构的影响进行敏感性分析，计量结果显示，两者之间确实存在明显的相关性，即财政转移支付的增加确实会引起样本省份的县级政府基本公共服务支出结构发生改变，但两种转移支付带来的影响并不相同；在此基础上，本研究运用随机前沿分析（SFA）方法进一步分析了财政转移支付规模及其占财政收入比重等因素对全国省级层面和云南、广东和安徽三省的县级政府基本公共服务供给效率的影响。

本研究的主要结论是：(1) 财政专项转移支付对提高经济欠发达地区县级政府的基本公共服务供给效率的重要性远大于经济发达地区，而一般性转移支付能更好地促进经济发达地区县级政府基本公共服务效率的提升。因此，当我们在改革财政转移支付制度时，在普遍提升一般性转移支付比重的同时，应加大针对西部落后地区的专项转移支付的比重。(2) 一般性转移支付和专项转移支付对三省县级政府基本公共服务供给行为和供给效率的影响存在着区域差异，对财政总体支出效率的影响也存在差异。(3) 财政分权对县级政府基本公共服务供给行为及供给效率的影响存在着较为明显的区域差别，而分权作用的这种区域性差别与地区经济发达程度和居民收入水平并没有必然和直接的联系，但是财权按照一定的税收原则选择适度下放，事权要有一定的上收，这样的做法确实有其必要性，在一定程度上可以减少财政转移支付在使用过程中对地方政府行为造成的扭曲和资金使用效率的损失。(4) 作为重要控制变量，行政管理支出和经济建设支出的增加对县级政府提高基本公共服务供给效率存在着区域性差异。广东和安徽两省相比于云南省，行政管理和经济建设支出的增加会促进县级政府基本公共服务供给效率的提高，而在云南省，实证结果则表现出显著的负面影响。(5) 从制度运行和实施机制的角度讲，基本公共服务的委托人（上级政府）和代理人（下级政府）、供给方（各级政府）和需求方（辖区居民）之间如果能够形成具备良好激励约束的委托代理机制，那么对提高财政转移支付资金在基本公共服务供给方面使用效率将发挥重要的作用。

本研究主要的政策建议为：(1) 进一步改革财政体制，改善转移支付制度和政策，改进并规范县级政府基本公共服务供给行为，提高供给效率。(2) 构建并完善以委托代理机制为主的机制体系，激励、约束和监督县级政府基本公共服务供给行为，提高财政转移支付资金的使用效率。(3) 构建层次清晰的法律制度以及监督和反腐机制，以加强对财政转移支付资金在分配、使用和事后的绩效评估等全过程的监管。

Abstract

As China's basic public services are major suppliers, the county government received substantial and stable financial transfer payments from higher levels of government, the size of these funds and the relatively large proportion of fiscal revenue in the county government, the county has become level governments to provide basic public services the main source of funding. So the fiscal transfers to the county government basic public service delivery efficiency will produce what kind of impact has become a problem worthy of study.

In this paper, a theoretical model is derived by the sensitivity of the supply basic public services of the local government for the fiscal special transfers payments and general transfer payments, namely local government basic public services output volume and input volume ratio as a measure of efficiency variable supply of basic public services, by seeking the equation variable dependent variable (the amount of basic public service output) the partial derivatives of the independent variable (general transfer payments and special transfer payments) to characterize the sensitivity of variables, and then draw two kinds of basic public transfer payments service supply efficiency impact. In this study, based on the use of agency theory, proof of basic public services in the real needs of area residents has not been fully displayed and expression case, the theoretical model is still able to obtain equilibrium.

In order to clearly demonstrate our different areas of the fiscal transfers on the supply of basic public services at the county level of efficiency, this paper selects national provincial level samples and the regional economy more developed eastern part of Guangdong Province, in the central province of underdeveloped economy and a major agricultural province of Anhui in the Western Region relatively backward three provinces of Yunnan, the use of provincial level data and three provinces 2004 – 2014 on the panel data county government revenue and expenditure of the empirical research and comparative analysis. The first is the (divided into general transfer payments and special fiscally transfers and other selected control variables affect the structure of county government expenditure on basic public services, the sensitivity analysis on financial transfer payment, measurement results show that indeed between significant increases relevance, namely' financial transfer payment does cause sample provinces county government basic public services expenditure structure changes, but the impact caused by two types of transfer payments is not the same; on this basis, this paper, random frontier analysis (SFA) method to further analyze the impact of the financial transfer payment scale and proportion of fiscal revenue accounted for factors such as provincial level and Yunnan, Guangdong and Anhui provinces county government basic public service delivery efficiency.

The main conclusions are: (1) The importance of special fiscally transfers to underdeveloped areas of county government basic public service delivery efficiency is much greater than in economically developed areas, and general transfer payments to better promote economically developed areas county government basic public services to enhance the efficiency. Therefore, when we move in the reform of the transfer payment from the exchequer in general to enhance the proportion of general transfer payments, it should also increase transfer payments for special Western Areas proportion. (2) General transfer payments and special fiscal transfers to provinces county government basic public services affect the behavior of supply and supply efficiency of the existence of regional differences, the impact on the overall financial expenditure efficiency is also different. (3) Fiscal decentralization affect the behavior of supply and supply efficiency of county government basic public services to the existence of obvious regional differences, and this difference in regional economically development level and income level of decentralization and the role of the regions are not necessarily and direct contact, but property rights in accordance with certain principles of taxation select appropriate delegated powers on to have a certain income, such an approach is indeed its necessity, to a certain extent, can reduce the financial transfer payments in the course of local government behavior distorted use of funds and efficiency losses. (4) As an important control variable, increase administrative expenditure and economic development of the county government spending to improve the efficiency of the supply of basic public services there is a regional difference. Anhui, Guangdong and Yunnan provinces compared to the increased administrative and economic construction expenditure would facilitate the supply of basic public services of county government efficiency, and in Yunnan Province, the empirical results showed a significant negative impact. (5) From the perspective of system operation and implementation mechanisms speaking, the principal of basic public services (higher levels of government) and the agent (lower levels of government), if it can be formed between the supply side (governments) and the demand side (area residents) have a good incentive and restraint mechanisms of the agency, the disbursement of funds to improve basic public services in the financial transfer efficiency of the supply side will play an important role.

Major policy recommendations as: (1) Further reform of the financial system, improvement of the transfer payment system and policies, improvement and standardize the county government basic public services supply behavior and improve supply efficiency. (2) To build and perfect the mechanism – based agency mechanism system, motivation, supervision and restraint county government basic public services supply behavior, increase fiscal transfers funds using efficiency. (3) Build a clear hierarchy of the legal system as well as supervision and anti – corruption mechanisms to strengthen supervision on fiscal transfers' funds in the distribution, use and post – performance evaluation of the whole process.

目录

导　论

一　研究背景及问题的提出

（一）研究背景

作为一个地域广阔的发展中大国，我国东中西部经济与社会非均衡发展态势异常明显，这种非均衡发展一方面与资源禀赋在地理上的空间分布不均衡有关，如是否临海等；另一方面也缘于产业在空间上的集中会产生规模效应，这种规模效应会进一步强化其发展优势，进一步扩大经济和人口在地理上的非均衡分布①。为了更好地实现地区间经济协调发展，需要从优化微观企业决策和协调宏观政府间行为两个维度着手，而第二个维度，即协调宏观政府间行为，主要涉及的问题就是分权，其中包括中央政府在基本公共服务方面的事权小于地方政府，地方政府中上级部门的事权小于下级部门，但财政收入权力的排序恰好相反，当然，这里的权力既包括事权（行政权力、基本公共服务供给等），也包括财权（财政收支的权力等）。分权化治理是目前世界上许多大国都在采用的策略，其中，财政分权是最重要的内容之一。理论界一般都认为中央政府向地方政府分权是推动我国经济长期发展主要动力之一，我国经济与社会改革和发展的历程也表明该举措是正确的。上级政府（含中央政府）通过制度硬约束向下级转达财政支出意向，尤其是对基本公共服务供给的财政支出要求可以说从1949年后的计划经济时代就开始了，但直到20世纪80年代末，这种上级

① 范子英：《央地关系与区域经济格局：财政转移支付的视角》，复旦大学，2010，第1～5页。

政府间的分权还仅仅只是所谓的事权可以向下级政府放，通过财政资源获取收入的权力还是被上级政府所控制，不容忽视的是，上下级政府间对财权的争取一直没有停止过。

但分权在我国形成的中央和地方在事权财权上的不匹配，在1994年分税制改革后变得愈发严重。首先，从财政收支权力方面分析，我们知道，1980～1993年这段时间，中国实行的是财政承包制，这一制度在一定程度上适应了当时经济发展需要，赋予了地方政府充分的发展经济的激励，但由于上级政府财政转移承诺的不可靠，使得地方政府私设小金库，刻意将预算内收入转变为预算外收入，导致中央政府财政收不抵支现象经常发生，个别年份甚至还要向地方政府借钱以弥补赤字。为了扭转中央财政收入不足所导致的宏观调控能力欠缺状况、加强中央对地方的财政转移支付以平衡地方财力差异和强化地方政府在基本公共服务中的职责，1994年中国开始全面实施分税制改革，与前述目的相对应，这次改革的最初设计及驱动力就是提高中央政府在再分配中的角色，在全国范围内减少省际基本公共服务供给水平的不平衡和由这种不平衡带来的外部性，从而实现有效的宏观经济管理。综观分税制改革后我国历年财政收支数据，我们不难发现，中央政府的财政收入能力上升，在全国财政收入中的比例也基本维持在46.6%～55.7%之间，财政支出占全国财政支出的比重则从1994年的30.3%降到2013年的14.6%；相比之下，地方财政收入比重维持在44.3%～53.4%，而支出比重则从1994年的69.7%升至2013年的85.4%①，由这些数据可以看出，中央政府通过分税制改革实现了财力大幅度提升，而地方政府可支配财力缺乏②，财政收支权力分化严重。2013年地方支出高达31%的缺口则需要中央的转移支付。因此，就目前我国经济发展实际情况来说，中央政府要对地方经济发展产生实质的影响，其手段就不再是给政策（如税收分权和优惠）这么随意了，于是，大规模的财政转移支付就成了中央政府的必备选项之一。

同时，从事权责任的划分和承担来看，按照1994年分税制改革的安

① 数据来源于《中国财政年鉴》(2014年卷)，中国财政杂志出版社。

② 鉴于制度外财力数据不可得，我们在此不考虑这部分数据对结果可能造成的影响。但令人欣慰的是，2015年1月1日颁布实施的新《预算法》可以在一定程度上避免此类影响。

排，与地方经济发展相关，尤其是与地方居民需求紧密相关的公共服务基本都被划分到地方政府的职责范围之内了。以 2007 ~ 2013 年主要公共支出项目中中央和地方分别支出资金占该项目支出总资金的比重为例，如图 0 - 1 所示，中央和地方在各类公共服务中的支出比重大小差距明显，地方政府的支出责任较大，86% 的行政管理支出比重和 83% 的维护公共安全的支出比重可以体现出这一点；而教育、社会保障和就业支出、医疗卫生、城乡社区事务四类支出年均占比都在 94% 以上，城乡社区事务支出占比更是达到了 99.8% 以上；从绝对量占比来说，教育、社会保障和就业支出、医疗卫生、城乡社区事务四类支出占当年全国财政总支出比重，7 年间年均达到 37% 以上。所以，我们有理由相信，分税制改革后，中央和地方事权划分情况是地方承担了大部分事权，而地方政府没有那么多钱去承担这些公共支出事项，来自上级的财政转移支付就成为解决该问题的重要方案之一。

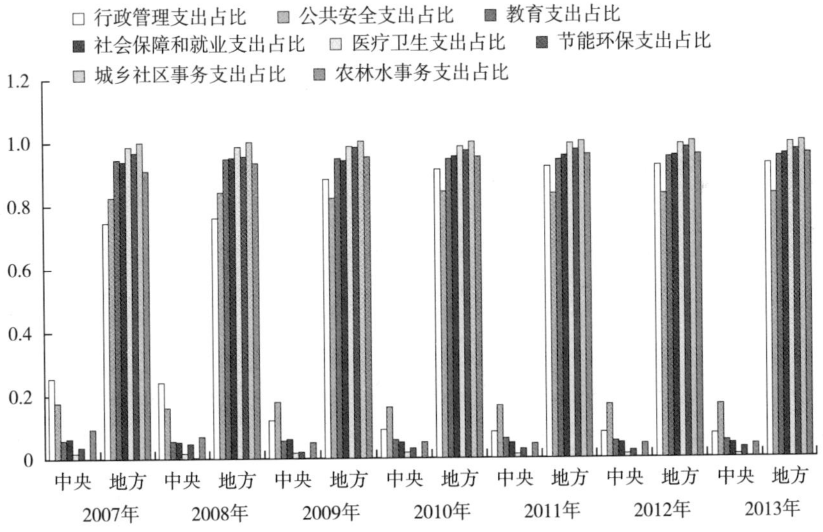

图 0 - 1 各类公共支出中中央和地方所占比重

注：1. 本表数据是根据历年《中国财政年鉴》整理得来；
2. 由于国家 2007 年起实施《政府收支分类科目》，本表数据从 2007 年开始。

以上两点对财政转移支付必要性的分析是基于实际经济运行来说的，而就公共经济学理论来说，地方政府提供地方性公共产品是地方政府存在的必要性之所在，Tiebout（1956）认为，地方政府在了解本地居民偏好方面具有优势，本地居民相比于中央政府也能更好地监督地方政府提供某种公共产品[①]。Stigler（1957）就此也给出了两点理由：一是就对本地居民在公共服务方面的需求信息掌握的充分程度来说，地方政府远远比中央政府有优势；二是辖区居民对自己需要的公共产品拥有投票权，需要来自不同层级政府所提供的差异化的基本公共服务[②]。从供给效率来说，Oates（1972）认为，每一项基本公共服务应该由拥有最小地理面积的管辖者来提供，这样可以保证服务的收益和损失由他们自己享受和承担[③]。但正如本研究前面所述，我国地区间资源禀赋差异极大，要实现地区间经济社会同步发展几乎不可能，即使在计划经济时期，东、中、西部的发展差距也很大[④]，地区间基本公共服务供给水平的差距也异常明显。同时，我国"城乡二元"结构客观存在，各级政府的财政支出偏向城市的政策更是加剧了这一现象。为了弥补这些差距，增强地方政府提供基本公共服务的主动性，物质激励就显得尤为重要了，尤其是来自上级政府（含中央政府）的财政转移支付就愈发重要了，这些上下级政府间的财政转移支付制度和方法符合基本公共服务均等化的要求，也符合财政转移支付的功能定位。因此，综观世界各国，多数国家的中央政府收入责任大于支出责任，而地方政府支出责任远大于收入责任，而且中央政府和地方政府在支出责任和自有财政收入上都存在着纵向不均衡；同级的地方政府间因受到资源禀赋、经济结构、自然环境和人口状况等诸多因素的影响，也存在着收入能力、支出水平以及公共服务提供能力上的横向不均衡。因此，作为一种政策工具，财政转移支付的一个主要目标就是要改善这种财政分权所产生的上下级政府间的收入与基本公共服务支出不相匹配的非平衡状况，平衡地区间差异。

与此同时，公共财政支出必须满足公众对基本公共服务的需求又是我

① Charles M. Tiebout, "A Pure Theory of Local Expenditure," *Journal of Political Economy* 64 (1956): 416.

② George J. Stigler, Tenable Range of Function of Local Government on Federal Expenditure Policy for Economic Growth and Stability (paper presented at the Joint Economic Committee, Washington D. C., January 1957), pp. 213 – 219.

③ Wallace E. Oates, *Fiscal Federalism* (New York: Harcourt Brace Jovanovic, 1972), p. 326.

④ 陈志武：《金融技术、经济增长与文化》，《经济导刊》2005 年第 5 期。

国财政体制改革的重要出发点和立足点之一，而我国正在努力全面建设的小康社会也需要政府在基本公共服务上的财政支出与公众对基本公共服务的需求相匹配，这也是小康社会的本质要求。但就我国辖区居民对基本公共服务的需求问题来说，长期以来不容忽视的实际情况是，深受我国传统文化影响的社会公众在决定其自身需求时，往往依赖于政府部门的决策，独立表达自身需求的意愿不强烈，而政府部门在制定公共服务方面的供给决策时，一方面希望能够掌握公众意愿，但另一方面往往又缺乏搜集公众意愿的渠道，这往往造成了在政府的基本公共服务供给行为中，供给并不能够显示乃至满足公众需求，供给至上思想在一定程度和范围内仍然存在。具体表现为：

一是在日常生活中，我们经常看到“重供给轻需求”的现象，即当基本公共服务被提供之后，它可能并不像绝大部分公众所期待或所设想的那样“美好”，这种现象的经常出现导致很多人都“见怪不怪”了，而体现在供给与需求的结构上，则是供需不一致的结构固化现象已经非常明显。

二是公众个人为了规避个体行动所付出的更高的税收成本，他们会选择不表达或少表达自己对基本公共服务的真实偏好，而这样做的话又可以增加他们的收益。但是，集体行动却常常会被这种合乎“个人理性”的选择所干扰而无法实现，通过提供基本公共服务来提高社会整体福利的构想也就几乎不可能实现了。

三是缺乏制度化的需求表达结构机制和文化机制。根据“政治系统论”[①] 的观点，在基本公共服务的消费中，制度体系中的一些重要组成结点，如机关、新闻机构、政府官员和 NGO 等，应该成为公众表达需求意愿和真实偏好的渠道和途径，而且一般都要求这些结点必须层次丰富而完善，公众对基本公共服务的需求信息能够被及时而准确的搜集和整理，进而汇报到基本公共服务供给的决策部门。但是，这些结点的构建和作用的发挥在我国的实际运行情况并不理想，社区和居委会作为最基层的政府部

① 政治系统论又被称为政治系统分析模式，是美国当代著名的政治科学学者 David Easton 创立的，被广泛运用于公共政策以及政治理论的研究，该理论提倡重新构建价值结构，将政治解读为围绕政府制定和执行政策进行的社会机制的权威性分配活动。具体内容可以参阅其代表作《政治生活的系统分析》一书。

门，在这方面本应发挥重要作用，就目前来说，我们已然在这方面做了很多事情并取得了一定的成绩，但显然还不够，需要继续努力。

综上所述，在地方政府工作中，运用上级政府的财政转移支付资金来提供基本公共服务给本地居民已经成为其主要职责，而为了保障基本公共服务的供给能够满足公众需求，地方政府也要畅通本地居民的基本公共服务需求表达渠道，及时准确掌握辖区居民的需求，使基本公共服务供给成为能够满足居民有效需求的有效供给，从而提高基本公共服务供给效率。这就愈发凸显了在我国现行财政体制之下，合理设计财政转移支付制度和相应实施机制的重要性，以及研究财政转移支付对基本公共服务供给效率影响的紧迫性和重要意义。

（二）问题的提出

一般来说，我国 20 世纪 90 年代实施的分税制改革使得财政转移支付的意义得到了进一步加强，从图 0 – 2 中，我们可以看出，1992 年之前地方政府从中央政府获得的财政转移支付资金一直呈下降趋势，到 1993 年中央对地方的净财政转移支付为 – 55. 68 亿元，达到历史新低，这种情况下，中央政府已然是没有多余的财力进行财政转移支付。从数据上看，地方政府从中央获得的净财政转移支付在 1994 年约为 1819. 04 亿元，而到 2014 年则达到了 51591. 04 亿元，约 19. 25% 的年均增长幅度已经超过了 16. 62% ，即中央政府同一时期财政收入的年均增长幅度，而与此相对应的是，在当年中央政府的财政支出中，财政转移支付的占比也呈现出显著上升趋势，从 1994 年的 43. 9% 上升到 2014 年的 69. 57% 。有个时间临界点（2000 年）也需要说明下，从 1994 年至 2000 年，地方政府从中央得到的财政转移支付金额和占比增加趋势虽然不明显，个别年份占比甚至有所下滑，但伴随着 2000 年之后国家经济战略的改变，如西部大开发和振兴东北老工业基地等战略的实施而同步出现了财政转移支付的快速增加，所占比重也显著提高。

然而，就我国财政转移支付与基本公共服务供给状况的现实表现来说，还存在着以下不容忽视的重要现象。

一是从理论上讲，地方政府的财政收入能力可以通过从上级政府获得

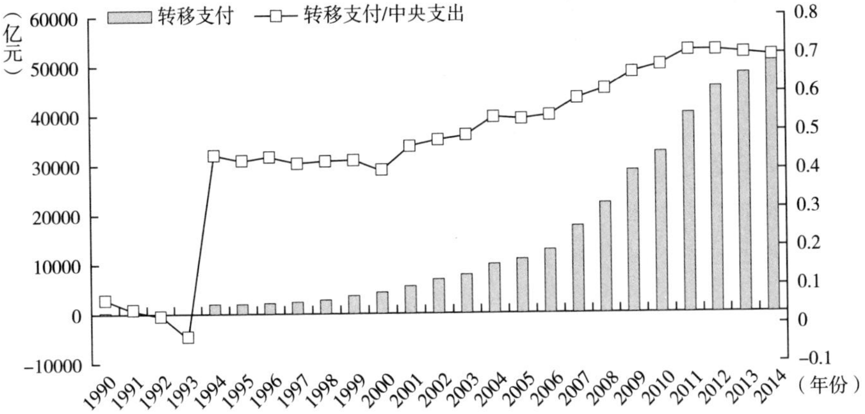

图 0-2 1990～2014 年中央财政给予地方的转移支付及其占中央财政支出的比重

注：本表数据是根据历年《中国财政年鉴》整理得来。

财政转移支付得到增强，这些财政转移支付相当于变相地赋予了地方政府更大的降税等调整税收的自主权，但这种赋予地方政府的自主权是为了鼓励其提供基本公共服务[①]。从这点说，地方政府的财政支出行为会受到转移支付影响，尤其是地方政府基本公共服务供给方面的支出会得到极大改变，即地方政府在得到较多财政转移支付后会增加基本公共服务方面的支出，财政转移支付确实改善了原来地区之间存在的基本公共服务不均等状况。通过梳理现有的经验和实证研究文献，我们也确实发现相关学者的研究证实，部分地方政府在获得财政转移支付后，基本公共服务方面的财政支出能力不足的状况得到了一定的缓解，同时伴随着经济建设支出的减少，而在教育、医疗方面的支出也在增加[②]，但这种增加相比于这些基本公共服务对长期经济增长的重要性而言，则仍然显得非常不足，因为教育等基本公共服务是促进经济内生增长的重要因素，可以促进人力资本的保值和增值。

二是随着地方政府获得更多的财政转移支付，地方政府的财政支出绝

---

① A. D. Scott, "The Evaluation of Federal Grants," *Econometrica* 19 (1952): 377; James A. Wilde, "Grants - in - aid: The Analytics of Design and Response," *National Tax Journal* 24 (1971): 143.

② Paul M. Romer, "Increasing Returns and Long Run Growth," *Journal of Political Economy* 10 (1986): 1002; Robert E. Lucas Jr, "On the Mechanics of Economic Development," *Journal of Monetary Economics* 22 (1988): 3.

对量持续增加，其占全国预算内总的财政支出比重也持续上升，已经从1994年的48.5%上升到了2013年的77.8%，这一方面可以说是地方政府承担了我国财政总支出中大部分的财政支出责任，另一方面也意味着地方得到中央政府财政转移支付以后，财力确实在逐步增强，在财政支出方面的资金处置自由度也在提高。我国目前现存的中央到地方的纵向转移支付确实极大地促进了地区间财政收入能力的均衡，非均等化的基本公共服务供给状况随着地方政府间财力的均衡而得到了一定程度的改善，地区间差异逐渐缩小的趋势也体现得越来越明显。

三是在现实经济发展过程中，财政转移支付所带来的财政支出和基本公共服务供给支出虽然逐年增加，均等化趋势也越来越明显，但社会公众对目前地方政府提供的基本公共服务的整体感受以及地方政府在基本公共服务提供方面的努力程度的认可，却并不如在逐年递增的财政转移支付数据上体现的那么美好，这其中主要的原因正如本研究前面所述，很大程度上是由于基本公共服务的供给过程并未充分考虑公众需求。如表0-1所示，

表0-1　2007~2015年全国层面主要基本公共服务支出情况统计

单位：亿元

年　份	财政总支出	社会保障和就业服务支出	教育支出	医疗卫生支出	城乡社区事务支出	环境保护支出
2007	49781.35	5447.16	7122.32	1989.96	3244.70	995.82
2008	62592.66	6804.29	9010.21	2757.04	4206.14	1427.42
2009	76299.93	7606.68	10437.54	3994.19	5107.66	1934.04
2010	89874.16	9130.62	12550.02	4804.18	5987.38	2441.98
2011	109247.79	11109.40	16497.33	6429.51	7620.55	2640.98
2012	125952.97	12585.52	21242.10	7245.11	9079.12	2963.46
2013	140212.10	14490.54	22001.76	8279.90	11165.57	3435.15
2014	151662.00	15968.85	23041.71	10176.81	12959.49	3815.64
2015	175768.00	19001.00	26205.00	11916.00	15912.00	4814.00
年均增幅（%）	28.12	27.65	29.77	55.42	43.38	42.60
满意度（整体：3.07）	3.14	3.19	2.92	3.36	2.84	

注：1. 国家在2007年调整了《政府收支分类科目》，在此为了更好地展示每个项目的支出数据的变化情况，之前的数据不再罗列，前提是这样并不影响意思的表达。当然，也是为了保持统计口径的一致。2011年起，“环境保护”更名为“节能环保”；2013年起，“医疗卫生”更名为“医疗卫生和计划生育”，数据的统计口径并未变化。

2. 数据来源：历年《中国财政年鉴》。

2007～2015年国家财政在环境保护支出等五个主要基本公共服务供给方面支出的绝对量和相对量均持续显著增加，年均增幅除社会保障和就业外，均超越了财政总支出增长幅度。但据中国社会科学院发布的《中国基本公共服务调查报告（2012）》显示，虽然总体而言，公众对公共服务比较满意而且对未来改善比较有信心，但总体满意度仅为3.07分（满分5分），其中对医疗卫生和环境保护的整体满意度均低于平均值，医疗卫生满意度更是呈现出明显的地域不均衡，东部地区满意度最高为2.96分，中部地区排在第二位，平均分为2.94分，西部地区仅为2.85分。总之，财政转移支付带来了地方政府财政支出的增加，包括基本公共服务支出规模的增加，但没有带来当地居民幸福感的提升，当然这里的幸福感指的是消费增加的财政支出所提供的基本公共服务而得到的。

通过上述分析，可以看出，我国经济发展水平在历史和空间上本就分布不均衡，虽然可以较为明显地体会和观察到基本公共服务均等化趋势在我国地区间的表现越来越明显，而且这种趋势在很大程度上是得益于财政转移支付所带来的地区间财力的平衡，但是东中西部地区间经济社会发展水平和基本公共服务供给水平仍然差异巨大，各省域内县区层面因经济发展水平不同也呈现出这些特点，这就引起了两方面值得注意的问题：一方面，地方政府承担了大量的公共产品支出责任，支出结构和比重虽然有所差别，但各项支出增速明显；另一方面，大量的财政转移支付所带来的财政支出和基本公共服务支出在总量和增量双显著的情况下，公众从消费基本公共服务中所得到的满足程度却没有同步显著提升。

这就不得不引起我们的思考，财政转移支付是我国分权体制之下的重要财政政策之一，地方政府的财政收入能力不能承担财政支出责任的窘境因该政策的实施得到了改善，地方政府的基本公共服务供给能力也得到了提升，从转移支付到财政收支能力，再到基本公共服务供给，财政转移支付是怎样一步一步来影响地方政府的财政行为的呢？我们也知道，财政收支行为包含支出结构和支出效率两个重要的方面，结构具有效率变化的含义，结构趋于合理就意味着效率逐步提升，财政转移支付是否会造成地方政府支出结构改变，进而产生偏向[1]呢？这种偏向是不是影响基本公共服务供给效率的主要因素呢？进一步地说，这些影响是不是跟财政转移支付的构成有关？一般性和专项转移支付在总转移支付中的分配比例是不是就是产生影响的关键之所在呢？不同方式的财政转移支付资金在地方基本公共服务供给方面的作用效果不同，这是否会极大地影响基本公共服务供给效率呢？在使用转移支付资金提供基本公共服务的过程中，辖区居民的需求表达机制和渠道是否通畅，以及地方政府是否考虑辖区居民的需求势必会极大地影响资金使用效率。我们在研究转移支付对基本公共服务供给效率的影响时，必须要考虑该需求显示机制的设计问题，这种需求显示机制又必然要将其放置到上级政府与下级政府以及辖区居民和地方政府的委托代理关系中去加以设计，良好的委托代理关系所构造的激励约束机制环境才是保证辖区居民对基本公共服务需求的偏好得以反映的前提基础。除了财政转移支付外，分权程度、行政管理支出和经济建设支出对地方政府运用财政转移支付资金提供基本公共服务行为会产生什么样的影响呢？这种影响是不是就是导致地方基本公共服务供给水平虽然改善但未能显著提升公众对基本公共服务满意度的关键因素呢？地方基本公共服务供给水平的改善不能显著提升公众满意度是不是又与地方政府财政支出效率和基本公共服务供给支出效率有关呢？

我们知道，在分税制改革以来的实践中，正是基于对地区间财力水平差距会影响到基本公共服务均等化实现而需要得到及时平衡的考虑，从中央政府开始，一直到地方政府，我国开始逐步建立和完善财政转移支付制度。按照2009年财政部对财政转移支付制度的规范，本研究重点研究一般性和专项两种转移支付，不过税收返还并不包括在我们研究的对象之内，除此之外，在一般性转移支付中主要体现的是以往来自上级政府的数额稳定、没有使用方法和方向等规定或限制的转移支付，比如被用于教育扶持、就业扶持、社会保障以及公共安全等方面的转移支付，一般性转移支付怎么使用完全是由地方政府决定，其使用方向或决定体现的是地方政府

① 本研究认为，偏向除了传统认识中“重建设、轻民生”的倾向外，还包括地方政府在民生类的公共服务支出中的非均衡现象，如明显倾向于教育支出而忽视其他基本公共服务支出也被认为是偏向。

的意愿；而专项转移支付则是为了弥补一般性转移支付在设置过程中的不足，主要是对一些专项项目进行补助，中央政府或上级政府的意愿得到了体现，但在资金使用中，地方政府的权力得到了限制，须按上级政府制定的使用说明进行。在分税制改革以后的次年（即 1995 年），一般性转移支付制度经历了一系列改革与完善，尤其是过渡性转移支付的建立和制定统一标准公式来计算每个地区能够获得的转移支付金额，以弥补地方政府的财政收入和财政支出之间的缺口。所得税分享方面的改革（2002 年）实施后，更多的、日益增加的中央财政收入转而采用一般性转移支付的形式，被用于中西部地区，过渡性转移支付逐渐被取代，从中央转移到地方的一般性转移支付增长迅速，在 2006 年超过了 1500 亿元。同时，中央政府还多次考虑各地财政困难程度，尤其是考虑到中西部地区的财政困难情况，及时并连续几次调整了财政转移支付政策（主要是针对工资方面的转移支付）。2005 年因全面取消农业税改革造成的县乡村财政困难，中央实施了农村税费改革转移支付和缓解县乡财政困难的奖补政策，从 2006 年起基本解决了县乡政府的运转和财政供养人口的工资发放问题，各省份也基本都按照中央对地方政府的财政体制，在省域内为了缩小地区间的财力水平差异，也逐步建立和完善了省以下的财政转移支付制度。

同时，在理论探讨上，财政转移支付对政府基本公共服务供给行为的影响一般是通过对不同方式的财政转移支付对地方政府所产生的影响效应和对地方政府财政支出所产生的约束力不同这两个角度展开的。一般来说，地方政府的财政支出倾向极易受到地方财政收入多少的影响而发生改变，当地方政府拥有较多的、没有严格使用规定限制的一般性转移支付时，地方政府的财政收入增加，此时，我们会发现地方政府支出行为发生了改变。这种改变我们可以通过西方经济学的效用理论来理解：中央对地方的转移支付作为一种商品会产生收入效应和替代效应，所谓收入效应是指，地方政府得到上级政府的财政转移支付和补助，实际上相当于增加了地方政府的可支配收入，因此地方政府有为了得到上级拨款而放弃自身发展和扩大税源的动机，这样使得地方政府本级的财政收入减少；替代效应是指由于得到上级拨款，下级政府可以不必自掏腰包来提供公共服务，实际上就意味着基本公共服务供给成本降低了，地方政府提供基本公共服务的主动性增强，从而也间接扩大了来自于自身财政收入的那一部分公共支出。但由于 GDP 等经济发展变量在地方官员政绩考核中处于较为重要的位置，地方政府一般不可能因为获得财政转移支付资金而放弃发展经济和扩大税源的努力，所以上述收入效应仅仅存在于理论层面。

在现实预算收支过程中，并不完全像上面所阐述的那样，财政转移支付常常会带来下列影响，如果仍然从两个方面看，一是财政转移支付会带来激励效果，主要表现在转移支付带来了地方政府财政收入的增加，它们将更有能力和动力去负担某项原本只能靠本地财政收入去完成的项目；二是在带来激励效果的同时，这些到来的转移支付也会将地方政府原来预算用于 A 项目的资金转移到 B 项目中去，虽然 A 项目的建设资金仍然得到了保证，但地方政府原来的自有财政支出被挤出，财政转移支付原本的目的及其资金使用效果大打折扣。因此，就研究财政转移支付对基本公共服务供给效率的影响来说，其内在逻辑是要研究地方政府在得到上级政府的财政转移支付以后，其财政支出行为究竟会发生什么变化，即地方政府的基本公共服务供给行为选择会发生何种改变，而这种改变势必会直接或间接影响其基本公共服务的供给效率。

通过本部分分析，我们进一步从理论上理解了财政转移支付制度是财政分权管理体制的重要组成部分，能够纠正横向和纵向间财政失衡及地方政府基本公共服务供给带来的负的外部性，而考虑到不同方式的财政转移支付对地方财政支出选择行为的约束力也不一样，本研究可以从研究思路和研究方法上对本部分前面提出的问题进行进一步深化：一是本研究将一般性转移支付和专项转移支付作为关键自变量，运用理论和实证分析方法，分析两类财政转移支付对县级政府基本公共服务供给效率影响的显著程度有多大，并在理论分析中考虑到基本公共服务的供给方（各级政府）和需求方（辖区居民）之间能够形成具备良好激励约束性质的委托代理机制则对提高财政转移支付资金在基本公共服务供给方面的使用效率会产生的重要影响，运用委托代理机制理论对基本理论模型进行深化。二是分析财政分权对县级政府基本公共服务供给效率的影响，本研究用三个变量（财政收入分权变量、财政支出分权变量和财政自主度变量）表征政府间财政分权程度，分析其对县级政府基本公共服务供给效率影响的显著程度。三是本研究用专项转移支付占财政总支出比重和转移支付占财政收入（不含专项转移支付部分）两个变量表征县级政府获得的财政转移支付规模，实证分析财政转移支付规模对县级政府基本公共服务供给效率影响的同时，将通过趋势性分析进一步验证财政转移支付规模会对县级政府基本公共服务供给行为以及供给效率产生显著影响。四是分析除了财政转移支付外，其他控制变量对县级政府基本公共服务供给效率究竟会产生什么影响，为了更好地反映这种影响，本研究同时将考察这些变量对县级政府财政总支出效率的影响。

最后，本研究将根据实证分析的结果，以云南省为例，给出提高县级政府在基本公共服务供给中财政转移支付资金使用效率的政策建议，使财政转移支付制度的作用和重要价值在我国县级政府层面得到真正发挥，进而为我国在2020年实现全面建成小康社会的目标保驾护航。

二 研究目标和意义

（一）研究目标

基于选题背景和研究的问题，本研究预期达到以下三个目标。

一是系统回顾财政分权、财政转移支付和基本公共服务供给相关理论与文献，重新定义和厘清相关概念，并运用委托代理理论对财政转移支付影响基本公共服务的传统理论逻辑进行数理推导和归纳演绎，提出本研究需要检验的理论假设，为本研究后续研究奠定理论基础。

二是选取全国省级层面、西部地区的云南省、东部地区的广东省和中部地区的安徽省作为研究对象，首先通过计量模型就财政转移支付以及其他相关变量对县级政府基本公共服务支出结构的影响进行敏感性分析，然后就财政转移支付的规模及比重对县级政府基本公共服务供给效率的影响进行趋势性分析，最后运用随机前沿分析（SFA）方法就财政转移支付以及其他变量对基本公共服务供给效率的影响进行估计。

三是构建了地方政府的财政支出在一系列约束条件下最大化代表性

当事人效用的模型，推导出地方政府基本公共服务供给对专项转移支付资金和一般性转移支付资金的敏感程度，进而得出两种转移支付对基本公共服务供给效率会产生何种影响。但是，上述理论模型的推导过程都是基于地方政府提供的基本公共服务是能够满足辖区居民需要的情况下展开的，即地方政府的基本公共服务供给行为是在其能够较好地反映辖区居民需求偏好的基础上做出的，或者可以说，这些供给决策的做出都是建立在消费者需求得到充分显示的基础上的。但我国的基本公共服务需求显示方面长期存在一些问题，而这些问题却实实在在影响了我国地方政府的基本公共服务供给的实际行为决策。因此，要深入研究财政转移支付对基本公共服务供给效率的影响，就必须拓展上述理论模型成立的前提假设条件，探讨在基本公共服务供给中，在辖区居民的真实需求并未被完全显示及表达情况下，上述理论模型是否还能够求得均衡解。本研究运用委托代理理论，从完善基本公共服务需求者的需求显示机制方面构建模型，并在信息条件要求更为宽松的贝叶斯条件下，求得该理论模型的均衡解。

（二）研究意义

随着中国经济发展水平的不断提高，社会发展相对滞后的现象越来越明显，公共利益缺失现象变得越来越普遍，抑制这种现象的持续恶化就成为各级政府在行使职权过程中的主要职责。一般认为，财政转移支付制度的产生与发展正是从经济角度，依靠中央强大的财政收入能力和财富能量，通过国民收入再分配手段（向地方政府进行财政转移支付）来增强地方政府财力，进行相关利益协调，以此来解决地方政府的财权无法负担事权的困境，消除影响地方提高财政收入能力不够的客观因素，修正地方政府不规范和不科学的经济管理行为。因此，以财政转移支付为着力点，研究其在我国地方政府，尤其是县级政府提供基本公共服务中的资金使用效率问题，就兼具了理论和现实双重意义。

就理论意义来说，主要包括：第一，进一步理清财政分权和财政转移支付之间的理论逻辑关系，有助于进一步丰富财政转移支付手段和完善财政转移支付制度的理论基础。第二，进一步丰富研究财政转移支付与基本公共服务供给效率两个主题之间关系的视角。本研究将选择供给效率作为研究视角进行相关问题的分析，通过对现有文献的梳理，我们不难看出，转移支付制度更多地被定位到基本公共服务均等化问题上去了，这是准确的，尤其是我国目前面临的区域间非均等化的基本公共服务供给状况迫切需要完善财政转移支付制度，但在谈到为什么大量的转移支付已经分配下去，但均等化还不能实现时，从效率视角进行深入研究的文献和成果还不是很多，本研究的相关研究可以在一定程度上丰富该类文献。第三，本研究理论分析和实证研究方法、委托代理理论的运用和相关研究结论有助于拓展公共经济学的理论内容和逻辑体系，而基于文献归纳的角度所展开的理论述评则可以帮助我们进一步认识财政转移支付制度的激励效应和挤占效应对地方政府基本公共服务供给行为的影响。

就现实意义来说，主要包括：第一，有助于正确理解我国经济发展水平差异明显的东中西部各区域，财政转移支付对县级政府基本公共服务供给、供给效率和财政支出的不同影响。从这个意义上说，从实证层面揭示县级政府的财政收支决策面对大规模的财政转移支付时的敏感性，即敏感程度是否显著，各地方政府所制定的财政转移支付制度则可以根据该敏感性程度来制定。第二，均衡地方政府财力，激励地方政府将该部分资金用于更好地提供基本公共服务，一直以来都是财政转移支付制度设计的主要初衷之一，我们相信地方政府会将其主要用于提供基本公共服务来满足居民需要，但财政转移支付资金的实际使用效果如何一直是上级政府部门关心的重要问题，本研究的相关研究可以为上级政府评价县级政府对财政转移支付资金使用绩效工作提供借鉴。第三，我国要在 2020 年全面建成小康社会，本研究认为，衡量小康社会的主要变量之一便是地方政府间具有更为均衡的提供基本公共服务的水平和能力，以及一个地区的民众能否与其他地区居民享受到同样或近似水平的基本公共服务，本研究的研究成果对地方政府，尤其是对作为最直接和最主要的基本公共服务供给主体的县级政府而言，当其在思考如何用好财政转移支付这项政策工具完成精准扶贫任务时，本研究的相关研究结论也可以提供参考并借鉴。

三　研究思路、主要内容和研究方法

（一）研究思路

如前文所述，上级政府（含中央政府）之所以安排大规模的财政转移支付，就是希望在地方政府（含县级政府）得到转移支付之后，其原有的财政支出预期发生改变，能够将更多财力用于提供基本公共服务，进而使不同区域间基本公共服务均等化目标得以实现。本研究认为，政府财政支出行为的改变势必会通过支出结构得以反映，支出结构不合理会影响财政支出效率，具体到基本公共服务供给所受到的来自财政转移支付的影响，就是地方政府的基本公共服务支出行为在受到财政转移支付影响后而偏向某一类公共服务供给，进而对整体基本公共服务供给效率产生影响，那么，我们就可以假设财政转移支付资金在基本公共服务供给方面的使用效率不高，就是导致此前上级政府进行了大规模财政转移支付未能带来县域间均等化的基本公共服务的主要原因。更为深入地讲，当专项和一般性转移支付被认为是两类最主要的财政转移支付时，则转移支付总资金中专项转移支付资金的使用方向和范围更多体现的是中央政府或上级政府的意志，使用灵活度较一般性转移支付资金低得多，而一般性转移支付资金形成了地方政府的自有收入，能产生更大程度的收入效应，转移支付总资金中两者的分配比例关系势必会对基本公共服务供给效率产生较大影响。而从制度运行和实施机制的角度讲，基本公共服务的供给方（各级政府）和需求方（辖区居民）之间能够形成具备良好激励约束性质的委托代理机制则对提高财政转移支付资金在基本公共服务供给方面的使用效率起着重要作用。

本研究思考的着力点是在此现象背后的资金使用效率问题，即财政转移支付资金究竟对地方政府的基本公共服务供给效率产生了何种影响，这种影响在我国东中西部三省之间存在着什么样的差异，而研究这些差异对于完善我国的财政转移支付制度和实施机制，提高我国县级政府的基本公共服务的供给水平应该很有理论价值和实际意义。鉴于对该问题的思考，本研究的研究思路如下：

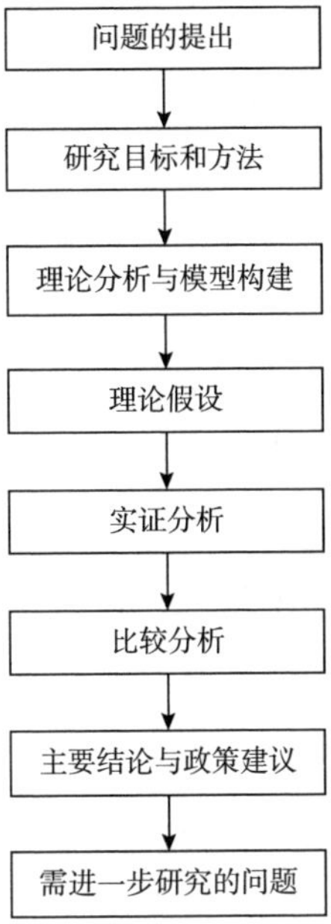

（二）主要内容

结合上述研究思路，本研究的主要内容共分为六章。

在文献综述部分，本研究主要是对财政转移支付、基本公共服务、供给效率以及委托代理理论等概念进行了界定，其中对委托代理理论的界定是从文献综述的角度展开，所以文献综述部分并未专门对其进行综述，在此特别说明。然后文章从马克思的公正观和分配理论、政府间财政关系的理论、财政转移支付的基本理论、财政转移支付的经济效应分析、财政转移支付与公共服务供给行为、财政支出绩效评估与公共服务供给效率六个方面对已有研究文献进行了综述。

第一章为理论分析与模型构建，文章基于地方政府的财政支出在一系列约束条件下最大化代表性当事人效用的模型推导出地方政府基本公共服务供给对专项转移支付资金和一般性转移支付资金的敏感程度，进而得出两种转移支付对基本公共服务供给效率会产生何种影响。但是，上述理论模型的推导过程都是基于地方政府提供的基本公共服务是能够满足辖区居民需要的情况下展开的，即地方政府的基本公共服务供给行为是在其能较好地反映辖区居民需求偏好的基础上做出的，或者可以说是这些供给决策的做出都是建立在消费者需求得到充分显示的基础上的。但我国的基本公共服务需求者的需求显示方面长期存在一些问题，而这些问题却实实在在影响了我国地方政府的基本公共服务供给的实际行为决策。因此，要深入研究财政转移支付对基本公共服务供给效率的影响，就必须拓展上述理论模型成立的前提假设条件，探讨在基本公共服务供给中，在辖区居民的真实需求并未被完全显示及表达情况下，上述理论模型是否还能够求得均衡解。本章将运用委托代理理论，从完善基本公共服务需求者的需求显示机制方面构建模型，并在信息条件要求更为宽松的贝叶斯条件下，求得该理论模型的均衡解。在理论分析基础上，我们提出了4个待检验的理论假设，并分别构建了财政转移支付影响县级政府基本公共服务支出结构和供给效率的计量模型，并对变量选取和本研究的数据处理进行了说明，特别需要注意的是：这里的计量模型和数据处理为后续章节所沿用，所以在后续章节不再进行同样的说明。

第二、三、四、五章分别是基于全国省级层面、云南省县级层面、广东省县级层面和安徽省县级层面的实证分析，在这四章中，我们运用省级层面数据以及其他三省县级政府2004～2014年的财政收支面板数据，就财政转移支付对县级政府基本公共服务支出结构影响的敏感性、财政转移支付规模及其比重对供给效率影响的趋势性等问题进行了实证分析和随机前沿分析（SFA），并对相关的实证结果进行了阐释。

第六章则在前几章实证分析的基础上，进行了比较分析，得到了本研究的主要结论，并基于相关分析和主要结论提出了政策建议，同时指出了本研究研究不足和相关研究主题在后续研究中需要努力的方向和所要做的具体工作。

（三）研究方法

本研究根据应用型研究的需要，主要采取了文献研究的方法、理论分析与实证分析相结合、定性分析与定量分析相结合的方法。

1. 文献研究的方法

本研究通过对国内外学者关于财政分权、财政转移支付、基本公共服务供给以及对地方政府财政绩效评估和公共服务供给等方面的研究文献进行归纳和总结，全面把握与本研究相关的理论文献，这样能够保证本研究的相关研究和分析沿着正确的方向进行，并取得一定程度的理论创新。

2. **理论分析与实证分析相结合的方法**

理论分析与实证分析相结合是研究现实经济问题中最常用的方法，用规范的经济学理论分析现实经济问题，为实际问题的解决提供理论基础；用实证方法解释分析经济问题“是什么”，并根据实证分析的结果有针对性地给出政策建议。

具体来说，本研究一方面就财政转移支付对县级政府基本公共服务供给效率的影响进行了理论分析，主要运用数理推导方法构建了地方政府的财政支出在一系列约束条件下，代表性当事人效用实现最大化的模型，通过理论模型推导地方政府基本公共服务供给对专项转移支付资金和一般性转移支付资金的敏感程度，然后拓展上述理论模型成立的前提假设条件，探讨在基本公共服务供给中，在辖区居民的真实需求并未被完全显示及表达情况下，上述理论模型是否还能够求得均衡解。同时，以地方政府基本公共服务产出量与投入量的比值作为衡量基本公共服务供给效率的变量，通过对该变量方程求因变量（基本公共服务产出量）对自变量（一般性转移支付和专项转移支付）的偏导数来表征变量间的敏感性。另一方面，在理论分析的基础上，本研究运用云南、广东和安徽三省县级政府财政收支数据，就财政转移支付对基本公共服务支出结构影响的敏感性进行实证分析，在此基础上，进一步就财政转移支付对基本公共服务供给效率进行了实证分析。在敏感性分析中，本研究运用了描述性统计、单位根检验、Hausman 检验、面板数据的固定效应和随机效应回归等方法，提高了实证分析的有效性和稳定性；在效率分析中，本研究选用随机前沿分析（SFA）方法进行实证分析，该分析方法相比于其他效率分析方法，能够在很大程度上保证本研究对效率的分析更加集中到供给效率这一点上来。

3. **比较研究法**

本研究选取全国省级层面、西部地区的云南省、东部地区的广东省和中部地区的安徽省四个样本，就财政转移支付对全国省级层面以及三个省的县级层面的基本公共服务供给行为和供给效率产生的影响进行实证分析，并将实证分析结果进行比较研究，通过对异同点的比较分析，进一步厘清财政转移支付对县级政府基本公共供给效率的影响途径和机制，归纳得到如何进一步提高财政转移支付在我国不同地区的县级政府基本公共服务供给中的使用效率等方面的政策建议。

四 基本概念界定

（一）财政转移支付

作为分权管理体制下至关重要的组成部分之一，财政转移支付制度无疑是非常重要的。一般来说，转移支付的内涵是非常丰富的，国际上把包含实物和虚拟资产等所有权的无偿转移都列为转移支付的范畴，其对象涵盖了政府间、政府与企业以及企业与居民之间的关于现金、实物、虚拟资产等的无偿转移。

在我国经济发展的不同阶段，转移支付的分类和包含的具体内容并不相同，可以说是一直在发生变化。根据 2015 年实施的新《预算法》相关规定，本研究在后续研究中，主要关注两种转移支付：一般性转移支付和专项转移支付，在对以往年度进行数据整合时，原本属于财力性转移支付的部分和民族地区、农村地区税费改革以及县乡补助等方面的财政转移支付均被包含在了一般性转移支付里面，这也是很多学者的做法①；而以往的专项补助则被计入专项转移支付，此外专项转移支付还包括增发国债补助，其中包含了中央各部委为数众多的项目；除二者之外，2014 年及以前的统计数据里还有税收返还也作为一项转移支付列出，学者在处理该项数据时也有两种观点：一种是将其作为同一般性转移支付和专项转移支付并列处理②；还有学者是将其不列入转移支付，而是将其看作地方政府的实际收入③，原因是这部分收入在分税制的机制设计中实际上是把它作为地方财政收入来对待的，而且有确定的公式来计算分配，只不过是中央财政

---

① 肖育才：《转移支付与县级基本公共服务均等化研究》，博士学位论文，西南财经大学财政税务学院，2012，第 69 页。

② 平新乔、白洁：《中国财政分权与地方公共品供给》，《财贸经济》2006 年第 2 期。

③ 曾明：《欠发达省份的省以下财政体制安排：遵从性的政策执行——1980－2009 年的江西省》，《公共管理研究》2010 年第 8 期。

预收而已。基于相同理由，本研究也将税收返还作为地方政府自有的财政收入，而不列入转移支付。

在一个国家中，不同层级政府之间（包括横向和纵向）的财政收入和支出的非均衡往往是由收入安排和支出划分引起的，其中纵向非均衡主要是就上级政府和下级政府之间来说的，而横向非均衡主要是就同一级政府因经济实力和财政收入差异而产生的不均衡。所有的政策都服从或服务于国家或中央政府制定的统一目标，财政转移支付政策也不例外，为了保证在市场经济中，政府四大职能（经济稳定发展、资源配置、收入分配和公共服务）的顺利完成，国家经常需要通过财政转移支付来消除这些不平衡。这里的财政转移支付是指发生在各级政府之间的资金转移，是通过财政补贴制度完成的。财政转移支付属于最重要的财政补贴，表现为各级政府之间，尤其是上级政府拨给下级政府的财政资金的流动，有关资金列入各级政府的财政预算，依据特定的立法程序执行。在某种意义上，政府间的转移支付是一种经济杠杆[①]，因为除了具有一些特定的功能外，在划拨上和使用方面，任何一种形式的财政补贴都不是绝对没有限制的。通过财政补贴的特定功能作用和某些限制条件，上级政府可以用来约束、诱导和干预下级政府的财政活动，使其改变原有的决策顺序，以保证下级政府在不削弱自身利益的情况下优先选择执行上级政府的政策。

政府间转移支付的目标是要保证各级政府正常运转的财力需要，以及在此基础上实现上级政府制定的整体目标，在发挥弥补基层政府财政支出需要、有助于地方财力均等化、有助于地区间利益的协调和有助于上级政府对下级政府的控制等几个方面的作用时，财政转移支付至关重要[②]。但一般说来，财政转移支付基本会关注两个目标：经济增长和地区均衡。这可以从两个方面得到解释：一是由于公共资本和私人资本的不完全替代性，在某些特定的领域，无回报的溢出效应的存在会使得私人资本的投资不足，此时公共资本的投资不仅没有挤出私人投资，在弥补私人投资不足的同时，甚至还能提高私人资本的回报率，进而促进经济增长。二是地区

① 高培勇：《公共经济学》（第三版），中国人民大学出版社，2011，第 277 页。

② 刘宇：《我国基本公共服务区域及城乡效率差异研究》，博士学位论文，中国农业大学经济管理学院，2014，第 54 页。

间由于存在天然的资源禀赋差异，经济发展水平不一致的情况时有发生，税收征管等能力差异较大，中央政府出于维护地方稳定等政治需要，也会进行一定的财政转移支付，即使这样做是有损效率的。

现实中，各国对转移支付数量确定方面的计算公式都很复杂，一般采用因素分析法来测算转移支付在政府间所需要的数额。例如，当我们仔细观察美国联邦政府如何确定对各州的转移支付时发现，为了鼓励各州努力扩大税源和提高征税能力去征尽可能多的税收，联邦政府在制定各州可以获得的财政转移支付数量时，总是对征税努力程度较高的州给予更多的财政转移支付，并结合各州人口数量、收入等基本情况确定较为规范的公式来计算转移支付数量，这也是许多发达国家的做法，这种做法对基本公共服务均等化的实现是有利的，但值得注意的是，没有明确的证据显示追求基本公共服务均等化并不是要求地区间供给水平完全一致①。如果这样做的话，只会打击富裕地区的积极性，是缺乏效率的做法，这可以说是本研究的基本公共服务供给效率的出发点。

总之，地方政府转移支付不仅是一个财政资金的转移与弥补问题，关键是它体现了中央政府的财政平衡和财政协调的政策意图，并在一定程度上达到了提高效率和实现均等化的和谐统一。

（二）基本公共服务

结合国家相关政策文件的发展演变并通过对现有研究文献的研读，本研究认为，要充分理解基本公共服务的概念，还是需要梳理清楚公共产品（服务）这一概念的发展与演变。

1. 公共产品（服务）概念的学术发展史

较早阐述公共服务概念的是19世纪末德国新历史学派财政学家Adolf Wagner，他的基本观点是经济社会发展与公共产品之间有着良好的统一性，经济发达程度越高，人们对公共产品（或服务）需求也就越大，获得良好公共服务的愿望也就越迫切，反过来也是一样，良好的公共服务供给

① 〔美〕哈维·S. 罗森、特德·盖亚：《财政学》（第八版），郭庆旺、赵志耘译，中国人民大学出版社，2009，第395页。

水平对社会经济发展起着至关重要的作用。后来 Erik Robert Lindahl（1919）在其博士学位论文《公平税收》中提出了“公共品”的概念，但其并未系统地进行阐述，后经 Paul A. Samuelson（1954）在前人研究基础上，深入分析了公共支出的相关理论与问题，他认为非竞争和非排他是公共产品的本质属性，公共产品一旦被提供，则它被增加的任何一个消费者所消费都不会使得其他人从消费中所获得的效用受损，多增加的消费者消费该产品所需要付出的边际成本为零①。詹姆斯·布坎南（1966）对公共产品的概念进行了扩展，他认为作为政治组织的集体选择结果，凡是由它们提供给社会公众的产品和服务都应该属于公共产品的范畴。之后，公共服务的概念在公共产品理论的推动下，其内涵得到了进一步发展，尤其是在发生于20世纪90年代的新公共管理运动的推动下，经济、社会和政府职能定位等问题得到了进一步的讨论与发展，政府职能不再是停留在管理层面，更多地体现在了服务层面，这次运动进一步扩展了公共服务的概念②。通过梳理文献，我们发现，就对公共产品（服务）内涵的理解来说，主要有三种观点：

一是选择合适的角度来理解公共服务的内涵。比如运用公共产品理论来认识公共服务，认为公共服务要借助于现有的设施、资源和相关部门，其主要是被用来满足居民需要。虽然公共服务与公共产品有诸多相似之处，但不管是从概念本身还是概念本身之外的范畴来说，两者并不完全相同。综合目前文献对该问题的理解，有三种看法值得注意：第一种看法认为应该以两个完全不同的概念范畴来认识产品和服务，这点是值得商榷的。这些学者的观点应该是对相关产生了一些误解，认为公共服务只是以无形的服务形式而存在，其供给与需求应该是同时发生，产品是以物理形态存在，供给与需求是分离开的。但须知，传统经济学理论并不是以物理的物质形态来定义公共产品，而是从产品的内在特殊性质角度来定义，传统经济理论认为像教育等具有一定的非排他性和非竞争性的产品都属于公共产品，这点可以从著名经济学家 Paul Samuelson、Arthur M. Okun、Harvey

① Paul A. Samuelson, “The Pure Theory of Public Expenditure,” *The Review of Economics and Statistics* 36（1954）: 387.

② 〔美〕詹姆斯·布坎南：《民主过程中的财政》，唐寿宁译，上海三联书店，1992。

S. Rosen 的观点中看得出来；第二种看法认为从概念的界定范围来说，公共服务因其自身所具有的普享性和公平的内涵，是政府提供给所有公民都能够享受到的公共产品，所以概念范围远大于公共产品①，这种观点更具有自由、民主的西方色彩而得到了广泛的认可，但不可否认其仍然不能够全面地概括公共服务的本质属性；第三种看法认为二者应该不作区分，合二为一，服务是产品的一种或者可以当作产品的延伸，很明显这种观点也不尽合理。

二是从政府维护自身统治利益和公共安全的需要出发，政府部门需要将提供公共服务作为自身的一项重要的基本职责，公共服务的概念中因此也被赋予了更多责任与义务的含义，即不能忽略政府职能去理解公共服务的概念。

三是从价值观和社会利益观念看待公共服务，部分学者认为，对公共服务内涵和范围的认识更多体现的是一个国家和一个社会整体的价值取向和判断，它应该是集合了社会各方面的需要，尤其是体现了公益性的特征，其在不同社会和不同国家因价值观和社会利益观的不同而呈现出不同特点。

综上所述，学术界对公共产品（服务）内涵的理解因所站角度与立场不同而存在差异，但动态发展变化应该成为公共服务这一概念的本质属性与要求之一。同时，公共服务在被提供时，首先要考虑的应该是满足公众生活与生存最基本需要的那些基本公共服务。

2. 我国基本公共服务概念与范围的正式确定和最新发展

在 2003 年中共十六届三中全会通过关于完善社会主义市场经济体制若干问题的一系列决定之前，公共服务一词在我国官方正式文件中还没有正式出现过，在此之前应该是只有对应研究，没有明确地用到这个词。在 2003 年，政府的职能在传统的三大职能（社会管理职能、市场监管职能和经济调节职能）的基础上，加入了政府有提供公共服务的重要职能。国务院在后续关于政府依法行政的相关文件中进一步强化了政府的四项职能。在公共服务的基础上，2006 年制定的《中华人民共和国国民经济和社会发

---

① 陈昌盛：《基本公共服务均等化：中国行动路线图》，《财会研究》2008 年第 2 期。

展第十一个五年规划纲要》（以下简称《纲要》）中正式提出了我国要逐步推进实现基本公共服务均等化。自此以后，基本公共服务均等化一直是作为公共财政政策，尤其是财政转移支付政策制定和实施的主要目标之一。虽然2006年的《纲要》中提出了基本公共服务的概念，但并没有明确哪些公共服务属于基本公共服务的范畴。

2006年党的十六届六中全会在谈到哪些方面属于基本公共服务支出范畴时，政府在社会保障方面的支出、在就业再就业方面、在生态环境方面、在教育卫生文化方面和在公共安全方面等八个方面的支出被列入其中。此后，学术界就开始了对基本公共服务范围界定的讨论和研究。总的来看，学者们主要是从公共服务的需求和供给两个方面对基本公共服务的范围进行界定和研究。从需求的角度，学者们认为基本公共服务就是政府必须提供的，是用来满足人们基本的生存权和发展权需要的公共服务，是服务的最小范围和最低标准①从供给的角度，基本公共服务就是政府主导提供，量力而行，受国家经济社会发展阶段和总体水平制约，并不是越多越好②。

直到2012年7月出台的《国家基本公共服务体系“十二五”规划》（以下简称《规划》）中明确提出了基本公共服务的范围覆盖。此后学者们在做研究的时候，对基本公共服务涵盖范围的理解基本保持一致，但根据研究对象和问题不同，加上数据的是否可得等原因，学者们在基本公共服务种类的取舍上，还是存在着明显的差别。

本研究也认为，在具体研究过程中，受限于数据可得性和具体研究对象等原因，选取不同的基本公共服务种类应该是可行的，但要符合《规划》所提出的公共服务的基础性、广泛性、迫切性和可行性四个标准和范围。本研究中所研究的基本公共服务主要包括教育、社会保障和就业、医疗卫生和城乡社区事务支出四个大类。

---

① 贾康：《“十二五”时期中国的公共财政制度改革》，《财政研究》2011年第7期；国务院发展研究中心课题组：《改善民生应重点关注社会性基本公共服务》，《中国经济时报》2012年10月26日。

② 刘尚希、杨元杰、张洵：《基本公共服务均等化与公共财政制度》，《经济研究参考》2008年第40期。

（三）供给效率

提到基本公共服务供给，不管是在现实的经济发展中，还是在学术研究上，大家首先关心的是均等化问题，这无疑是对的，因为这是由基本公共服务作为公共产品的本质属性所决定的。但是不容忽视的一个现象却是尽管中央层面和地方政府层面长期以来通过转移支付等财政手段持续增加基本公共服务供给方面的财政支出，但基本公共服务仍然呈现出巨大的城乡差距和东中西部空间分布不均衡，这与提供基本公共服务的财政资金使用效率不高密切相关。而效率作为经济学的核心词汇之一，众多著名的学者都曾下过定义，如 Paul Samuelson、Arthur M. Okun、Harvey S. Rosen 等，这些定义当中的重要思想就是效率的存在必须以其生产的产品或服务满足公众需要为前提。从经济学角度来说，效率表达的是投入与产出的关系问题，因此也被广泛地称为“经济效率”。本研究将要研究的基本公共服务的供给效率也属于经济效率的范畴，具体指的是，用于提供基本公共服务的财政资金的使用效率。为了更好地理解供给效率的含义，本研究首先介绍经济效率的含义和判断标准。

经济效率的概念是 M. J. Farrell（1957）首次提出，并将经济效率分为技术效率和配置效率两个部分，并用生产前沿面理论对企业技术效率情况进行了描述和经验研究①。投入到产出的转化比例是技术效率研究的问题，而研究实现最优转化比例的投入和产出组合则是配置效率关系的问题，相关学者对此进行了深入研究，进一步理顺了技术效率和配置效率的内在逻辑关系，并从潜在和实际产出两个方面对技术效率进行了界定，从最优的要素投入视角界定配置效率，并认为基于要素投入最优的产品产出这种投入和产出的双优资源组合状态即被认为是符合配置效率的。后续学者们的研究也进一步揭示了技术革新、运营水平和规模对实现效率是极其重要的，技术革新可以推动技术效率的提高，而扩大生产规模和提高运营管理水平则有助于配置效率的提高。

---

① M. J. Farrell, “The Measurement of Productive Efficiency,” *Journal of the Royal Statistical Society Series A* 120（1957）：253.

经典微观经济理论将经济效率称为帕累托最优状态，符合帕累托标准、不存在帕累托改进余地的资源配置状态都可以被认为是符合经济效率原则的[1]。传统微观经济理论分别从交换和生产两个方面来认识这种帕累托最优条件，就两个消费者 A 和 B，两个生产者 C 和 D，两种商品 X 和 Y，两种要素投入劳动力 L 和资本 K 处在消费和生产两个市场中的情况下，表示交换的帕累托最优条件为：

$$\mathrm{MRS}_{XY}^{A} = \mathrm{MRS}_{XY}^{B}$$

市场上的消费者在不同商品间的边际替代率相等时，就不存在重新分配或交换商品的帕累托改进余地，那就是帕累托最优状态，符合经济效率。

表示生产的帕累托最优条件为：

$$\mathrm{MRTS}_{LK}^{C} = \mathrm{MRTS}_{LK}^{D}$$

市场上的生产者在生产过程中对投入生产过程的两种要素（劳动力和资本）做权衡的时候，每一单位的劳动力所能够替代的资本的数量比例在两个生产者之间相等时，我们就认为劳动力和资本在两个生产者间的分配就达到了帕累托最优状态。

当两种市场合在一起，我们就可以得出交换和生产同时达到最优帕累托标准的条件：

$$\mathrm{MRS}_{XY} = \mathrm{MRT}_{XY}$$

当市场中，产品的边际替代率等于边际转换率[2]时，整个市场实现了经济效率状态，此时整个社会福利最大化。

在上述帕累托效率标准下，本研究的基本公共服务供给效率的具体含义界定如下：

本研究沿用 Battese and Coelli（1995）[3] 利用极大似然估计方法得出各

---

① 高鸿业：《西方经济学》（微观部分）（第六版），中国人民大学出版社，2014，262。

② 产品边际转换率（MRT）是生产可能性曲线的斜率绝对值。

③ G. E. Battese, T. J. Coelli, "A Model for Technical Inefficiency Effects in a Stochastic Frontier Production Function for Panel Data," *Empirical Economics*（20）1995：325－332.

参数值这一思路，首先推导出了随机变量 $\varepsilon_{it}=(V_{it}+U_{it})$ 的联合密度函数，设 U_{it} 的密度函数为 $f(u)$，那么，随机变量 ε_{it} 的联合密度函数为：

$$
\begin{aligned}
f(\varepsilon_{it}) &= \int_0^{\infty} f(\varepsilon \mid u) f(u)\,du = \int_0^{\infty} f(\varepsilon - u) f(u)\,du \\
&= \int_0^{\infty} \frac{1}{\sqrt{2\pi}\sigma_v} \exp\left[-\frac{(\varepsilon-u)^2}{2\sigma_v{}^2}\right] f(u)\,du
\end{aligned}
\quad (0-1)
$$

其中，设置 $F\left(\frac{\mu}{\sigma_u}\right)$ 为密度函数 $f\left(\frac{u}{\sigma_u}\right)$ 的概率密度分布函数，两者之间的关系表达式为：$F\left(\frac{\mu}{\sigma_u}\right)=\int_0^{\infty}\frac{1}{\sqrt{2\pi}\sigma_u}\exp\left[-\frac{(u-\mu)^2}{2\sigma_v{}^2}\right]$，因此，可以得出：

$$
f(u) = \frac{\frac{1}{\sqrt{2\pi}\sigma_u}\exp\left[-\frac{(u-\mu)^2}{2\sigma_u^2}\right]}{\int_0^{\infty}\frac{1}{\sqrt{2\pi}\sigma_u}\exp\left[-\frac{(u-\mu)^2}{2\sigma_v{}^2}\right]du} = \frac{\exp\left[-\frac{(u-\mu)^2}{2\sigma_u^2}\right]}{\sqrt{2\pi}\sigma_u F\left(\frac{\mu}{\sigma_u}\right)} \quad (0-2)
$$

如果我们设置 $\sigma^2=\sigma_u^2+\sigma_v^2$，$\gamma=\sigma_u^2/(\sigma_u^2+\sigma_v^2)$，然后将（0－2）代入（0－1）可以得到更为一般化的随机变量 ε_{it} 的联合密度函数为：

$$
f(\varepsilon_{it}) = \frac{1}{\sigma F\left(\frac{\mu}{\sigma_u}\right)}\phi\left(\frac{\varepsilon_{it}-V_{it}}{\sigma}\right)\cdot\left[1-F\left(-\frac{\gamma}{1-\gamma}\cdot\frac{\mu}{u}-\frac{1-\gamma}{\gamma}\cdot\frac{\varepsilon}{\sigma}\right)\right] \quad (0-3)
$$

其中 $\phi\left(\frac{\varepsilon_{it}-V_{it}}{\sigma}\right)$ 为标准正态分布函数。此时，我们对模型（0－3）进行一系列最大似然估计后，$\sigma^2,\sigma_u^2,\sigma_v^2,\gamma,\mu$ 这些参数的估计值都可以被求出来。然后，最佳效率标准的估计值，即成本函数的表达式就可以表示为：

$$
EFF_i = E(Y_i^* \mid U_i, X_i)/E(Y_i^* \mid U_i = 0, X_i) = \exp(U_i)
$$

根据前述理论，结合上述成本函数方程，我们不难得到当完全无效率损失时，我们提供基本公共服务所要付出的预期理论成本期望值 $\mathrm{E}(Y_i^* \mid U_i=0,X_i)$ 是小于提供等量基本公共服务在面临实际经济运行中必然要造成的效率损失情况下的实际成本期望值 $E(Y_i^*/U_i,X_i)$ 的，由此可知，EFF_i 应该介于 1 和无穷大之间。当然，这仅仅只是理论上的推导，但无碍我们求出具体数值。那么，上述成本函数方程的设置是否就确定是有效的呢？经济学家们设置了变差率方程来进行验证，具体验证办法见 G. E. Battese and T. J. Coelli （1995）[①]。

古典经济学中将生产过程中的效率称为经济效率，并从技术革新促进资源优化配置的角度分析该效率，后续一些经济学流派开始从制度构建与运行的视角提出新的效率概念，用来解释政府基本公共服务供给低效率的。这其中影响最大的应该是由 Harvey Leibenstein （1966） 用 “X－效率” 提出来的，他主要是采用实证主义的办法，列举了一系列国家公共部门行政成本高昂所造成的基本公共服务资源浪费的例子，并将其称为政府内部的 X－低效率，认为 X－低效率会造成基本公共服务供给效率低下[②]。后续学者如 William A. Niskanen （1971） 提出的官僚预算最大化模型也进一步证明了，在追求利益最大化动机的驱使下，行政部门确实存在着一种增加多余、不必要行政支出的倾向，导致政府支出一直在显著增加，但行政部门容易漠视公众需求又导致了基本公共服务供给中财政资金使用的低效率[③]。

本研究研究的对象就是政府部门基本公共服务供给效率，是属于经济效率的范畴，包括技术效率和配置效率两个部分，它既强调实际的政府财政资源投入和相应的公共服务产出之间的比例关系，又强调财政资源投入中各要素的最优比例组合，但这其中不能忽视 X－效率可能会造成的一些负面影响。所以，从整体上说，本研究所研究的基本公共服务供给资金的使用效率是技术效率、配置效率和制度效率的有机统一，即在基本公共服务供给中，财政资金的使用效率一方面包含了经济学角度所说的技术和资源配置效率，另一方面也包含了基本公共服务的供给必须能够满足公众对基本公共服务的需求，人们的需求偏好可以通过良好的机制和渠道得到显示并被政府采纳，从而可以在基本公共服务供给中得以表达和实现。

---

① G. E. Battese and T. J. Coelli, “A Model for Technical Inefficiency Effects in a Stochastic Frontier Production Function for Panel Data,” *Empirical Economics* 20 （1995）: 325－332.

② Harvey Leibenstein, “Incremental Capital－Output Ratios and Growth Rates in the Short Run,” *Review of Economics & Statistics* 48 （1966）: 20.

③ William A. Niskanen, *Bureaucracy and Representative Government* （Chicago: Aldine, Atherton, 1971）, pp. 66－75.

（四）委托代理理论

如何实现资源的优化配置一直是经济学关注和研究的重要对象和主要问题，传统古典经济学设计了一套完全竞争的市场机制和模型，认为每一个市场参与者都在拥有完备的信息条件下做出选择，这样经济活动参与者的个体利益和设计者的既定目标相一致，资源配置效率最大化。但在现实经济运行中，信息不完全、偏好目标的内生性、决策分散化、政府管制等种种不理想的内部和外部因素导致了信息不完全或不对称，资源配置最优化往往不能实现。

经典的委托代理理论告诉我们，在委托人和代理人之间，由于信息的不对称，将导致两者之间的激励相容无法实现而带来道德约束和逆向选择风险，代理人未必会按照事先与委托人制定的方案行动，由此会带来不小的效益损失，而代理人因信息不对称，故无法及时察觉和全面掌握代理人的行动，此即为委托代理理论研究的出发点，而委托人需要根据所能够察觉和掌握的信息来约束或激励代理人采取对自己利益有利的行动就成为该理论的落脚点①。将委托代理理论研究的问题进行扩展，我们不难发现，解决好委托人和代理人之间的激励约束关系对提升资源使用效率、优化资源配置非常重要。

以基本公共服务供给来说，经典的公共产品供给理论认为，当个人需要某种公共产品，并能够确定自己愿意支付的成本价格时，他不会向外界透露任何信息，甚至表达该公共产品对自己来说可有可无的信号，目的当然是为了能够“搭便车”，这样他本应该支付的公共产品成本却没有承担，但仍然可以享受到该项公共产品被提供之后所带来的福利。所以，在 20 世纪 70 年代之前，学者们认为，由于人们不愿揭示其真实的支付意愿，公共产品不可能按照私人产品那样通过市场机制实现有效供给。但之后，一些研究机制设计理论的学者对此进行了深入思考与研究，他们认为，在公共产品的成本全部由外界而不再由需求者承担时（即我们平常所说的拟线性效用情况），所有的需求者都会站出来踊跃表达自己的真实意愿，相关的博弈总会得到一个

① 张维迎：《博弈论与信息经济学》，格致出版社，2012，第 239 页。

占有策略均衡，实施机制很容易得到显示，此时的公共产品供给无疑是有效率的。为此，这些学者考虑能否设计一种对说谎者的惩罚性的税收（即传统经济理论中的克拉克税）或对诚实者的补贴，通过外部性内部化达到让公共产品需求者真实表达意愿的目的。尽管这种借助“克拉克税”来引导参与者表达真实意愿的机制，是实现公共资源的配置效率的途径之一，但并不符合经典的帕累托效率，因为这会引起公共产品供给预算的非严格均衡，会导致预算所需转移支付过多从而难以处理的有效率。

当我们回到情况更为复杂的一般性经济环境中的时候，我们会很容易发现占优策略的达成几乎不可能实现，唯一的占优机制就是独裁。那么公共产品供给在信息要求较松的贝叶斯机制下是不是就找不到均衡解呢？d'Aspremont and Gerard - Varet（1979）、Arrow（1979）、Fudenberg and Tirole（1991）都认为，在占优策略机制中，激励约束要求，不管参与者是否愿意，都必须如实显示自身的意愿，这样可以实现效用最大化；但在复杂的现实经济运行中，所有的参与者都是理性的经济人，激励约束在理论意义上就成立，是可以找到符合帕累托效率的激励机制，从而实现帕累托效率上公共产品供给[①]。但是，一方面，这种机制并不能很好地对个人理性进行约束，因为有些参与者在观察到自己参与并表达对公共产品供给的真实支付意愿而他人不会时，他也会选择不参与，个人理性约束出现了失效的情况，“搭便车”情况便会出现。因此，即使在更为一般的贝叶斯环境下，帕累托效率与参与约束也会不兼容。另一方面，假如自愿参与和配置决策按照一致同意的原则进行，“搭便车”的情况依然会存在，如通过筹资提供公共产品供给的情况，但随着参与博弈人数的增多，多到可以忽略一个人的决策不再对公共产品是否会被提供产生任何影响时，我们就可以让每一个参与者所能够承担的公共产品成本支出额由他们自己来自行决定[②]。

---

① Claude C. d'Aspremont et al.,“Incentives and Incomplete Information,” *Journal of Public Economics* 11（1979）：25；K. J. Arrow，*The Property Rights Doctrine and Demand Revelation under Incomplete Information in M. Buskin*（New York：Academic Press，1979），pp. 79 - 121；D. Fudenberg and Tirole，*Game Theory*（Cambridge，USA：MIT Press，1991），pp. 145 - 158.

② M. Olson，*The Logic of Collective Action：Public Goods and the Theory of Groups*（Harvard：Harvard University Press，1995），pp. 89 - 115.

综上，我们可以推测，想要某个机制在基本公共服务供给方面产生帕累托最优配置，必须放弃占优均衡，即放弃每个参与者都能够真实地表达意愿，无论参与者数目是多少，在任何可能的情况下，激励相容似乎是不可能达到的。尽管理论上说，激励相容、公众参与的真实意愿表达和帕累托效率在一般环境中的基本公共服务供给方面存在着无法共存的可能性，"搭便车"情况总是存在，但一般环境是指私有制下的市场竞争环境。在我国公有制为主体的市场经济环境中，在基本公共服务供给中，通过对政府转移支付等手段的使用和适当的成本分担等相关机制的设计，让转移支付合理替代从公众处筹集资金，使财政转移支付和成本分担系统相互间弥补或消化过少或过多的财政转移支付资金，这样每个人在基本公共服务得到供给时的收入效应不至于为负值，可以极大地降低"搭便车"情况发生的概率；同时，依赖市场调节机制并辅以相关立法，可以增强参与者参与基本公共服务供给"意愿表达"的积极性与主动性，使得外部性机制进一步增强，公众自愿参与和资源配置的帕累托效率二者在理论和实践上的兼容性也可以得到提升，从而保证并促进公共服务供给行为的改善和供给效率的提高。

（五）机制设计理论

基于对基本公共服务委托代理理论的分析，学者们发现，在基本公共服务的委托代理行为中，如何在委托人和代理人之间不存在理想的资源配置所需的信息条件下设计有效的资源配置机制便成了一个重要的问题，信息经济学应运而生，上述问题也成为信息经济学发展中着力解决的主要问题之一，而机制设计理论就是经济学家在这方面进行的有益探索。因此，本研究认为，我们有必要在对委托代理理论的界定中介绍一下机制设计理论，也为后续政策建议的提出做好铺垫。机制设计理论是以理性选择、博弈论和社会选择理论为基础，将对复杂的社会互动特征的理解分解成为理性的个人、理性的集体和理性的社会三个有机组成部分的行动互动特征加以考察，从而更好地设计出相应的机制和制度以保证社会参与者（个人和集体）的最大效用或利益。机制设计理论已经成为20世纪后半期微观经济学领域最重要的分支，Leonid Hurwicz、Eric S. Maskin 和 Roger B. Myerson

即是该理论最重要的三位代表人物，其中 Leonid Hurwicz 的工作是开创性的。同时，根据既往对信息经济学的相关研究，Eric Rasmusen（1994）对委托人和代理人的界定常常以是否拥有私人信息为判断标准，几乎所有涉及信息对称与非对称的理论模型和活动都可以在委托代理的框架下进行分析。[①] 本研究认为，要运用委托代理理论和建立在其理论基础上的相关机制来分析政府基本公共服务供给行为，首先要梳理和界定机制设计理论的学术发展史和内涵。

信息效率和激励相容是经济运行机制中关注度最高的两个问题，信息效率是指所制定的机制对信息的需要量和获取信息的成本最小化即可；激励相容是指机制设计所要达到的目标恰好与参与者个人目标一致，参与者在追求个人目标时刚好实现了机制设计者设计的目标。信息不足和激励不足两个问题在私人物品和公共产品的经济环境中都广泛存在，Leonid Hurwicz 基于信息不对称的假设分析信息问题后指出，人们针对博弈做出策略性的行为会导致资源配置效率发生扭曲。这就需要建立起一个信息交流系统，信息交流系统的规则通过事先制定，并同时制定应对每个信息集的解决方案，尽管其可能出现计算和信息如何更好地传递两个难题，甚至还有动态系统的问题，但社会目标存在多种不同的实现方式，而个人目标与社会目标未必一致，因此社会目标难以达成。激励作为解决方案被提了出来，Leonid Hurwicz（1972）在《论信息分散系统》的文章里面，提出了激励相容的概念，激励相容要解决的就是参与者个人不按事先制定的机制所制定的规则行事的问题，即在此情况下，如何实现个人目标和社会目标相一致[②]。同时，Hurwicz 还提出了针对私人物品环境下的“不可能定理”，该定理表明在私人物品提供中，信息分散环境使得私人可以随意隐瞒自己的真实信息，不存在一个有效率的机制促使个人有动力显示自己的真实想法，在公共产品的提供中，这种情况更是普遍，“免费搭车”就是最好的例子。这就需要在公共产品供给中，通过解决信息无效和激励不足问题，

---

① Eric Rasmusen, "Judicial Legitimacy as a Repeated Game," *Journal of Law*, *Economics*, *and Organization* 10 (1994): 63.

② L. Hurwicz, *On Informational Decentralized Systems in Decision and Organization* (Marschak: North - Holland, 1972), pp. 297 - 336.

创造更为真实而良好的个人意思表达环境。

有了良好的个人意思表达环境，加上满足激励相容，是不是就意味着满足各方利益的最优的机制就很容易找到呢？在 Hurwicz 理论框架的直接推动下，显示原理作为解决方案之一被提出并得到了极大发展，显示原理的目标就是寻找一类可能存在的直接显示机制，这些直接显示机制可以直接转化为现实机制。从最初的、限制条件严格的直接显示机制①，到后来放宽假设前提，在贝叶斯条件下求均衡，并将其运用于政府规制和拍卖理论②，显示机制将显示原理与不完全信息相结合，更将虚假信息等情况考虑到模型中去，模型被扩展到了更为一般的情形③。随着博弈论的发展，尤其是多阶段博弈的引入让显示原理到直接机制的进程更容易通过和实施，因为之所以能够通过多阶段博弈而得到博弈均衡，就说明选择这项社会规则符合直接实施机制所必需的激励相容要求，符合激励相容的要求也就进一步说明在此项社会规则的博弈过程中，每个参与者都能够表达或显示自己真实的意愿或偏好④。显示原理解决了最优机制的分析与寻找的问题，Eric S. Maskin（1977）在《纳什均衡与福利最优化》一文中提出了实施理论，他在文章中讨论了单调性和无否决权的性质⑤，在此基础上，社会规则的选择与实施等更为一般性的问题就能够运用博弈论进行分析了，经过后续多位学者的持续研究，实施理论已经成为机制设计理论的重要组成部分，在公共选择理论与不完全契约理论中得到了广泛应用。

综上所述，机制设计理论的发展史也说明，该理论的出发点和最终目标无疑都是通过设计出激励兼容经济机制的机制，弥补亚当·斯密以来市场竞争机制在某些领域会出现的失灵状况等缺陷，提高同时实现个人利益、集体利益和社会公共利益的可能性。理论和实践都在说明，如果市场

---

① A. Gibbard, "Manipulation of Voting Schemes: A General Result," *Econometrica* 41 (1973): 587.

② R. B. Myerson, " Incentive Compatibility and the Bargaining Problem," *Econometrica* 47 (1979): 61.

③ R. B. Myerson, "Optimal Coordination Mechanisms in Generalized Principal - Agent Problems," *Journal of Mathematical Economics* 10 (1982): 67.

④ R. B. Myerson, "Multistage Games with Communication," *Econometrica* 54 (1986): 323.

⑤ E. S. Maskin, "Nash Equilibrium and Welfare Optimality," *Review of Economic Studies* 66 (1977): 23.

经济中的竞争机制和杠杆能够优化资源配置，让位给竞争等市场机制来解决资源配置问题无疑是非常必要的，但在许多非竞争市场的情况下，如不完全竞争市场、生产的外部性、公共产品市场等，就需要找到其他方法或设置一定的机制帮助市场解决。

五　文献综述

本研究的最终目的是考察在我国目前的分权体制下，财政转移支付作为一项重要的制度与政策，对我国县级政府的基本公共服务供给中财政资金使用效率究竟会产生何种影响。通过对现有研究文献的梳理，我们发现大部分的研究成果是从地方政府行为角度研究财政转移支付和公共服务供给效率之间的关系问题。结合本研究的研究目标，同时为了更好地展示并回顾国内外学者在该领域的研究成果和现状，笔者尝试从六个方面展开文献述评。

（一）马克思的分配理论

如前所述，财政转移支付政策的首要目标就是实现区域间基本公共服务供给的均等化，基本公共服务供给效率的实现首先就离不开财政资源的合理分配，而谈到资源的合理分配问题又不得不阐释清楚在经济思想史领域中占据重要地位的马克思的按劳分配理论，该理论主要体现在马克思对德国工人党纲领的批判中，即被称为《哥达纲领批判》的文本中，马克思批判了所谓的平等的、不折不扣的按劳分配方式，提出了自己的理解和观点。

具体来说，《哥达纲领批判》中所认为的平等的和不折不扣的分配方式包含两层意思：一是“劳动所得应当不折不扣和按照平等的权利属于一切社会成员”；二是“劳动的解放要求把劳动资料提高为社会公共财产，要求集体调节总劳动并公平分配劳动所得”。[①]

马克思对这些表述并不认同，他认为，不折不扣和平等的权利只是乌托邦式的美好愿望，并没有考虑到现实社会中并非所有劳动者都诚实

① 《马克思恩格斯选集》第3卷，人民出版社，2012，第360页。

地从事劳动和游手好闲之人肯定存在这些现实情况，是无法实现的空话。马克思运用经济学理论进一步分析认为，如果把劳动所得理解为劳动的产品，那么集体的劳动所得就是社会总产品，它里面应当扣除用来补偿消耗掉的生产资料的部分、用来扩大生产的追加部分以及用来应付不幸事故和自然灾害的后备基金或保险基金部分，究竟要扣除多少应根据现有的物资和力量来确定，是无法根据公平原则来计算的。而对于剩下的总产品中的另一部分是用来作为消费资料的，马克思认为，这剩下的总产品在进行个人分配之前还必须扣除：随着新社会发展水平的提高而逐渐减少的跟生产没有直接关系的一般管理费用、随着社会发展水平的提高而逐渐增加的共同需要部分以及为丧失劳动能力的人设立的基金这三个部分①，而这三个部分为公共使用部分，体现了政府所应该履行的公共服务职能。

基于马克思上述对《哥达纲领批判》中公平的和不折不扣的按劳分配观点的批判，我们不难发现，财政转移支付资金作为一种重要的资源或权利，其在地区之间的分配则不能超出该地区的社会经济结构以及由该结构制约的社会文化的发展，在实现基本公共服务均等化的大目标下，各国中央政府需要从社会总产品中扣除后备基金，以用于财政转移支付支出部分，而国家扣除的后备基金的多少必然要随着该国经济社会发展的实际加以确定。同时，财政转移支付的分配必须在符合生产条件的基础上，满足财政资源配置的效率标准，正如马克思所说，消费资料的任何一种分配，都不过是生产条件本身分配的结果；而生产条件的分配，则表现生产方式本身的性质②。

马克思关于分配理论的相关论述是站在历史唯物论的角度，深入到物质生产的实践中去认识资本主义生产关系的本质，尤其是其中所包含的分配关系的公正性必然受到不同国家和地区、不同历史阶段和不同国情等因素的限制，对于指导我们在合理分配财政转移支付资金时仍然具有非常重要的理论价值和现实指导意义。

---

① 《马克思恩格斯选集》第3卷，人民出版社，2012，第362页。

② 《马克思恩格斯选集》第3卷，人民出版社，2012，第365页。

（二）关于政府间财政关系的理论

如前所述，财政分权已经成为世界上多数大型经济体在财政体制改革方面普遍采取的改革策略，在展开本部分论述之前，先交代下与财政分权有着相近意思的是另一个概念“财政联邦主义”，这是一个来自西方、内涵更为丰富的多维概念，它包含着与公共部门垂直结构有关的全部议题，需要从政治、行政、财政和市场分权等不同侧面综合理解，才能够更清晰地全面理解其内涵。但基本得到认可的是，这两个概念都是研究纵向不同层级间政府间的财政职责及划分，而政府间财政职责及划分也与基本公共服务供给紧密相连，即财政分权理论的发展是与基本公共服务理论紧密联系在一起的。根据前提假设、研究方法、关注的重点和分析范式不同，对于财政分权理论的研究进程也经历了三个阶段，从最先的第一代分权理论，到建立在公共选择理论基础上的第二代分权理论，到最后关于基本公共服务供给多元化的第三代分权理论①，可以说，分权理论的发展与公共产品理论以及公共服务的供给问题紧密相连。当然，为了更好地认识分权理论研究进展和现状，最后我们还对财政分权的经验研究（实证研究）成果进行了梳理。

1. 第一代财政分权理论

第一代财政分权理论建立在规范的公共产品理论基础之上，以市场失灵为起点，遵循新古典经济学规范分析框架，以帕累托效率和社会公正为两大准则，采用方法论的个人主义和理性选择假设，采用规范分析方法来探讨市场经济中政府职能的分配与发挥问题，即各级政府应该承担何种政府职能，履行职能中又应该采用何种财政手段等问题②。就目前理论界而言，Tiebout 被认为是提出财政分权理论的第一人，Tiebout 的贡献在于首次把基于全国层面分析的主流公共产品理论扩展到对地方公共品的需求分析，在其 1956 年经典论文“A Pure Theory of Local Expenditure”中，他假定在完全竞争条件下，居民作为政府竞争的对象可以自由流动（即“用脚

---

① 刘立、朱云杰：《公共财政理论前沿专题》，中国经济出版社，2012，第 209～226 页。

② W. E. Oates, “An Essay on Fiscal Federalism,” *Journal of Economic Literature* 27 (1999): 1120.

投票”），这样能够产生与商品市场自由竞争机制一样的资源最优配置，使地方政府只能在税收价格等于他们边际成本的地方有效地提供产品和服务，即地方政府提供的公共产品达到配置效率和生产效率相等[①]。在Tiebout的分析中，没有外溢效应，对居民征收的受益税等税收和居民完全自由流动两者之间博弈的最终结果会使得政府辖区维持其最优规模。Musgrave对财政三项职能在中央和地方之间的分工做出如下论断：财政联邦制的核心在于允许政策制定可以充分考虑联邦政府和州政府各自优势，州政府在充分掌握本地居民基本偏好的情况下承担除了分配和维护稳定等职能之外的其他职能，而联邦政府则需要承担全国范围内的分配和再分配职能以及维护好稳定的局面。后来，Musgrave进一步提出了非常精细的用来规范中央和地方之间税收划分的原则。Oates（1972）对财政联邦主义结构下公共财政职能在联邦和地方之间的分配做了理论总结，并首次明确提出了财产税应该作为地方性公共产品融资的主要来源，并指出基于地方政府的信息比较优势，国家财政资源应该向地方政府倾斜，由地方政府多支配一些财政资源，承担更多的国家财政支出，这样可以比较好的实现经济效率的提升[②]。同时，这样让地方政府积极参与选择和运用公共资源，又会反过来使地方政府变得更加有效和民主。

后续研究基本上都是放宽了Tiebout模型完全竞争的假设，并将政府间竞争的动力从居民扩展到了企业，开始分析财政竞争（含税收竞争和支出竞争）、公共产品和公共服务提供方面的竞争以及经济发展政策等政府间竞争行为及其所产生的效应，这大大丰富了传统的财政分权理论。Oates and Schwab（1988）关注资本自由流动的效应，把地方政府目标函数设定为可用预算约束下最大化其选民福利，在与Tiebout模型采用类似假定的前提下，Oates－Schwab模型证明地方政府与企业的竞争过程可以带来资源配置效率的提升[③]。Besley and Coate（2003）则将研究更推进了

---

① Charles M. Tiebout, “A Pure Theory of Local Expenditures,” *Journal of Political Economy* 64 (1956): 416.

② Wallace E. Oates, *Fiscal Federalism* (New York: Harcourt Brace Jovanovic, 1972), p. 326.

③ Wallace E. Oates and R. M. Schwab, “Economic Competition among Jurisdictions: Efficiency Enhancing or Distortion Inducing?” *Journal of Public Economics* 35 (1988): 333－354.

一步，他们在不完全信息假设下，构建了地方政府间竞争标尺模型，指出标尺竞争并不一定能制约不良官员的寻租行为[①]，但是该模型并没有涉及分配效率或者是公平，只涉及生产效率，但把政府动力机制的内容由要素流动性进一步扩大到居民的反馈机制。第一代财政分权理论并没有认真思考在其理论发展中势必会产生重要影响的政府角色定位和政治体制等内容，而这些内容在第二代财政分权理论中得到了很好的解决。

2. 第二代财政分权理论

第二代财政分权理论是建立在公共选择理论基础上的，结合经济学在预算软约束、信息经济学、机制设计理论以及制度经济学方面的前沿研究成果，结合转轨国家财政分权的实际情况，在官僚预算最大化目标与居民福利最大化目标相偏离的情况下，系统研究官员经济和政治激励机制及其效应，重点关注了财政分权下政府帕累托效率实现的机制，进而解释中国、俄罗斯等转轨国家产生不同经济绩效的基本制度性因素。

做出了开创性贡献的 Qian and Weingast（1996）将财政联邦主义和软预算约束结合起来，提出了市场维护型财政联邦主义的概念，并概括其几个特征：首先，政府内部存在层级体系；其次，中央政府与地方政府之间存在权力划分，中央政府给予地方政府一定范围内的自主权，没有从上到下的绝对的控制，而且是以制度形式规定下来，“制度的笼子”形成的硬约束可以更好地规范中央与地方的权力关系，长期而稳定的预期得以形成；最后，各级政府要严格遵守同中央达成的权力使用规范，对地方经济发展负责，有责任也有义务打破地区割据，维护统一的商品和要素自由流动市场。从上述三点，我们不难看出这些学者们分析的基本逻辑是：基于传统自由竞争理论，他们认为市场的自由竞争可以促进要素跨地区流动，信息更为透明，在此基础上形成的经济和政治机制可以很好地约束和降低寻租和政治保护行为在地方政府身上发生的概率；而同时，中央政府独有的货币集权和财政分权一起硬化了各级政府的预

① T. Besley and S. Coate, “Centralized versus Decentralized Provision of Local Public Goods: A Political Economy Approach,” *Journal of Public Economics* 87 (2003): 2611.

算约束，为形成良好的财政运行环境提供了激励，这就会使得地方政府不再轻易通过政治手段去干预市场经济的自由运行，上述理论逻辑如果能够长期积累和规范下来，那么自由竞争市场机制的政治基础将建立起来，各方从市场获利的稳定预期将形成与巩固，制度就变得相对稳定而不易改变。

正如 Olson（1969）指出的那样，就作为一项制度而言，财政分权制度不仅是一项实现政府职能的标配制度，就制度本身来说，它还是由一系列正式和非正式制度组成，是政府作为公共政策制定者所制定的包含激励约束在内的一项竞争机制[①]。但是以政府间竞争来消除影响公共产品供给的无效率似乎并不能实现，它所能起到的作用仅限于限制或降低无效率发生的概率，这一点也被后来的学者发现并证实。基于这一逻辑，第二代财政分权理论力图用中国和俄罗斯等转轨国家地方政府及其官员所面对的不同问责机制，解释转轨国家不同经济绩效和公共产品配置效率出现的原因。Zhuravskaya（2000）指出，转轨经济中财政分权高强度的政治激励将导致官员贪腐、省际保护主义和政府危机被利益集团所虏获[②]，在研究中国财政分权下地方政府的政治和经济激励时，强调中国行政集权与财政分权对地方政府行为的经济和政治激励产生的不同效应。而中国政治集权下的财政分权给地方政府提供了发展经济的动力，尤其是完成了地方层面的市场化和竞争性领域的民营化，促进地方政府竞争，为市场经济发展提供制度性基础，常常被学者们用来解释中国式分权所产生的巨大经济增长效应[③]。这也表明，从作用机理的角度来看，中国的分权更强调对经济增长的促进作用，而忽视了对民生的改善，这其中的原因主要表现为中国的地方政府面临着双重激励，一方面为来自上级政府的经济增长的强激励，另

---

① M. T. Olson, "The Principle of 'Fiscal Equivalence': The Division of Responsibilities among Different Levels of Government," *American Economic Review* 59（1969）: 479.

② E. V. Zhuravskaya, "Incentives to Provide Local Public Goods: Fiscal Federalism, Russian Style," *Journal of Public Economics* 76（2000）: 337.

③ 张维迎、栗树和：《地区间竞争与中国国有企业的民营化》，《经济研究》1998 年第 12 期；林毅夫、刘志强：《中国的财政分权与经济增长》，《北京大学学报》（哲学社会科学版）2000 年第 4 期；张晏、龚六堂：《分税制改革、财政分权与中国经济增长》，《经济学》（季刊）2005 年第 4 期。

一方面为被上级政府赋予了经济自主权，在双重激励的作用下，真正驱动地方政府的还是经济增长非收入分配，也有学者称这种倾向为政府职能异化[①]。

第二代财政分权理论突出了地方政府获得的经济和政治性激励等动力机制可以显著促进地方经济增长，而良好的政府结构决定高效的市场运行，法治以及民主等政治因素是构建市场机制的基础。但同时，在众多学者的思想和理论中，似乎都流露出在公正和机会主义两种思想中，中央政府是前者而地方政府属于后者，但这种思想本身也有不科学的地方。当然，就第二代分权理论而言，其给出了转轨国家在改革初期，需要建设一系列支持市场的基本制度和规则来摆脱体制中的深层次问题的困扰，以制度硬化软约束，培养财政决策的可问责性，这样才会进一步使得财政分权的优势得到发挥。当然也有学者指出，第二代财政分权理论只是将第一代分权理论的研究视角转移到了从地方政府和官员的经济和政治激励机制入手，探讨转轨国家政府所控制的市场经济在面对财政分权体制约束时，帕累托效率所必需的一些实现机制。

3. 多元化的公共产品供给理论

从理论上说，分权是有效提供公共产品的必然选择，在一个国家面临巨大的领土面积和庞大的人口时，分权对于促进地方经济发展就显得愈发必要和重要。其中，对于这样的国家而言，分权就显得更加有必要，主要原因就是中央政府对地方政府的监督面临很高的成本，此时，“做对激励”相对于“做对价格”要重要得多，与其付出昂贵的协调成本来促进地方经济发展，还不如放手让各地发展自己，在这个过程中，也不必担心中央政府与地方政府间激励不相容的情况会发生，因为政治集权会时时影响经济分权。同时，我们也发现第一代和第二代财政分权理论基本都是将市场机制和政府机制作为对立的两个方面来展开公共产品供给决策研究的，显然它们在地方政府提供公共服务这一行为中的适用性也随着经济社会发展在

---

① 吕炜、王伟同：《政府服务性支出缘何不足？——基于服务性支出体制性障碍的研究》，《经济社会体制比较》2010 年第 1 期。

逐渐减弱。

就财政分权对公共产品供给的影响来说，20 世纪 60 年代兴起的新公共管理运动，综合了公共选择学派理论、制度经济学理论、博弈理论的研究成果，立足于一项服务本身的经济特点及环境因素，运用交易成本理论、信息经济学方法，提出了公共产品多元化供给理论。结合理论界当时对囚徒困境、集体行动的逻辑和公地悲剧等现象的两种看法（或解决方案），即政府集权和产权界定内部化的外部性缺陷，E. Ostrom（1987）提出的解决方法是必须重点关注制度自主转化的本质和内部变量如何影响规则，即使在没有外部力量作用下，集体行动的规则安排也绝非一成不变①，同时，也不能将集体行动的纳什均衡、非理性结果和公地悲剧作为自主行动的注定结局。如果各方的合作净收益大于零，利益相关者之间通过订立契约并在内部执行该契约，监督彼此间的行动，不仅是理性的，还是可行的。当然，选择一种柔和的态度去面对引入外部资源的决定，这种外部资源即是监督和执行的理论，也可以理解其为一种来自外部机制的力量，这也正是经典俱乐部物品理论中参与者的自愿行动。这种自愿行动的动力机制建立在参与者的自利性基础之上，完整地表达出自发特征。

公共产品的多元供给理论区分了供应和生产，对供应和生产的区分是基于两个过程运行的制度框架和体制约束展开的，原来是两个过程在同一个制度框架和体制下进行，分离后则是在两个制度框架和体制下进行②。这种分离对公共产品有效供给有重大意义。

一是突出了供应环节集体选择的特征。供应的职责就是集体选择，所面临的主要问题有三个：一是民众需求偏好能否得以良好表达；二是公共部门能否平衡自身财政收支能力；三是是否会被问责。而传统的生产和供应过程注重技术革新实现产出投入比的提高，关注的是其他影响生产效率的因素。突出供应环节的集体选择特征实际上是对传统认识的批评，传统认识中主要观点如：政府必须是强有力的、相对较大的和面面俱到的、政

① E. Ostrom, "The Future of Democracy," *Telos* 23 (1987): 3 - 16.

② 郑谦：《公共物品供应和生产的分离与“俘获”的发生——对地方“政绩工程”的另一种分析路径》，《上海行政学院学报》2011 年第 6 期。

府评估标准是其生产能力等。需要指出，鉴于供应过程中集体选择的特征，以及公共选择理论持有的决策规则事关公共部门绩效的一贯立场。多元产品供给理论强调两点：其一，通过公共产品供给决策的多重权力配置来实现有效的社群控制，确保公众充分参与对物品的决策过程；其二，供应的评价标准是一种以帕累托最优实现为出发点，同时又兼顾了罗尔斯的公平正义，由配置效率和公平两个价值维度所表现出的公共性价值，明显区别于生产环境的“投入—产出”这一物质技术评价标准。

二是创造多样性、类似于市场的安排来联结供应与生产，保障公共产品有效供给。地方政府是公共产品供给的一个基本供应主体，同时存在可选择的行政区域内及跨区域的、需要做出集体决策的利益共同体等其他多个主体。而各主体有表达自身偏好的能力，并决定自己对公共产品的需求，他们只需要和供给主体签订供货契约即可获得相应的公共产品。这样就形成了公共产品供给的多元化组织结构，允许社会成员根据所需的每一种公共产品的特征，建立、选择和改变供应和生产单位，选择最适合于解决所面临的每一个具体问题的生产者和提供者。

三是多元供给理论的供应和生产的分离，可以在社群自主供给模式有效运行的基础上，根据受益范围来寻求不同的供给单位，构成一种多重差异性的供给体制。这种多重差异性供给体制主要表现为多层次的政府与多重差异性的供给体系相对应，需要建构与多重差异性供给单位的融资方式相适应的财政体制，总体思路是遵守成本收益相对称的原则。

四是对政府职能提出了一种新见解。政府供给公共产品的方式，不再局限于全过程供给这一种方式。地方政府、利益共同体的公共属性等供应单位的职责，体现在通过集体决策决定公共产品的种类、数量和质量，并据此对直接生产者的产出进行监督，针对具体的公共服务，可以选择参与决策或者实施财政供给。

4. 与财政分权相关的经验（实证）研究

学术界目前对财政分权的经验研究主要是围绕财政分权的效率价值和政府价值展开的，其中，效率价值包含经济增长、再分配以及资源配置效率的效应。本部分将根据后续研究的需要，对财政分权经验研究部分的梳理重点从以下几个方面展开。

一是构建变量表征财政分权程度。通过对现有研究文献中关于如何量化财政分权变量，几乎所有的方法都是基于该变量为测算地方政府所能够拥有和支配的财政资源占全部资源的比重这一思想而展开的。在此基础上，部分学者通过税收收入（来自政府预算数据）分权数据来深入研究地方政府在支出和税收中是否拥有独立决策权，在这一方面比较代表性的学者，如 R. D. Ebel、付文林、Ma Jun 等[①]。另一方面，通过边际分成率变量来表征财政分权的方法，则要求在一个没有财政改革引起收支变动的周期里才适用，所以国内学者在使用该变量进行实证分析时基本不采用边际分成率的概念了[②]。

二是在经济增长中研究分权问题。在这方面的研究中，国内学者们的研究从两个逻辑层次展开，第一种逻辑层次是先关注分权程度和变量对某一要素（如教育、FDI 等）会产生影响，然后立足于这些要素会对地方经济增长产生较为重要的影响；第二种逻辑层次是直接研究财政分权体制对地方经济增长带来的影响，在这种逻辑体系中研究该问题，比较代表性的是研究不同时间节点（如 1994 年等）前后，分权对地方政府的财政收入和财政支出规模会产生何种影响，以及这些影响对本地的经济增长的影响显著性程度有何不同。两种逻辑层次的研究各有可取之处，总的来说创新性都比较强，而且成果层次较高。其中，第一种逻辑层次研究中，比较有代表性的学者，如王文剑等、乔宝云等、范子英等、龚锋等[③]；第二种逻辑层次研究中，比较有代表性的思想成果来自于王文剑等、张晏等、沈坤

---

① R. D. Ebel and S. Yilmaz, "On the Measurement and Impact of Fiscal Decentralization," *The World Bank Working Paper*, 2002；付文林：《财政分权、财政竞争与经济绩效》，高等教育出版社，2011，第 32～33 页；Ma Jun, *Intergovernmental Relations and Economic Management in China* (England: Macmillan Press, 1997), pp. 1921－1922。

② 林毅夫、刘志强：《中国的财政分权与经济增长》，《北京大学学报》（哲学社会科学版）2000 年第 4 期。

③ 王文剑、仉建涛、覃成林：《财政分权、地方政府竞争与 FDI 的增长效应》，《管理世界》2007 年第 3 期；乔宝云、范剑勇、冯兴元：《中国的财政分权与小学义务教育》，《中国社会科学》2005 年第 6 期；范子英、张军：《财政分权、转移支付与国内市场整合》，《经济研究》2010 年第 3 期；龚锋、卢洪友：《财政分权与地方公共服务配置效率——基于义务教育和医疗卫生服务的实证研究》，《经济评论》2013 年第 1 期。

荣等、周业安等、邹恒甫等、郭庆旺等、贾俊雪等[①]。

综上所述，诸多学者都认可的一点是，地方财政自主度，如地方政府的收入（支出）水平、支配收入（支出）的权力大小等因素会对分权变量的研究产生重要的影响。所以，为了更好地揭示不同方式的财政转移支付对县级政府基本公共服务供给效率的影响，本研究设置了财政自主度变量，在该变量（比值）分母部分的设置中我们排除了专项转移支付。

（三）财政转移支付的基本理论

如前所述，一国之所以实行分权体制，就是在追求稀缺资源的配置效率，但在效率的实现过程中，所造成的重要结果却是非均衡和非平等的，但是这并不意味着我们要取消分权改革，取消分权改革的做法是有损效率的。虽然政府间的财政转移支付赋予了地方政府更多的财权，特别是针对落后地区的教育和医疗的财政转移支付，能够从财力上保障这些地区的劳动力可以支付得起培养自身参与竞争的基本能力所需要的资金，但更多针对生产性领域的财政转移支付则会严重削弱转出地的经济增长，如果进一步考虑到税收成本和在转移支付过程中存在的贪污腐败和浪费现象，则转移支付不能过多，以避免潜在的资源浪费。

当上级政府考虑到在公共服务供给中与下级政府之间会出现信息不对称的情况时，为了提高基本公共服务资金使用效率，上级政府制定的基本公共服务供给的委托代理机制中，会将更多的财政收入交给掌握更充分信息的地方政府来具体支配，同时，地方政府与上级政府（含中央政府）承担何种公共服务也要被划分，对于地方居民所需要、受益范围主要在本地的一些基本公共服务交由地方政府提供，而中央政府则主要负责国防、外

---

① 王文剑、覃成林：《地方政府行为与财政分权增长效应的地区性差异——基于经验分析的判断、假说及检验》，《管理世界》2008 年第 1 期；张晏、龚六堂：《分税制改革、财政分权与中国经济增长》，《经济学》2005 年第 4 期；沈坤荣、付文林：《中国的财政分权制度与地区经济增长》，《管理世界》2005 年第 1 期；周业安、章泉：《财政分权、经济增长和波动》，《管理世界》2008 年第 3 期；Zhang T. and Zou H. Fu, "Fiscal Decentralization, Public Spending and Economic Growth in China," *Journal of Public Economics* 67 (1998): 221；郭庆旺、贾俊雪：《财政分权、政府组织结构与地方政府支出规模》，《经济研究》2010 年第 11 期；贾俊雪、郭庆旺、宁静：《财政分权、政府治理结构与县级财政解困》，《管理世界》2011 年第 1 期。

交等受益范围更大的公共产品，但当某种公共产品的提供具有外部性时，如教育会在很大程度上产生正的跨区域的外部性溢出，也应该由中央政府来统一提供。因此，分权体现在央地职责划分上，就是要求基本公共服务带来的效用和居民福利不能受损的同时，规模效应带来的成本降低和外部性溢出下降也要兼顾，均衡解是两者之间取一个平衡。当然，学术界在谈到财政转移支付作为分权必要补充的问题时，基本认为央地之间的支出分权一向划分得很清晰，最主要但又很模糊的地方还是在收入分权方面。就收入分权理论来说，中央政府应该控制税源复杂、征管难度较大但能够很好地起到在不同地区间进行国民收入分配与再分配作用的那些税种，地方政府应该征收那些中央政府较难掌握准确信息的，但地方政府则因辖区管理方便可以以较低成本去获取税源信息的那些税种①。但如果按照这个原则分配征税权力时，那么往往较好的税源都归属中央征税范围，这将导致地方政府的征税努力大大降低，但地方政府同时承担了较大程度的支出分权责任，考虑到资金使用效率，中央向地方进行大规模的财政转移支付就是必然的选择。

进一步从税收原理和财政竞争的角度去看这个问题，我们发现，缘于地区经济发展水平的差异，在支出责任相似情况下，各地公共服务的成本差距很大。如果没有来自上级政府的财政转移支付作为支持，经济发展水平不高的地区相比于发达地区在提供同一样基本公共服务时，就不得不采取提高税率来满足其对收入的需要，使得优质税源会从税率高的地区迁出，此时，其他发达地区可能会降税，吸引优质税源迁入，导致区域间税收竞争恶化，这进一步恶化了欠发达地区的经济环境，陷入经济发展的恶性循环，中央政府平衡地区间经济发展水平的努力将会白费，这些地区也没有长期稳定的财政收入能力来负担基本公共服务的支出。基本公共服务均等化的目标无法实现。但如果给予欠发达地区一定的转移支付来补充其财力，税率不再提高，优质税源得到保持，人力资本引入变得更容易，这些地方获得经济长期发展所必需的一些要素，经济发展潜力和提供基本公

---

① A. Shah, "The Reform of Intergovernmental Fiscal Relations in Developing and Emerging Market Economies, Washington D. C. : World Bank," *Journal of Control Measurement & System Integration* 2 (1994): 229.

共服务的能力均会得到提升。所以，地区间在初始禀赋上的差异，尤其是在征税能力上的差异，迫切需要上级政府进行必要的转移支付来平衡经济发展水平差异所带来的负面影响[①]。

同时，当我们从政府宏观调控的视角再一次去审视财政转移支付的时候，发现分权的体制赋予了中央政府制定宏观调控政策的权力，但这些经济政策会带来经济的周期性波动、失业以及通货膨胀，而转移支付可以帮助地方政府来平缓这些影响，这是从政策外部性的存在对转移支付必要性的考量[②]。

（四）财政转移支付的经济效应分析

下级政府对来自上级政府的转移支付会做出怎样的反应，关键取决于下级政府财政收支决策和转移支付特征，前者取决于下级政府的最优化行为目标，后者制约着下级政府的选择集[③]。根据传统微观经济理论，在考虑一般性和专项两种转移支付以及其他条件均不发生变化的前提下，如果下级政府追求辖区内社会福利的最大化并且已经安排好了支出预算方案，那么新增加的财政转移支付只会使得本地区社会福利增加，即预算线外移，不会影响下级政府的财政收支行为。虽然也有很多外国学者通过构建模型证实了这种理论，认为财政转移支付和地方自有财政收入对地方政府而言没有差别[④]，但并没有得到足够的实践支撑，反而更多地被实证研究证实这一部分转移支付资金在基本公共服务供给中只会带来相当程度的“粘蝇纸效应”。如果我们把这一部分效应认为是效率损失的话，也不难

---

① Ma Jun, *Intergovernmental Relations and Economic Management in China* (England: Macmillan Press, 1997), pp. 1921 – 1922.

② D. C. Muller, *Public Choice Ⅱ* (New York: Cambridge University Press, 1989), p. 518; A. Shah, “The Reform of Intergovernmental Fiscal Relations in Developing and Emerging Market Economies, Washington D. C.: World Bank,” *Journal of Control Measurement & System Integration* 2 (1994): 229; Robin W. Broadway et al., “Intergovernmental Fiscal Relations in Canada,” *Social Science Electronic Publishing* 13 (2006): 187.

③ 〔美〕哈维·S. 罗森、特德·盖亚：《财政学》（第八版），郭庆旺、赵志耘译，中国人民大学出版社，2009，第487～516页。

④ D. F. Bradford et al., “The Raising Cost of Local Public Services: Some Evidence and Reflections,” *National Tax Journal* 22 (1969): 185.

理解其中的原因是在于地方政府在使用资金的决策过程中，受到的影响之复杂并不像上述理论模型中假设的那样简单。财政转移支付的非内生性，以及转移支付也不都是无条件的一般性转移支付，还有条件拨款，有时还会出现封顶配套拨款，因此，政府的预算决策不能被简单化地予以理解①。

鉴于地方政府预算决策和转移支付的复杂性，学者们后续在进行财政转移支付对地方政府收支行为和财政支出结构影响的研究中，加入了利益集团、政治家偏好等政治变量，并将这些变量进行内生化或外生化处理，以此来分析这些变量的加入会对地方政府的财政收支行为及决策在面临财政转移支付时发生何种变化②。尤其是在运用计量方法对该问题的分析中，有学者就指出，财政转移支付对地方政府的财政决策和收支行为产生的影响是否显著，关键是看研究设置的估计方程的形式，方程是否为线性对结论影响很大③。

可以看到，相关研究结论还未达成一致，但一致的看法是不同方式的财政转移支付因其不同的内在约束性和相关要求确实会对地方政府的行为决策产生较大影响，尤其是在信息不完全的情况下，加上地方政府面临的各方面环境因素的不确定，往往会发生的情况是来自上级政府的转移支付会对下级政府产生更强的激励效应④。

和前文文献综述相呼应，财政转移支付对地方政府财政行为决策的影响除了上述的支出行为之外，还包括财政转移支付对地方政府财政收入行为的影响。地方政府获得财政转移支付首先影响的就是增加地方政府的财

---

① G. K. Turnbull, "Fiscal Illusion, Uncertainty, and the Flypaper Effect," *Journal of Public Economics* 48 (1992): 143.

② W. R. Dougan and D. A. Kenyon, "Pressure Groups and Public Expenditures: The Flypaper Effect Reconsidered," *Economic Inquiry* 26 (1988), 417; T. Besley and S. Coate, "Centralized versus Decentralized Provision of Local Public Goods: A Political Economy Approach," *Journal of Public Economics* 87 (2003): 2611; J. Knight and L. Song, "The Spatial Contribution to Income Inequality in Rural China," *Cambridge Journal of Economics* 17 (1993): 195 - 213.

③ E. Becker, "The Illusion of Fiscal Illusion: Unsticking the Flypaper Effect," *Public Choice* 86 (1996): 85 - 102.

④ 张军、高远、傅勇、张弘：《中国为什么拥有了良好的基础设施?》,《经济研究》2007年第3期。

力，进而影响到地方政府在制定税率时会将留住优质税源放在首位，进而采取降低税率的决策，这样可以增强这些地方政府（尤其是欠发达地区）应对财政竞争的能力。当然，从对地方政府税收决策的研究文献来看，地方政府做出税收决策的复杂性并非这么简单，这主要依赖于财政转移支付对于地方政府而言是否真的就能带来收入效应，相关学者的研究表明，上级往往是出于均等化基本公共服务和均衡地区之间的财力差异来安排财政转移支付，但这些转移支付往往不会直接影响地方政府的税收反应函数，即不会对其税收决策产生重要影响，反而会对地方政府的课税努力程度造成负面影响，即来自上级政府的转移支付会产生降低地方政府寻找税源、努力增加税收的激励①。

就目前研究文献来说，财政转移支付对地方政府的财政收支行为影响的研究，基本上都是集中讨论转移支付对地方财政收支某一方面决策的影响，但是这并不否认地方政府的财政收入和支出决策是紧密相连、互为一体的，并不存在谁重要谁不重要的问题，只是研究人员在分析具体问题时的侧重点不同。

（五）财政转移支付与地方政府公共服务支出结构和效率

根据前述我们就分权理论所做的相关文献综述，我们已经知道在分权体制下，鉴于地方政府相比于中央政府在获取信息方面的优势，从而使得其在使用财政收入资金来提供本地民众所需的公共服务方面更具有效率②，但是由于公共服务易产生外部性溢出以及地区间经济发展水平失衡而导致财政收入能力高低不同，分权所隐含的高效率并不能很好地体现出来，尤其是欠发达地区政府更不愿意将资金使用到教育等这些基本公共服务上面，基本公共服务均等化也不像理论预期的那样会保持均衡，地区间公共服务供给水平反而会处于失衡状态，财政转移支付制度就成为主要的解决

---

① L. Rizzo, "Local Government Responsiveness to Federal Transfers: Theory and Evidence," *International Tax & Public Finance* 15 (2008): 316；乔宝云、范剑勇、冯兴元：《中国的财政分权与小学义务教育》，《中国社会科学》2005年第6期。

② Friedrich A. Hayek, "The Use of Knowledge in Society," *American Economic Review* 35 (1945): 519.

办法之一。相关研究也一再表明，财政转移支付制度的主要功能就是使得基本公共服务的空间分布更为均匀，各地区民众能够享受到相同或相似水平的社会保障、卫生服务等基本公共服务，以此来抵消公共服务产生的外部性溢出所带来的资源配置效率的损失①。更进一步的研究则表明，地方政府的财政支出真正投入到民众能够受益的基本公共服务上的较少，而为了赢得财政竞争选择将更多财政支出倾斜到基础设施等建设项目上去了②。

结合分权理论和相关机制，国内外学者对财政转移支付和地方政府公共服务支出结构和效率之间影响关系的相关研究成果丰硕，总结起来，大概有两个方面的研究思路和成果：第一个方面从分权体制下的政府支出行为入手，认为高效率来自良好的政府财政支出结构，在分权等因素和转移支付所带来的激励机制下，地方政府有动力优化财政支出结构，提高政府管理部门效率，从而提升基本公共服务供给效率③，而转移支付确实能够为地方政府带来替代效应和收入刺激效应，这方面比较有代表性的如：World Bank（2006）、T. Snoddon etc.（2003）、李永友等（2009）、李丹等（2014）、T. Persson etc.（2010）、张恒龙等（2007）④。第二个方面是有学者认为，财政转移支付对地方财力的影响主要体现在支出方面，“粘蝇纸

---

① M. Keen and M. Marchand, “Fiscal Competition and Pattern of Public Spending,” *Journal of Public Economics* 66（1997）：33.

② R. Hepp and J. V. Hagen, “Fiscal Federalism in Germany：Stabilization and Redistribution before and after Unification,” *Journal of Federalism* 42（2009）：234 - 259；陈硕：《分税制改革、地方财政自主权与公共品供给》，《经济学》2010 年第 4 期。

③ Qian Y. , and R. Weingast, “Federalism as a Commitment to Preserving Market Incentives,” *Journal of Economic Perspectives* 11（1997）：83.

④ E. Asia and P. Region, *Governance*, *Investment Climate and Harmonies Society*：*Competitiveness Enhancement for 120 Cities in China*（Paper presented at the World Bank Report 22953 - CHA, Washington D. C. , October 2006），pp. 1 - 125；T. Snoddon and J. F. Wen, “Grants Structure in an Intergovernmental Fiscal Game,” *Economics of Governance* 4（2003）：115 - 126；李永友、沈玉平：《转移支付与地方财政收支决策——基于省级面板数据的实证研究》，《管理世界》2009 年第 11 期；李丹、刘小川：《政府间财政转移支付对民族扶贫县财政支出行为影响的实证研究——基于 241 个民族扶贫县的考察》，《财经研究》2014 年第 1 期；T. Persson and G. Tabellini, “Comparative Politics and Public Finance,” *Journal of Political Economy* 108（2010）：1121；张恒龙、陈宪：《政府间转移支付对地方财政努力与财政均等的影响》，《经济科学》2007 年第 1 期。

效应”的存在就是最好的证明，来自上级政府的财政转移支付可以改变地方政府的支出预算行为，导致其对公共服务的需求增加，加上地方官员预算最大化和政绩观的影响，地方政府会大幅度地增加公共服务的供给量[①]，但部分学者仍然对此提出了忧虑，他们通过研究认为财政转移支付带来的支出增加是必然的，但支出结构会发生扭曲，比如地方政府会选择将更多的财力用于经济性支出而非民生性支出，这是由分权和集权体制带来的[②]。

（六）财政支出绩效评估与公共服务供给效率

一般来说，地方政府作为公共财政政策的践行者，其行为既要注重效率又要注重公平，兼顾效率与公平是地方政府绩效评估的重点和难点。而关于地方政府财政支出效率和公共服务供给效率的研究是政府行为绩效评估的重要组成部分，结合本研究后续研究需要，本部分在梳理关于地方政府财政支出效率和公共服务供给效率的研究文献的基础上，重点还是放在国内外关于绩效评价方法和实证研究方法的一些研究成果和进展。

就现有关于政府行为绩效评价的文献来说，政府绩效评估的最初方法源自美国会计总署在20世纪60年代制定的一套“3E”评价法，将经济、效率和效益作为评价政府行为绩效的方法，后来该方法得到升级与完善，公平因素被考虑进去，完善后的评价方法就成为世界各国政府绩效评价体系的基础。到20世纪70年代，美国宾夕法尼亚大学沃顿商学院教授Thomas L. Saaty（1990）提出了层次分析法（AHP），把绩效评价这一复杂问题中的各种因素划分为相互联系的有序层次，使得该分析法特点更为鲜明和简洁，应用更为广泛[③]。后来，Robert S. Kaplan 和 David P. Norton 发明了一种绩效评价和管理工具——平衡记分卡，将评价企业绩效的方法应用

---

① Robert P. Inman, “The Flypaper Effect,” *NBER Working Paper* 14579（2003）.

② 尹恒、朱虹：《县级财政生产性支出偏向研究》，《中国社会科学》2011年第1期；尹恒、杨龙见：《地方财政对本地居民偏好的回应性研究》，《中国社会科学》2014年第5期；宋小宁、陈斌、梁若冰：《一般性转移支付：能否促进基本公共服务供给?》，《数量经济技术经济研究》2012年第7期。

③ T. L. Saaty, “How to Make a Decision: The Analytic Hierarchy Process,” *European Journal of Operational Research* 48（1990）: 9-26.

到政府公共部门①。

改革开放以后，我国也引入了这些成熟的发达资本主义国家的政府绩效考评经验，得到了广泛的运用。国内学者的相关研究基本的思路是在国外绩效评价体系的基础上，进行细化，提出了适合我国国情的公共财政支出绩效评价方法和体系，并对我国财政支出效率低下问题进行了分析，从制度层面提出了具体思路与方案②。但整体来看，这些学者的相关研究都是定性的，没有使用较为前沿的计量方法，导致了研究的深度和说服力不强。

现有国内外学术文献中，对地方政府财政支出效率进行研究的比较多，而关于公共服务供给效率的研究较少，即使是关于公共服务供给效率的研究中更多的也是关于特定公共产品的财政支出效率的研究。其中国外相关的研究文献中，最有代表性的学者就是纽约大学斯特恩商学院经济研究所教授 Wiliiam Greene（2004），他运用计量模型对全世界 191 个国家政府在国情不同的情况下的医疗卫生支出效率进行了分析，发现国情不同对效率值影响非常显著③。Burgat and Jeanrenaud（1994）以瑞士国内的收集生活垃圾的技术效率进行了测算，他们在实证模型中加入了从收集点到处理场之间的平均距离这一环境变量，结果表明 5000 多个样本的技术表现存在巨大差异④。Gupta（2001）以政府卫生支出为研究案例，主要选取了非洲国家的教育和卫生支出数据，通过 FDH（无界分析方法）进行分析，结果表明，就二者平均值来说，非洲国家比亚洲和西半球国家的效率要低，但非洲教育支出正在变得更为有效⑤。国内学者的研究文献相对来说并不

① R. S. Kaplan and D. P. Norton, "Putting the Balanced Scorecard to Work," *Harvard Business Review* 71（1993）：134.

② 陆庆平：《公共财政支出的绩效管理》，《财政研究》2003 年第 4 期；朱志刚：《财政支出绩效评价研究》，中国财政经济出版社，2003，第 25 页；李森：《论财政支出效率的三个层次及其实现》，《西安财经学院学报》2005 年第 3 期；朱文奇：《提高我国财政支出效率和效益的策略探析》，《广西社会科学》2009 年第 10 期。

③ W. Greene, "Distinguishing between Heterogeneity and Inefficiency：Stochastic Frontier Analysis of the World Health Organization's Panel Data on National Health Care Systems," *Journal of Health Economics* 13（2004）：959.

④ Paul Burgat and Claude Jeanrenaud, "Technical Efficiency and Institutional Variables," *Swiss Journal of Economics and Statistics* 130（1994）：709 – 717.

⑤ S. Gupta and M. Verhoeven, "The Efficiency of Government Expenditure Experiences from Africa," *Journal of Policy Modelling* 23（2001）：433 – 467.

多，主要的研究思路和成果可以概括为两个方面：一是以我国政府某一部门（如农业、科技、教育、卫生等）的财政支出效率为研究对象，运用省级财政支出面板数据和数据包络分析（DEA）方法进行实证分析，提出该部门财政支出效率的评估方法和体系[①]；二是运用我国省级面板数据，通过设置一系列控制变量，对我国东中西部各地区政府的财政支出效率进行计量分析，得到东部地区财政支出效率高于中西部，但分类支出效率则并非东部最高，有明显的区域差异[②]。

---

① 吴后宽、罗剑朝：《农业财政投资效率评估指标体系的构建》，《统计与决策》2005 年第 4 期；孙文祥、蔡方：《我国财政支农经济绩效实证研究》，《财政研究》2005 年第 11 期；尹奥、李星洲、丁谦：《山东省财政科技投入绩效空间差异分析》，《山东经济》2010 年第 1 期。

② 韩仁月、常世旺：《中国教育支出效率的地区差异：要素集聚与转移支付依赖》，《财经论丛》2009 年第 6 期；韩华为、苗艳青：《地方政府卫生支出效率核算及影响因素实证研究——以中国 31 个省份面板数据为依据的 DEA – Tobit 分析》，《财经研究》2010 年第 5 期；唐齐鸣、王彪：《中国地方政府财政支出效率及影响因素的实证研究》，《金融研究》2012 年第 2 期。

第一章

理论分析与模型构建

如前所述，在分权体制中，地方政府的基本公共服务供给效率受众多因素影响，财政转移支付无疑是最重要的因素之一，本研究的目标是搞清楚财政转移支付对地方政府的基本公共服务供给效率究竟会产生何种影响。基于此目标，本研究首先构建了地方政府的财政支出在一系列约束条件下最大化代表性当事人效用的模型，通过理论模型推导地方政府基本公共服务供给对专项转移支付资金和一般性转移支付资金的敏感程度；同时，以地方政府基本公共服务产出量与投入量的比值作为衡量基本公共服务供给效率的变量，通过对该变量方程求因变量（基本公共服务产出量）对自变量（一般性转移支付和专项转移支付）的偏导数来表征变量间的敏感性，进而得出两种转移支付对基本公共服务供给效率会产生何种影响。但是，上述理论模型的推导过程都是基于地方政府提供的基本公共服务是能够满足辖区居民需要的情况下展开的，即地方政府的基本公共服务供给行为是在其能够较好地反映辖区居民需求偏好的基础上做出的，或者可以说是这些供给决策的做出都是建立在消费者需求得到充分显示的基础上的。但如前所述，我国的基本公共服务的需求显示方面长期存在一些问题，而这些问题却实实在在影响了我国地方政府的基本公共服务供给的实际行为决策。因此，要深入研究财政转移支付对县级政府基本公共服务供给效率的影响，就必须从数理方法上进一步拓展上述理论模型成立的前提假设条件，探讨在基本公共服务供给中，在辖区居民的真实需求并未被完全显示及表达的情况下，上述理论模型是否还能够求得均衡解。

在本章的后半部分，我们将基于前半部分的理论分析和假设，分别构建财政转移支付对县级政府基本公共服务支出结构和供给效率影响的计量模型，考察在县级政府获得的财政转移支付的规模不断增加的情形下，县级政府支出会发生何种变化，是否会遵循上级政府意愿，将财政转移支付资金用到提供基本公共服务，还是选择调整公共产品供给项目，更多地将转移支付资金转向县级政府自身偏好的支出项目，如行政管理支出（即存在“粘蝇纸效应”）等，进而从县级层面分析财政转移支付与基本公共服务供给间的关系；同时，我们在实际生活中看到的和感受到的却是不同区域间基本公共服务供给水平的差异明显，改善也不显著，这是否跟财政转移支付在县级政府基本公共服务供给方面的效率不高有关系？

需要特别指出的是，本研究就财政转移支付对县级政府基本公共服务支出结构影响的分析是为供给效率的分析做准备的，我们要先考察在得到财政转移支付之后，县级政府的财政收入和财政支出行为是否会发生变化，即县级政府的财政支出对财政转移支付的敏感性是否存在，在敏感性存在的情况下，财政转移支付会导致基本公共服务支出结构出现偏向，然后我们将在此基础上进一步运用随机前沿分析方法去考察转移支付对供给效率影响。本研究认为，较高水平的基本公共服务供给资金的使用效率会通过合理的基本公共服务支出结构表现出来，所以就财政转移支付对基本公共服务支出结构影响和供给效率影响分别做实证分析，并不是因为这是两个问题，而只能理解为它们是一个问题的两个方面，分别论证更为合理。

本章第一节是基本理论分析，而在第二节，我们将尝试运用委托代理理论，从完善基本公共服务需求者的需求显示机制方面对上述模型进行拓展，并期望求得在信息条件要求更为宽松的贝叶斯条件下，该理论模型的均衡解。在第三节，我们结合相关分析，得到了关于财政转移支付对地方政府基本公共服务供给效率影响的相关理论假设。在第四节和第五节中，我们首先结合第一节到第三节三个部分中的理论分析、假设以及本研究的需要，构建了财政转移支付对地方政府基本公共服务支出结构和供给效率影响的计量模型，并对模型中的相关变量进行具体阐述。同时，在本章第四节中，我们在本研究实证研究中所选用样本的选择依据以及数据处理进行了详细的说明。

第一节 基本经济理论分析

一 理论模型构建

首先，我们假设代表性当事人为居民，其效用函数如（1-1-1）所示。

$$U\ (C,\ G) \tag{1-1-1}$$

其中，C 代表私人消费品，G 代表基本公共服务产品，而且两种产品中每一种产品所带给当事人的均为正效用；但当提供给居民的两种同类产品时，总效用将为负值，即 $Uc>0$，$Ucc<0$，$U_G>0$，$U_{GG}<0$。

而当地方政府作为代表性当事人时，它需要兼顾居民和政府自身双重的利益，其效用函数可以表示为（1-1-2）。

$$V\ (U,\ e) \tag{1-1-2}$$

其中，U 为上述居民效用 $U\ (C,\ G)$，e 代表市场交易成本（包括但不限于权力寻租给政府所带来的利益收入、政府行政管理能力不高造成的损失等）。此时，地方政府财政支出（当然包括基本公共服务支出）的目标可以表示为下式：

$$max\ V[U(C,G),e] \tag{1-1-3}$$

为了便于界定相关变量，在最大化效用的假定下，居民消费品用居民税后的净收入来表示，如（1-1-4）式所示，Y 表示居民收入。如果当事人变为政府以后，Y 就变为地区 GDP，而基本公共服务产品的供给受到政府预算收入水平的影响，如（1-1-5）式所示，X 代表地方政府全部用于基本公共服务产品供给的自有收入，包括税收返还部分的收入；Tr 代表地方政府获得的专项转移支付，$\ln BasicSerper_{it} = \alpha_0 + \alpha_1 \ln GelTransper_{it} + \alpha_2 \ln SpeTransper_{it} + X_{it} + \varepsilon_{it}$ 是专项转移支付被用于提供基本公共服务支出的权重系数。这里需要特别说明的是，由于两种转移支付制度的特点、内涵和要求均不同，所以专项转移支付的各种限制条件使得其更多地被地方政府用于提供基本公共服务产品，而一般性转移支付带给地方政府更多的是收入效应，所以很有可能成为市场交易成本 e 的组成部分，专项转移支付对地方政府而言，更多的是一种相对价格效应，所以在此 λ 被认为趋近于 1。所以，我们设置另外一个限制条件，如（1-1-6）式。其中，Tg 代表地方政府一般性转移支付收入，η 为一般性转移支付中被地方政府用于提供基本公共服务产品的权重。

$$C=(1-t)Y \tag{1-1-4}$$

$$G=G(X,\ \eta Tg,\ \lambda Tr,\ e) \tag{1-1-5}$$

$$tY+\eta Tg=X+e \tag{1-1-6}$$

将（1-1-4）~（1-1-6）式代入（1-1-3）式，则代表性地方政府的效用目标函数就可以表示为（1-1-7）式。

$$max\{U[(1-t)Y,G(tY+\eta Tg+\lambda Tr-e)],e\} \tag{1-1-7}$$

通过上述假定，地方政府最大化代表性当事人的效用就可以用 LR 函数的一阶最优条件来确定，以此来确定最优的 X 和 e。我们将地方政府的效用函数设置为 C-D 函数形式，U 和 e 的权重分别为 β 和 1-β，则函数 V 的形式就表示为式（1-1-8），将（1-1-6）代入（1-1-5）并取 C-D 函数形式，可得到（1-1-9）式。

$$V=\beta ln(1-t)Y+\beta lnG(tY+Tg+Tr-e)+(1-\beta)lne \tag{1-1-8}$$

$$G=(tY+\eta Tg+\lambda Tr-e)^{\gamma} \tag{1-1-9}$$

此时，最优条件就可以表示为式（1-1-10）：

$$\frac{\partial V}{\partial e}=\frac{\beta}{G}\cdot\frac{\partial G}{\partial e}+\frac{1-\beta}{e}=0 \tag{1-1-10}$$

对上式进行简化，最终求得 e 和 X，过程如下：

$$\frac{\beta}{(tY+\eta Tg+\lambda Tr-e)^{\gamma}}\cdot\gamma\cdot(tY+\eta Tg+\lambda Tr-e)^{\gamma-1}=\frac{1-\beta}{e}$$

$$\beta\cdot\gamma\cdot(tY+\eta Tg+\lambda Tr-e)^{-1}=\frac{1-\beta}{e}$$

$$e=\frac{(1-\beta)(tY+\eta Tg+\lambda Tr)}{\beta\gamma+1-\beta} \tag{1-1-11}$$

将（1-1-11）代入（1-1-6）可以求出X，如下式：

$$X = tY + \eta Tg - e = \frac{\beta\gamma \cdot tY + \beta\gamma \cdot \eta Tg + \beta\gamma \cdot \lambda Tr}{\beta\gamma + 1 - \beta} \quad (1-1-12)$$

将（1-1-11）代入（1-1-9）可以求出G，如下式：

$$G = (tY + \eta Tg - e + \lambda Tr)^{\gamma} = \left[\frac{\beta\gamma(tY + \eta Tg + \lambda Tr)}{\beta\gamma + 1 - \beta}\right]^{\gamma} \quad (1-1-13)$$

从（1-1-11）、(1-1-12）和（1-1-13）可以看出：地方政府获得的税收收入、一般性转移支付和专项转移支付都会对市场交易成本e产生正向的影响，即在这几项收入增加后，地方政府都有冲动将其用于自身的寻租或行政管理行为，但如本研究前述，由于专项转移支付制度自身的设计是为了防止将其挪作他用，所以在理论分析中，我们认为在地方政府的基本公共服务供给的支出X中包含了其所获得的专项转移支付，为了更清晰地观察市场交易成本e对专项转移支付Tr和一般性转移支付Tg的敏感程度，我们分别求e对Tr和Tg的一阶偏导数，结果如下：

$$\frac{\partial e}{\partial Tr} = \frac{(1-\beta)\lambda}{\beta\gamma + 1 - \beta} > 0 \quad (1-1-14)$$

$$\frac{\partial e}{\partial Tg} = \frac{(1-\beta)\eta}{\beta\gamma + 1 - \beta} > 0 \quad (1-1-15)$$

从式（1-1-14）和（1-1-15）中可以看出，专项转移支付和一般性转移支付的增加都会使得市场交易成本增加的可能性提高，这会影响财政转移支付在纠正地方政府支出结构偏向和实现基本公共服务均等化方面作用的发挥。同时，我们分别求X对Tr的一阶偏导数，因$\lambda \to 1$，因此，结果如下：

$$\frac{\partial X}{\partial Tr} = \frac{\beta\gamma \cdot \lambda}{\beta\gamma + 1 - \beta} > 0 \quad (1-1-16)$$

从上式可以看出，随着地方政府获得的专项转移支付资金的增加，地方政府将增加其用于基本公共服务供给的支出，专项转移支付带来的影响是敏感而正向显著的。同时，为了考察一般性转移支付对地方政府基本公共服务供给行为的影响，我们求X对Tg的偏导数，结果如下式（1-1-17），从表达式中，我们不难发现，随着一般性转移支付的增加，其所带来的“粘蝇纸效应”可以促使地方政府财政支出中的基本公共服务支出增加，一般性转移支付带来的影响敏感而正向显著。从（1－1－16）和（1－1－17）可以看出，两种转移支付都会对地方政府基本公共服务产品供给产生正向影响，这在一定程度上也验证了“粘蝇纸效应”，即地方政府在得到财政转移支付资金后会增加公共产品的供给。

$$\frac{\partial X}{\partial Tg} = \frac{\beta\gamma \cdot \eta}{\beta\gamma + 1 - \beta} > 0 \qquad (1-1-17)$$

为了进一步比较两种转移支付对地方政府基本公共服务产品资金支出影响的显著程度之间的差异，我们用（1－1－16）式减去（1－1－17）式，由本章前述的原因，本研究认为在用于基本公共服务供给支出方面的资金占财政转移支付的比重上，专项转移支付比一般性转移支付占比要高，即有 $\lambda > \eta$。因此，我们可以得到如下结果：

$$\frac{\partial X}{\partial Tr} - \frac{\partial X}{\partial Tg} = \frac{\beta\gamma(\lambda - \eta)}{\beta\gamma + 1 - \beta} > 0 \qquad (1-1-18)$$

从式（1－1－18）可以看出，就对基本公共服务支出影响的显著性和敏感性来说，专项转移支付带来的影响更为显著和敏感，这也源于专项转移支付的特殊内涵和专款专用的规定。

那么，我们接着就要考虑，如果将两种转移支付对支出资金的敏感性落实到对基本公共服务供给效率的问题上，是否也意味着两者之间存在着差异呢？两种转移支付在此方面的差别程度究竟有多大呢？在此，我们将 Tr 和 Tg 看作是投入，将式（1－1－13）中的 G 看作是相对应投入的产出，我们求 G 对 Tr 和 Tg 的一阶偏导数，分别考察基本公共服务供给资金的支出效率。过程和结果分析如下：

$$\frac{\partial G}{\partial Tr} = \gamma \cdot \left[\frac{\beta\gamma(tY + \eta Tg + \lambda Tr)}{\beta\gamma + 1 - \beta}\right]^{\gamma-1} \cdot \frac{\lambda\beta\gamma}{\beta\gamma + 1 - \beta} > 0 \qquad (1-1-19)$$

$$\frac{\partial G}{\partial Tg} = \gamma \cdot \left[\frac{\beta\gamma(tY + \eta Tg + \lambda Tr)}{\beta\gamma + 1 - \beta}\right]^{\gamma-1} \cdot \frac{\eta\beta\gamma}{\beta\gamma + 1 - \beta} > 0 \qquad (1-1-20)$$

$$\frac{\partial G}{\partial Tr} - \frac{\partial G}{\partial Tg} = \gamma \cdot \left[\frac{\beta\gamma(tY + \eta Tg + \lambda Tr)}{\beta\gamma + 1 - \beta}\right]^{\gamma-1} \cdot \frac{(\lambda - \eta)\beta\gamma}{\beta\gamma + 1 - \beta} > 0 \qquad (1-1-21)$$

从上面三个式子的结果可以得出，在对地方政府基本公共服务产品的供给效率的影响程度上，专项转移支付仍然比一般性转移支付要显著，效率值也要大。在此基础之上，为了更好地考察其他因素对地方基本公共服务支出的影响，我们在（1－1－19）式和（1－1－21）式的基础上，进一步引入代表地方经济发展水平的变量 Y 和表征地方税收努力的变量 t，求在专项转移支付 Tr 和一般性转移支付 Tg 的基础上，基本公共服务产品供给量 G 对其的效率敏感程度。由前面假定可知，$\gamma<1$，$\lambda>\eta$，我们可以得到结果，具体如下所示。

$$\frac{\partial^2 G}{\partial Tr \partial Y} = \gamma(\gamma-1) \cdot \left[\frac{\beta\gamma(tY+\eta Tg+\lambda Tr)}{\beta\gamma+1-\beta}\right]^{\gamma-2} \cdot \frac{t \cdot \lambda(\beta\gamma)^2}{(\beta\gamma+1-\beta)^2} < 0 \tag{1-1-22}$$

$$\frac{\partial^2 G}{\partial Tg \partial Y} = \gamma(\gamma-1) \cdot \left[\frac{\beta\gamma(tY+\eta Tg+\lambda Tr)}{\beta\gamma+1-\beta}\right]^{\gamma-2} \cdot \frac{t \cdot \eta(\beta\gamma)^2}{(\beta\gamma+1-\beta)^2} < 0 \tag{1-1-23}$$

$$\left|\frac{\partial^2 G}{\partial Tr \partial Y}\right| - \left|\frac{\partial^2 G}{\partial Tg \partial Y}\right| = \gamma(1-\gamma) \cdot \left[\frac{\beta\gamma(tY+\eta Tg+\lambda Tr)}{\beta\gamma+1-\beta}\right]^{\gamma-2} \cdot \frac{t \cdot (\lambda-\eta)(\beta\gamma)^2}{(\beta\gamma+1-\beta)^2} > 0 \tag{1-1-24}$$

将（1－1－22）式～（1－1－24）式与（1－1－19）式～（1－1－21）式对比，我们发现，经济发展水平和基本公共服务供给高度相关，就财政转移支付资金在基本公共服务中的使用来说，经济欠发达地区的使用效率要高于发达地区。就对基本公共服务供给的影响来说，两种转移支付在影响方向上是一致的；但从绝对值的差值来看，专项转移支付比一般性转移支付对供给效率的影响更为显著，即在经济欠发达地区，专项转移支付在提升当地基本公共服务供给效率中发挥着比一般性转移支付更为重要的作用。

二　对市场交易成本问题的说明

通过上述理论模型的构建与分析，我们知道，地方政府在获得一般性转移支付或者专项转移支付之后，都会对市场交易成本 e 的增加产生正向的影响，即在这几项收入增加后，地方政府都有动力将其用于自身的寻租

(如官员贪腐等) 或行政管理支出，从而财政转移支付中被地方政府用于供给基本公共服务的量就减少了。可见，市场交易成本确实会对地方政府使用财政转移支付资金来提供基本公共服务产生影响，为了更好地理解这个问题，即市场交易成本究竟扮演什么角色以及发挥何种作用，我们在这里有必要做进一步说明。我们首先简要阐述一下市场交易成本包括的主要内容，然后结合国内外学者对市场交易成本、转移支付和基本公共服务供给的相关研究成果，简要阐述市场交易成本的增加确实会对效率产生影响的逻辑，尤其是其会对地方政府使用财政转移支付提供基本公共服务的效率产生影响的理论逻辑。

我们先简要阐述市场交易成本的基本概念。一般认为，市场交易成本主要是指利用市场机制（如价格机制等）进行交易所需的相关费用，比如发现商机、讨价还价、订立合同和执行合同等的花费①。具体成本构成包括搜寻和信息成本、讨价还价和决策成本、监督执行成本以及政治交易成本等。结合本研究后续研究的需要，为了更好地提高财政转移支付资金在地方政府基本公共服务供给方面的使用效率，上述成本我们都应关注，并需要运用一系列的政策或机制来降低这些成本，以减少对基本公共服务供给效率的影响。其中，对于搜寻和信息成本、讨价还价和决策成本、监督执行成本，我们在本章第二节中将运用委托代理理论，并通过构建基本公共服务需求显示的委托代理机制来尽可能地认识它们，以减少和降低这些成本在地方政府提供基本公共服务的行为中对供给效率的影响。在此，我们对政治交易成本中的权力寻租等行为对基本公共服务供给效率的影响进行简要的理论分析，以呼应前述理论模型中和后续研究结论中所涉及的相关问题。

通过文献梳理，我们发现，国内外学者就权力寻租、转移支付和基本公共服务供给问题的研究，相关成果并不多，现有文献研究一方面主要是集中于从寻租行为本身出发，研究地方政府获得中央的转移支付之后，寻租行为更易发生，寻租行为的发生会降低资源配置效率，然后再研究如何治理寻租行为。这方面比较有代表性的观点来自于 Murphy et al.（1993）、

① R. H. Coase, “The Nature of the Company,” *Economica* 4 (1937): 386 - 405.

Mauro（1995）、Ades Albert Rafael Di Tella（1999）、Grupta et al.（2002）、Fisman & Svensson（2007）、过勇和胡鞍钢（2003）、吴一平（2008）、周黎安和陶婧（2009）等[①]。另一方面，一些学者在此基础上，进一步实证分析了来自中央的转移支付会诱发地方政府寻租的原因和相关激励，并指出基础设施是高发领域之一，这方面研究成果中，比较具有代表性的，如范子英（2013）[②]。与上述学者研究一致的是，本研究之前也通过理论分析，认为地方政府在得到来自上级政府（含中央政府）的财政转移支付之后会增加其寻租发生的概率，即地方政府会有冲动将其更多地用于非基本公共服务供给方面。

如果我们换个角度来看这个问题，即从转移支付的分配过程是经济和政治问题的复合体的角度看，相关的理论逻辑可以表述为：一方面，地方政府的官员寻租可以使得其有更多的资源去向上级政府争取更多的转移支付（如跑部进钱等行为），而上级政府在分配转移支付时则会考虑到将较少的转移支付给予之前寻租严重暴发地区（范子英，2013），因此，上下级政府间就财政转移支付的分配进行复杂而激烈的博弈，博弈结果会迫使上级政府（含中央政府）最终选择平均分配转移支付资金，也就是常说的“一团和气”“撒胡椒面”，这将导致资源配置的低效率。但是，在这里，我们不能不提诸多学者的观点，即由于专项转移支付多是以项目名义进行分配，而项目的具体设置又没有相关规定，所以就存在着较大余地的人为操作的可能性，也就意味着存在潜在的寻租机会；另一方面，地方政府官员的政绩观会让地方政府在安排转移支付资金用途时，主要考虑的是将转

① Kevin Murphy et al.，“Why is Rent - seeking So Costly to Growth?” *American Economic Review* 83（1993）：409；Mauro Paolo，“Corruption and Growth，” *Quarterly Journal of Economics* 110（1995）：681 - 712；Ades Alberto and Rafael Di Tella，“Rents，Competition and Corruption，” *American Economic Review* 9（1999）：982；Gupta Sanjeev et al.，“Does Corruption Affect Income Inequality and Poverty?” *Economics of Governance* 3（2002）：23 - 45；Fisman Raymond and Jakob Svensson，“Are Corruption and Taxation Really Harmful to Growth? Firm Level Evidence，” *Journal of Development Economics* 83（2007）：63；过勇、胡鞍钢：《行政垄断、寻租与腐败——转型经济的腐败机理分析》，《经济社会体制比较》2003 年第 2 期；吴一平：《财政分权、腐败与治理》，《经济学》2008 年第 3 期；周黎安、陶婧：《政府规模、市场化与地区腐败问题研究》，《经济研究》2009 年第 1 期。

② 范子英：《转移支付、基础设施投资与腐败》，《经济社会体制比较》2013 年第 2 期。

移支付资金用于能够有助于其升迁的“面子工程”（如地标性建筑等），而非公众需要的基本公共服务，这也会在一定程度上减少基本公共服务支出中财政转移支付资金的比例，而其使用效率也会降低。更进一步，如果将上述思路与前文所阐述的支出偏向问题结合起来，我们发现，地方政府之所以会出现支出偏向，可能是因为政府支出偏向的那个领域就是一个潜在的、可以寻租的机会，官员可以从支出偏向中得到“好处”，而地方政府这种基于“好处”做出的资源配置决策却会导致转移支付资金在基本公共服务供给方面的使用范围和使用效率进一步降低。

综上所述，政治交易成本增加，尤其是地方政府官员的寻租行为的增多，会降低财政转移支付资金在基本公共服务供给中的使用效率，如何制定较好的激励约束机制，来监督约束地方政府官员的寻租行为，防止道德风险的出现，就成为提升基本公共服务供给效率必须研究的问题，这也是本章后续在理论模型深化部分所要解决的问题之一。但必须指出的是，由于县级层面官员寻租行为数据较难得到，而且现有研究文献所使用的数据和计量方法也存在一定的争议，所以为了保持实证分析和相关结论的准确性和可靠性，本研究后续并未就政治交易成本对财政转移支付和基本公共服务供给效率方面的影响进行进一步的实证分析。

第二节　基于委托代理机制的理论模型

上述理论模型的推导过程都是基于地方政府提供的基本公共服务是能够满足辖区居民需要的情况下展开的，即地方政府的基本公共服务供给行为是在其能够较好地反映辖区居民需求偏好的基础上做出的，或者可以说是这些供给决策的做出都是建立在消费者需求得到充分显示的基础上的。但正如本书导论研究背景部分所述，我国的基本公共服务的需求显示方面长期存在一些问题，而这些问题却实实在在影响了我国地方政府的基本公共服务供给实际行为的决策。因此，要深入研究财政转移支付对基本公共服务供给效率的影响，就必须拓展上述理论模型成立的前提假设条件，探讨在基本公共服务供给中，在辖区居民的真实需求并未被完全显示及表达的情况下，上述理论模型是否还能够求得均衡解。这就需要运用传统西方经济学理论中的机制设计理论，以委托代理理论作为突破口，从完善基本公共服务需求者的需求显示机制方面对上述模型进行进一步深化。

一　可行性分析

基于传统经济理论，我们知道消费者的需求选票决定了生产者的命运，需求的变化往往会引起生产领域发生深刻变革。作为特殊商品的基本公共服务本身具有不可分割性，所以，基本公共服务的生产和消费、需求与供给是同时进行的，只有基本公共服务的需求者参与到基本公共服务的生产过程中来，基本公共服务的供给才是有效的，基本公共服务的供给结构和供给效率深受需求影响。

就基本公共服务供给的理论逻辑而言，由于市场中普遍存在的信息不对称，基本公共服务的需求信息不能够被其主要提供者——地方政府察觉，所以供求信息和状况出现偏差的情况就难免会经常发生，而为了更有效率地提供公共服务，就需要我们不断修正这种偏差，具体过程可以表述为：供给者在没有充分掌握需求者信息的情况下，只能尝试着先向市场提供某些基本公共服务，市场中的消费者在消费过程中，会不断地针对这些基本公共服务提出自己的意见，这些意见会通过各种渠道被供给者获取并运用于改善相关公共产品属性，从而在再次提供时，就不会再出现首次提供时所出现的那些问题了，社会福利水平在首次损失的部分，将在再次提供产品后得到弥补。当然，该分析逻辑的假设前提是基于信息完全流通的情况，不存在阻碍信息流通的情况。

而就信息经济学对现实问题的相关理论分析而言，我们都要对市场参与双方中的供给方进行一系列的假设，一般来说，在市场交易中处于信息优势地位且具有私人信息的被称为代理人，代理人的代理权力来自于委托人，但委托人在事先并不能够完全掌握代理人的私人信息而处于信息的弱势地位，两者之间的信息不对称往往会造成经济效率受损。在本研究所研究的县级政府提供基本公共服务的过程中，辖区居民作为纳税人（即基本公共服务供给资金的最终来源）被认为是最终委托人，在我国现行体制下，他们并不能直接行使委托权，而只能通过代理人（即直接委托人）代为行使表达自己对基本公共服务的需求，这个代理人一般被认为是中央政府或各级地方政府，这样，在基本公共服务供给方面，上级政府（含中央政府）和县级政府两者之间就形成了具体的委托代理关系，受到参与约束和激励相容约束的影响，如果县级政府选择不显示自身的基本公共服务偏好或者需求，则其会选择偏离上级政府在基本公共服务供给方面制定的目标和原则，造成基本公共服务供给行为扭曲，供给效率低下。而最终委托人（即辖区居民）的身份又是基本公共服务的消费主体，因此上述上级政府和县级政府之间的委托代理关系能否更好地建立起来终究是要看县级政府和辖区居民之间的委托代理机制能否更好地被建立起来，从机制设计理论和数理分析的角度讲，就是该需求显示的委托代理机制能否求得均衡解。

二　基本公共服务需求的显示

结合前述我们对委托代理和机制设计理论的界定和文献综述，不难发现，委托人为了保证自身利益最大化需要进行一系列的机制设计，这实际上是基于帕累托效率的一种模型，即该模型满足配置效率和预算严格平衡的条件，没有多余的财政转移支付。但我们不能忽视的是要实现帕累托效率，首先要满足委托人和代理人之间的参与约束，要让委托人和代理人都清楚参与并履行这个机制所获的效用要比违背这个机制所获的机会成本大；其次，要让代理人在明知信息不对称的情况下，也会严格执行委托人希望代理人采取的行动方案，当然前提是代理人选择执行方案去做会得到比选择不执行获得更好的效用水平。

首先在考虑占优策略的情形下，我们设计如下机制，假设委托人和代理人总数为 $n+1$ 个，委托人设定为 $i=0$，代理人设定为 $i=1,2,\cdots,n$，代理人可供选择的策略有两个，一是选择提供基本公共服务的策略 $a_i=1$，二是选择不提供 $a_i=0$，两种选择的效用值 $s_i=s(a_i)$。与此相对应，基本公共服务的成本支出为 T_i ，$T_i \in [\underline{c},\overline{c}]$,$\underline{c} < 1 < \overline{c}$ 。如果代理人选择拒绝委托人设计的机制，其机会成本 $y_i(i = 1,2\cdots,n)$ 所能够获得的收益设置为 $R(y_i)$ 。此时，我们可以表示出代理人的行为约束条件方程：

$$IR_i: E_{\theta_{-i}}[(u_i\chi_i(s_i^*,s_{-i}^*) - T_i(s_i^*,s_{-i}^*)] \geqslant \max[R(y_1),R(y_2),\cdots,R(y_n)] \tag{1-2-1}$$

参与人 i 的激励相容约束（Incentive – Compatibility Constraint）为：

$$IC_i: E_{\theta_{-i}}[(\theta_i x_i(s_i^*,s_{-i}^*) - T_i(s_i^*,s_{-i}^*)] \geqslant E_{\theta_{-i}}[(\theta_i x_i(s_i,s_{-i}^*) - T_i(s_i,s_{-i}^*)] \tag{1-2-2}$$

委托人的期望效用为：

$$E_\theta[T_1(s_1^*,s_{-1}^*) + T_2(s_2^*,s_{-2}^*) + \cdots,T_n(s_n^*,s_{-n}^*)] \tag{1-2-3}$$

当然，在某些情况下，代理人的参与约束是不需要考虑的。比如说，当代理人无法选择退出机制的时候（比如居民没有随意迁出所在辖区的权利时，纳税的机制设计中就不需要考虑居民的参与约束，因为居民没有办法退出这一机制）。上述分析都是在代理人私人消费品为拟线性条件下展开的，此时占优策略机制可以得到合理的结果。结合上述假设，我们也可以在纯策略情况下，推导出代理人（本研究主要指县级政府）在面临两个代表性消费者时，所能够有效提供的基本公共服务的供给数量，过程如下：

我们首先来解决基本公共服务的帕累托有效率配置的最大化问题：

$$\max_{x_1,x_2,G} u_1(x_1,G)$$

使得

$$u_2(x_2,G) = \overline{u_2}$$

$$x_1 + x_2 + c(G) = w_1 + w_2$$

我们构造拉格朗日函数：

$$L = u_1(x_1,G) - \lambda[u_2(x_2,G) - \overline{u_2}] - \mu[x_1 + x_2 + c(G) - w_1 - w_2]$$

然后，对 x_1,x_2,G 求微分，我们得到

$$\frac{\partial L}{\partial x_1}=\frac{\partial u_1(x_1,G)}{\partial x_1}-u=0 \tag{1-2-4}$$

$$\frac{\partial L}{\partial x_2}=-\lambda\frac{\partial u_2(x_2,G)}{\partial x_2}-u=0 \tag{1-2-5}$$

$$\frac{\partial L}{\partial G}=\frac{\partial u_1(x_1,G)}{\partial G}-\lambda\frac{\partial u_2(x_2,G)}{\partial G}-u\frac{\partial C(G)}{\partial G}=0 \tag{1-2-6}$$

将（1－2－6）两边除以 u，得到

$$\frac{1}{u}\frac{\partial u_1(x_1,G)}{\partial G}-\frac{\lambda}{u}\frac{\partial u_2(x_2,G)}{\partial G}=\frac{\partial C(G)}{\partial G} \tag{1-2-7}$$

由（1－2－4）可以求出

$$u=\frac{\partial u_1(x_1,G)}{\partial x_1} \tag{1-2-8}$$

由（1－2－5）可以求出

$$\frac{u}{\lambda}=-\frac{\partial u_2(x_2,G)}{\partial x_2} \tag{1-2-9}$$

将（1－2－8）和（1－2－9）代入（1－2－7），得到

$$\frac{\partial u_1(x_1,G)/\partial G}{\partial u_1(x_1,G)/\partial x_1}+\frac{\partial u_2(x_2,G)/\partial G}{\partial u_2(x_2,G)/\partial x_2}=\frac{\partial C(G)}{\partial G} \tag{1-2-10}$$

即

$$MRS_1+MRS_2=MC(G) \tag{1-2-11}$$

然后，我们将代理人的拟线性偏好的效用表达式设定为：

$$u_i(x_i,G)=x_i+v_i(G) \tag{1-2-12}$$

这就是说，私人物品的边际效用总是等于1。因此，私人物品和基本公共服务之间的边际替代率，即边际效用比率只取决于G，具体地说，

$$|MRS_1|=\frac{\Delta u_1(x_1,G)/\Delta G}{\Delta u_1/\Delta x_1}=\frac{\Delta v_1(G)}{\Delta G}$$

$$|MRS_2|=\frac{\Delta u_2(x_2,G)/\Delta G}{\Delta u_2/\Delta x_2}=\frac{\Delta v_2(G)}{\Delta G}$$

根据（1－2－11）我们知道，一项基本公共服务的帕累托有效率水平

必须满足 $|MRS_1| + |MRS_2| = MC(G)$，利用拟线性效用方程式中各MRS的具体表述式，我们可以把该条件写成：

$$\frac{\Delta v_1(G)}{\Delta G} + \frac{\Delta v_2(G)}{\Delta G} = MC(G) \qquad (1-2-13)$$

由方程式（1-2-13）可以看出，该式决定了基本公共服务数量 G，而与 x_1, x_2 根本无关。因此，存在一个唯一的基本公共服务有效供给数量。也就是说，在拟线性偏好条件下，把基本公共服务的数量固定在有效率的水平上不变，只需要通过重新配置私人物品就可得到所有帕累托有效率配置形式。

但是，如果放弃拟线性条件回到现实经济运行中去，则占优策略得不到上述唯一而良好的结果，原因正如 Arrow（1951）不可能定理、Gibbard（1973）① 和 Satterthwaite（1975）② 所做的研究，他们认为，在没有任何限制条件的环境中，独裁是基本公共服务供给中唯一可行的占优策略，即按照政府事先选定的其最偏好的方案安排基本公共服务供给为最好的方案。因此，后来学者逐渐放弃了占优策略机制，选择贝叶斯机制，因为这个机制对信息要求相对宽松。

从理论上说，机制本身的设计固然重要，但要能实施才是更重要的，可以实施的机制需要同时满足参与约束和激励相容两个要求。那么，委托人在选择机制的时候，备选项可以有多种，但是总的来说上述这些机制分为两类：第一类是直接机制，在直接机制中信号空间 $M_i = \Theta$；第二类间接机制不需要专门设计，因为其总可以转化为一些直接机制来实现③。下面，我们就基本公共服务供给在贝叶斯机制下的委托代理关系进行分析。

设 $\mu^*(\theta) = [\mu_1^*(\theta_1), \mu_2^*(\theta_2), \cdots, \mu_n^*(\theta_n)]$ 为某基本公共服务供给机制的贝叶斯均衡。在直接机制中 $M_i = \Theta$，每个代理人报告自己的类型 $\tilde{\theta}_i$

① A. Gibbard, "Manipulation of Voting Schemes: A General Result," *Econometrica* 41 (1973): 587.

② M. Satterthwaite, "Strategy - proofness and Arrow's Conditions: Existence and Correspondence Theorems for Voting Procedures and Welfare Functions," *Journal of Economic Theory* 10 (1975): 212.

③ 张维迎：《博弈论与信息经济学》，上海人民出版社，2004，第169页。

$\in \Theta_i$，其中 $\tilde{\theta}_i$ 不一定等于 θ_i，因为代理人不一定说实话，这个机制定义了一个新的配置规则：

$$\bar{y}(\bar{\theta}) = y_m(\mu^*(\tilde{\theta})) \tag{1-2-14}$$

所以，可以得到：

$$\begin{aligned} & E_{\theta_{-i}}[u_i(\bar{y}(\theta), \theta_i, \theta_{-i}) \mid \theta_i] \\ & = E_{\theta_{-i}}[u_i(y_m(\mu^*(\theta), \theta_i, \theta_{-i}) \mid \theta_i] \\ & = \sup_{\mu_i \in M_i} E_{\theta_{-i}}[u_i(y_m(\mu_1^*(\theta_1), \cdots, \mu_i^*(\theta_i), \cdots, \mu_n^*(\theta_n)), \theta_i, \theta_{-i}) \mid \theta_i] \\ & \geqslant \sup_{\mu_i \in M_i} E_{\theta_{-i}}[u_i(\bar{y}_m(\theta_1, \cdots, \tilde{\theta}, \cdots, \theta_n), \theta_i, \theta_{-i}) \mid \theta_i] \end{aligned} \tag{1-2-15}$$

上述直接机制必须基于一定的显示原理才能够实施，而对于显示原理，这里给出其能够求得结果的贝叶斯均衡条件：

$$\mu^*(.) = (\mu_1^*(\theta_1), \mu_2^*(\theta_2), \cdots, \mu_n^*(\theta_n)) \tag{1-2-16}$$

该贝叶斯均衡得以实现的信号空间为 $\bar{y}(\bar{\theta}) = y_m(\mu^*(\tilde{\theta}))$，并要求代理人在各阶段接受并报告真实偏好。这样，我们就可以求出直接实施机制的均衡结果。

如果我们将上述模型中代理人的人数确定为两人，来检验两个代理人决定是否提供某种基本公共服务决策的形成过程和最终是否能够得到均衡解。如果至少有 1 人提供基本公共服务，每个参与人的收益 $a_i = 1$，否则每个参与人的收益为 0。则由前述假设可知，贝叶斯纳什均衡为策略组合 $\{a_i^*(c_i), a_j^*(c_j)\}$，满足对每个参与人 i 和类型 c_i，$a_i^*(c_i) = a_i^*$ 最大化参与人 i 的期望收益 $\sum_{c_j} u_i(a_i, a_j^*(c_j); c_i)$。

令 $z_j = p\{a_j^*(c_j) = 1\}$，即 z_j 表示参与人 j 提供基本公共服务的概率。参与人 i 的理性行为是：当他预期到 j（$\neq i$）不提供基本公共服务时，他考虑是否提供。当 j 不提供时，若 i 提供，他的预期收益是 $(1 - z_j) \cdot 1 = 1 - z_j$。故仅当 $1 - z_j - c_j > 0$ 时，或 $c_i < 1 - z_j$ 时，参与人 i 才会提供基本公共服务。从而有：

$$a_i^*(c_i) = \begin{cases} 1 & \underline{c} < c_i < 1 - z_j \\ 0 & c_i > 1 - z_j \end{cases} \tag{1-2-17}$$

同理

$$a_j^*(c_j) = \begin{cases} 1 & \underline{c} < c_i < 1 - z_i \\ 0 & c_j > 1 - z_i \end{cases} \tag{1-2-18}$$

利用问题的对称性，下面把下标“i,j”取消

$$z = p\{a^*(c) = 1\} = P\{\underline{c} < c < 1 - z\} = F(1 - z) \tag{1-2-19}$$

特别地，当c在区间$[0,\alpha]$上的分布为均匀分布时，$\alpha \geqslant 1$。$F(z) = z/\alpha, z \in [0,\alpha]$。因此，可得$z = \dfrac{1-z}{\alpha}$，从而$z = \dfrac{1}{1+\alpha}$。从而有

$$a^*(c) = \begin{cases} 1 & 0 < c < \alpha/(1+\alpha) \\ 0 & c > \alpha/(1+\alpha) \end{cases} \tag{1-2-20}$$

故贝叶斯纳什均衡得以确定。

三　进一步的分析结论

上述机制设计过程说明：

（1）在基本公共服务供给过程中，委托代理关系可以较好地概括上级政府（含中央政府）和下级政府（主要指县级政府）之间以及县级政府和辖区居民之间的关系。一方面，上级政府（含中央政府）可以通过合理的政绩考核等激励约束机制的设计，委托下级政府（主要指县级政府）履行委托人的基本公共服务供给要求，实现基本公共服务供给目标，提高基本公共服务供给效率；另一方面，县级政府与辖区居民之间的委托代理关系是成立的，而且在占优策略和贝叶斯机制下均可以求得均衡解。

（2）在纯策略博弈条件下，作为直接委托人的上级政府（含中央政府）必须在充分考虑最终代理人（居民）的需求偏好情况下，设计相应的与代理人（地方政府）之间的激励约束机制，也应该考虑到代理人面临着“参与约束”和“激励相容约束”两个约束条件，为了让作为代理人的下级政府（主要指县级政府）和委托人的目标一致，就要设置两个约束条件在收益与成本之间实现委托人的期望效用值，即方程式（1－2－3）所示，

上级政府（含中央政府）希望效用值 E_e 最大化，即 $T_i(\cdot)$ 最小化。此时，可以通过数理推导，求出代理人所面临的基本公共服务供给数量的均衡解，即实现了占优策略均衡。

（3）将占优策略机制扩展至更为一般的贝叶斯机制环境下，所有代理人的需求得以直接显示的情况下，上级政府（含中央政府）和下级政府（主要指县级政府）之间以及县级政府和辖区居民之间在基本公共服务供给上的委托代理机制可以求得均衡配置结果，这个结果是符合最优配置的，而且这个结果在存在两个代理人[①]的模型中可以得到进一步的确定。

（4）下级政府（主要指县级政府）如果事前就能够从上级政府（含中央政府）得到超出均衡数量的财政转移支付，则地方政府面临的“参与约束”和“激励相容约束”将受到极大的挑战，地方政府将没有动力去提供基本公共服务，反而会将目标转移到实现自身预算最大化，这将最终造成基本公共服务供给结果与委托人的初始目标背道而驰。

第三节　理论假设

由文献综述部分可以知道，财政分权是表征不同层级政府间最主要的关系，经典分权理论认为，适当的经济分权总是有必要的，因为分权可以使得公共产品供给实现更高的效率，但是中央和地方之间存在的过低的财政收入分权和过高的财政支出分权往往会给地方政府带来财权（主要指获取财政收入的权力）无法满足事权（主要指地方公共服务的供给）的困境，这就需要上级政府安排转移支付资金来弥补地方政府财政收入的不足，进而促使下级政府更好地去提供基本公共服务。也就是说，不同层级政府间纵向上的财政收支能力不均衡需要通过财政转移支付来调整和平衡，横向政府间由于存在资源禀赋的差异所导致的基本公共服务供给水平的差异，也需要财政转移支付来平衡。为了更好地解决经济发展不均衡和

① 这里的两个代理人指的是在一项公共服务供给中相关的两个行为主体。

基本公共服务供给不平等，中央和地方也从制度层面对一般性和专项转移支付的制定和实施进行设计。如前面所述，专项转移支付在影响地方政府基本公共服务供给预算支出时，一方面会产生收入效应，另一方面也会产生价格效应；而一般性转移支付只会产生收入效应。从经验上讲，将两种转移支付落实到地方政府的贯彻执行上，往往就会发生前述理论分析部分所得出的结论，即专项转移支付会发挥更为显著的作用。同时，两种转移支付对地方政府基本公共服务支出的影响还会受到其他一系列因素影响，如区域间经济发展水平的不均衡和差异性，这当然需要实际的经验验证。结合前述理论分析，并基于本研究研究的主题和后续展开研究的需要，本研究在此部分提出了以下理论假设。

理论假设一：财政转移支付及其规模大小会对县级政府基本公共服务的供给效率产生正向影响，但影响的显著程度需要在实证分析中予以检验。

理论假设二：一般性转移支付和专项转移支付对县级政府的基本公共服务支出行为和供给效率的影响均为正向显著的，但影响程度不同，专项转移支付相比于一般性转移支付的效果有待于进一步的检验与修正。

理论假设三：一般性转移支付和专项转移支付的增加会对市场交易成本的增加产生正向影响，市场交易成本的增加会相应减少转移支付在基本公共服务供给中的使用数量，进而会降低供给效率，但委托人［包括上级政府（含中央政府）和辖区居民］可以通过设计包含激励约束和严厉惩罚等内容的委托代理机制（如政绩考核和群众反馈机制等）促使下级政府（主要指县级政府）履行委托人制定的基本公共服务供给目标和要求，降低市场交易成本发生的概率，而辖区居民也可以通过反馈机制反映自己在基本公共服务供给种类和数量方面的真实需求偏好，从而实现基本公共服务供给水平的改善和供给效率的提高。

理论假设四：财政转移支付对地方政府基本公共服务供给效率的影响还会受到一系列其他因素的制约，如经济发达程度、财政分权程度（尤其是政府与市场边界的划分）、行政管理支出、经济建设支出等，但具体影响如何，则需要在实证分析中检验。

第四节　转移支付对地方政府基本公共服务支出影响的计量模型

一　模型构建及变量选取

1. 模型构建

结合目前国内外相关研究文献、本书导论的数理分析和本研究目标的需要，本研究将采用的面板数据模型如下：

$$\mathrm{lnBasicSerper}_{it} = \alpha_0 + \alpha_1 \ln GelTransper_{it} + \alpha_2 \ln SpeTransper_{it} + \beta X_{it} + \varepsilon_{it} \quad (1-4-1)$$

$$lnEduper_{it} = \alpha_0 + \alpha_1 \ln GelTransper_{it} + \alpha_2 \ln SpeTransper_{it} + \beta X_{it} + \varepsilon_{it} \quad (1-4-2)$$

$$lnSecurityper_{it} = \alpha_0 + \alpha_1 \ln GelTransper_{it} + \alpha_2 \ln SpeTransper_{it} + \beta X_{it} + \varepsilon_{it} \quad (1-4-3)$$

$$lnMedcialper_{it} = \alpha_0 + \alpha_1 \ln GelTransper_{it} + \alpha_2 \ln SpeTransper_{it} + \beta X_{it} + \varepsilon_{it} \quad (1-4-4)$$

$$lnCxshequ_{it} = \alpha_0 + \alpha_1 \ln GelTransper_{it} + \alpha_2 \ln SpeTransper_{it} + \beta X_{it} + \varepsilon_{it} \quad (1-4-5)$$

2. 变量选取

（1）被解释变量部分：主要是包括人均基本公共服务支出（$\mathrm{lnBasicSerper}_{it}$）、人均教育支出（$lnEduper_{it}$）、人均社会保障支出（$\mathrm{lnSecurityper}_{it}$）、人均医疗卫生支出（$lnMedcialper_{it}$）和人均城乡社区事务支出（$lnCxshequ_{it}$）。我们综合国内学者的相关研究，本研究中的基本公共服务内容主要包括教育、医疗卫生、社会保障和就业服务以及城乡社区事务支出四个部分。其中，城乡社区事务支出反映的是政府在城乡社区事务方面的支出。此类支出下设款项有城乡社区管理事务、城乡社区规划与管理、城乡社区公共设施、城乡社区住宅、城乡社区环境卫生、建设市场管理与监督等支出。从这些支出款项来说，城乡社区基本都在政府应该提供的基本公共服务范围之内，符合国务院2012年7月出台的《国家基本公共服务体系“十二五”规划》提出的基本公共服务的内容及要求。本研究将各样本县每年四项支出相加之和除以当年各样本县年末人口的人均值作为衡量县级政府对基本公共服务的供给水平。

（2）人均一般性转移支付支出（$lnGelTransper_{it}$）和人均专项转移支

付支出（*lnSpeTransperit*）：这两个变量是本研究考察的重点，本研究关心的主要问题之一便是作为基本公共服务供给主体的县级政府在得到来自上级政府的一般性转移支付和专项转移支付以后是否会将其用于基本公共服务的提供上去，而基本公共服务的供给对一般性转移支付资金总额（规模）和专项转移支付资金总额（规模）的敏感程度究竟如何等问题。

（3）控制变量（X_{it}）：根据研究需要和数据可得性，在本研究中，我们主要选取的控制变量包括：财政转移支付占财政收入的比重（$Transp_{it}$）、专项转移支付占财政支出比重（$Stransp_{it}$）、人均税收收入（$lnTaxper_{it}$）、人均财政收入（$lnIncomeper_{it}$）、人均行政管理支出（$lnAdminper_{it}$）、人均经济建设支出（$lnEcoexpenditure_{it}$）、人均 GDP（$lnGDPper_{it}$）、万人病床位数（$MedBedper_{it}$）、人口密度（$Density_{it}$）、农村人口（$Agriculture_{it}$）、城市化率（$Citizen_{it}$）、万人小学生人数（$Pupilper_{it}$）、万人中学生人数（$Middleper_{it}$）[①]、财政分权变量［包括收入分权变量（$In_decentra_{it}$）、支出分权变量（$Ex_decentra_{it}$）和财政自主度变量（$auto_{it}$）］。

其中，财政转移支付占财政收入比重衡量的是地方财政对转移支付规模的依赖程度，这是影响县级政府在进行财政支出安排上很重要的因素，我们要考察的是这一变量是否会影响地县级政府公共服务供给效率；专项转移支付占财政支出比重变量则是在财政转移支付占财政收入比重变量基础上，进一步设置的有使用限制的专项转移支付对县级政府基本公共服务供给效率影响的变量，我们需要验证这两个变量的大小变化对县级政府公共服务供给效率所产生的具体影响，只有把这个问题搞清楚了，才能够更好地去分析其他控制变量对县级政府基本公共服务供给效率的影响。

财政收入能力会影响地方政府的基本公共服务供给能力，是本研究所要选取的影响变量，我们用人均税收收入和人均财政收入来表征财政收入能力；人均行政管理支出是官员预算最大化的主要支出对象，很多实证研

① 鉴于数据的可得性，万人小学生人数和万人中学生人数在全国省级层面的数据选取中，选取为小学师生比和中学师生比两个变量。

究都发现一般性转移支付存在被地方政府用于自身经济建设和行政管理支出的可能性，这会导致财政支出结构出现偏向，影响财政转移支付资金中真正被用于基本公共服务供给的比重；人均经济建设支出被认为是县级政府在转移支付使用方面最有可能的转移对象之一，应该作为本研究研究的主要控制变量，本研究经济建设支出数据是用各样本县当年人均财政支出减去人均行政管理支出、人均教育支出、人均医疗卫生支出、人均社会保障和就业服务支出以及人均城乡社区事务支出之后的余额来表示的，包括政府在农林水事务、资源勘探、电力、信息等事务以及交通运输等方面的支出；城市化率（$Citizen_{it}$）＝（当年县市总人口－农村人口）/当年县市总人口。

财政分权变量的设计方面，本研究结合已有研究文献和研究需要，主要给出了三种变量，是为了避免一种变量在评估计量结果时出现偏差，主要起到对比的作用，从而使最后的结果分析更客观准确。这三个变量分别为：

$$财政支出分权指标 = \frac{县级财政支出额/县人口}{县级财政支出额/县人口 + 市本级财政支出额/全市人口}$$

或：

$$财政支出分权指标 = \frac{省级财政支出额/县人口}{省级财政支出额/县人口 + 省本级财政支出额/全市人口}$$

该变量主要通过县级政府人均财政支出与市本级人均财政支出比例，从支出分权角度来表征县级政府财政支出自由度，该变量越大说明县级政府财政支出自由度越大。

$$财政收入分权指标 = \frac{税收收入}{税收收入 + 财政转移支付总额}$$

该变量主要表征县级政府税收收入能力，考察政府在获得财政收入过程中是更多地依赖本地税收收入（包括上级政府的税收返还）还是依赖来自上级政府的财政转移支付。之所以给出两种分权变量，主要是全面表征分权这个变量。

$$财政自主度 = \frac{自有财政收入}{财政总支出 - 专项转移支付} = \frac{财政收入 - 财政转移支付总额}{财政总支出 - 专项转移支付}$$

该变量是在前两个分权变量基础上，结合前述财政转移支付占财政收入的比重（$Transp_{it}$）和专项转移支付占财政支出比重（$Stransp_{it}$）两个变量，进一步用县级政府自有财政收入在财政支出中的比重来衡量县级政府的财政支出自主程度，为了更精确地反映该程度，我们在支出当中全额减除专项转移支付，消除因一些县区获得过多的专项扶贫或救济性转移支付可能会给这些县区的基本公共服务支出结构和供给效率带来的那些负面影响。

二 数据处理

在样本选择方面，本研究将首先选取全国省级层面财政收支面板数据进行实证分析，我们主要从财政转移支付对基本公共服务支出结构和供给效率的影响两个方面进行实证分析。然后，为了更清楚地研究效率差异问题，本研究同时选取了云南、广东和安徽三省作为比较样本，选取三省县级政府财政收支面板数据，运用同样的计量方法，实证分析转移支付对三省县级政府基本公共服务支出结构和供给效率的影响，将三省的实证结果做比较分析，以便从支出行为和支出效率的角度，进一步揭示转移支付究竟会对县级政府，尤其是对县级政府的基本公共服务供给行为造成何种影响。

这里特别要交代两个问题：

一是本研究对东中西部省份的划分是参照国家统计局的三大地区的划分方法，即东部地区包括：北京、天津、河北、辽宁、上海、江苏、浙江、福建、山东、广东和海南，共11个省、市；西部地区包括：内蒙古、广西、重庆、四川、贵州、云南、西藏、陕西、甘肃、青海、宁夏、新疆，共12个省区市；中部地区包括：山西、吉林、黑龙江、安徽、江西、河南、湖北、湖南，共8个省。有些学者在划分的时候，没有包括重庆市（范子英，2010），但因研究问题不同，故本研究不作此处理。

二是之所以选择广东省和安徽省作为与云南省进行比较分析的对象，主要考虑到基本公共服务供给效率存在着空间差异，因此决定从东部和中部地区各选取一个省份。选择广东省的理由如下：一是广东省作为东部省份中，最早进行改革开放和中国经济发展水平最高的地区之一，其地理位置等资源禀赋条件优越、基础设施完善、农工商均较为发达、人口总量较大，这些都可以和云南省形成鲜明的对比，同时其民族种类众多，这一点和云南省类似，这些鲜明的异同点都有可能对县级政府基本公共服务供给水平和供给效率造成影响，因此将其与云南省进行相关比较分析，是极具价值的；二是广东省经济发达，县级政府得到的转移支付数量相对较少，但同时可以说大部分财力是通过税收返还方式从上级政府得到的，其县级政府对转移支付资金的使用会受到自身财力是否雄厚的影响，在提供基本公共服务时会出现不同于其他省份县级政府的行为，这是否又会对基本公共服务供给效率产生影响呢？将这些问题与云南省进行比较分析，分析所得出的结论应该会对作为边疆省份的云南省县级政府改善基本公共服务供给水平、提高供给效率起到一定的借鉴作用。

中部地区之所以选择安徽省，一是因为安徽省在中部省份中经济发展水平属于中间层次，城市化水平也不高；二是它的人口规模在全国居中，在全国也具有一定的代表性；三是安徽省作为中部欠发达的农业省份对转移支付依赖程度较大，转移支付在影响县级政府基本公共服务供给行为方面应该是显著的，而且与作为同样对转移支付有着较强依赖的云南省相比，情况是否类似？这也可以说是比较具有价值的问题之一。

同时，我们对样本做如下处理：在我国行政区域规划中，各省县级政府类型基本分为县、自治县和市辖区三种，我们在选取样本的时候采用目前较为一般的处理办法，剔除市辖区，因为市辖区整体经济发展、基本公共服务供给等情况都被统一规划，相比于其他县（区）要好很多、差异明显。所以本研究在研究过程中，针对三个省份，我们均排除了市辖区的数据，具体处理情况如下：

云南省排除了昆明市五华、官渡、西山和盘龙四区、昭通市昭阳区、玉溪市红塔区，曲靖市麒麟区，楚雄州楚雄市，大理州大理市，红河州蒙自县、文山州文山市（2010 年前为文山县）、普洱市思茅区（2007 年前为翠云区）、西双版纳州景洪市、保山市隆阳区、德宏州芒市（前潞西市）、丽江市古城区、怒江州泸水县、迪庆州香格里拉县（现香格里拉市）、临沧市临翔区，采用了其他110个县的2004～2014年长达11年的财政收支以及基本公共服务支出数据。

广东省排除了广州市越秀等9个市辖区，保留增城市和从化市，深圳、珠海、佛山、东莞、中山五市只设置了市辖区，所以排除在样本之外，汕头市保留南澳县，韶关市排除了浈江、武江和曲江三区，湛江市排除了赤坎、霞山、坡头、麻章四区，肇庆市排除瑞州、鼎湖、高要三区，江门市排除江海、蓬江、新会三区，茂名市排除茂南、电白两区，惠州市排除惠城和惠阳两区，梅州市排除梅江、梅县两区，汕尾市包括了陆丰、海丰和陆河三县，河源市排除源城区，阳江市排除江城和阳东两区，清远市排除了清城区和清新区，潮州市包含饶平县，揭阳市排除榕城和揭东两区，云浮市排除了云城和云安两区。这样，广东省的数据样本共包含了67个县级，数据时间跨度为2004年至2014年共11年，时间跨度和云南省保持一致。当然，这样处理的话，广东省经济较为发达和基本公共服务供给水平较高的地区被排除在样本数据外，可能会对基本公共服务供给效率的整体回归估计结果造成影响，这需要在实证分析之后方能得到确认。

在安徽省在数据样本处理方面，也是排除了市辖区的数据，具体来说，合肥市排除了瑶海区、庐阳区、蜀山区、包河区和巢湖市，巢湖市情况较为特殊，2011年撤地级市成为县级市，原庐江县划归合肥市管辖，无为县划归芜湖市管辖，含山县、和县（不含沈巷镇）划归马鞍山市管辖，因此在对巢湖市数据进行处理时，我们按照最新的行政区划，不再单列巢湖市。芜湖市去掉镜湖区、弋江区、鸠江区和三山区，蚌埠市去掉龙子湖、蚌山、禹会、淮上四个区，淮南市去掉大通、田家庵、谢家集、八公山、潘集五个区，马鞍山市去掉花山、雨山、博望三个区，淮北市保留濉溪县，铜陵市保留枞阳县，安庆市去掉迎江区、大观区、宜秀区，黄山市去掉屯溪区、黄山区、徽州区，阜阳市去掉颍州、颍泉、颍东、颍上和界首四个区市，宿州去除埇桥区，滁州市去除琅琊区、南谯区、天长市、明光市，六安去除金安区、裕安区、叶集区，宣城市去除宣州区，池州市去除贵池区，亳州市去除谯城区。这样，安徽省县级样本数为61个，数据时间跨度为2004年至2014年共11年，时间跨度和云南、广东两省保持一致。

在数据收集与处理方面，我们主要从各种统计年鉴①中整理相关数据，还包括EPS全球统计数据库以及云南、广东、安徽三省财政厅预决算公开数据和报告等，这些数据均经过一定的检验和修正，因此数据较为可靠。在此需要特别指出三点：一是本研究所用收入和支出金额数据均以2004年为基期，并用数据当年全国和该省CPI指数做过平减处理，保证数据免受价格波动等因素影响；二是在此基础上我们继续对财政收支数据做了人均化处理，可以更好地显示数据变化趋势，便于比较，提升计量过程的可靠性；三是财政收支数据均做了取自然对数处理，这样做的好处是不会改变数据的性质和相关关系但更易消除异方差影响；四是因为2007年财政部对财政支出口径进行了调整，而本研究数据的时间跨度为2004~2014年共11年，所以我们引入了时间虚拟变量及其互动项，将2004~2007年时间虚拟变量值设置为0，2008~2014年的时间虚拟变量值设置为1，以便在两个不同的时间段使用不同的截距项与斜率。鉴于我国的财政转移支付制度改革频繁，规定变化较快，1995年、2007年、2009年和2015年国家层面都曾就财政转移支付的规定进行过调整，最终财政转移支付在新《预算法》中被划分为一般性和专项转移支付两类。由于本研究所用数据时间跨越了这两个时间段，加上期间中央对地方转移支付形式较多，税收返还因其分税制改革的实现手段②归到县级政府自有财政收入部分，不包含在一般性转移支付中，专项转移支付数据统计口径和计算方法没有变化。所以，本研究基本上将转移支付归为一般性转移支付和专项转移支付两类。

① 主要年鉴包括：《中国统计年鉴》《中国县市社会经济统计年鉴》《中国财政年鉴》《云南省统计年鉴》《广东省统计年鉴》《安徽省统计年鉴》《中国人口和就业统计年鉴》《中国城市统计年鉴》《中国卫生统计年鉴》《新中国六十五年统计年鉴》《新中国六十年统计资料汇编》等。

② 宋小宁、陈斌、梁若冰：《一般性转移支付：能否促进基本公共服务供给?》，《数量经济技术经济研究》2012年第7期。

第五节 转移支付对地方政府基本公共服务供给效率影响的计量模型

我们研究财政转移支付对县级政府财政支出结构影响的最终目标是为研究其对县级政府基本公共服务供给效率影响做铺垫的，因为从我国目前县级政府财政支出行为来说，支出结构偏向固化现象非常明显，如本书导论所述，基本公共服务支出资金规模增大趋势虽然明显，但供给水平和效果却并不那么让人满意，这和基本公共服务供给效率有关，但究竟关系如何，需要通过实证分析来说明，本研究运用效率分析方法中比较常见的随机前沿分析（SFA）方法来研究这个问题。在本小节我们将介绍本书后续章节对供给效率研究中要用到的模型和变量。

一般来说，参数分析和非参数分析方法是目前主流的分析效率问题的方法，它们两者的区别主要是是否要估计前沿生产（成本）函数，非参数方法包括数据包络分析（DEA）和无边界分析（FDH）两种方法，不需要估计前沿生产函数，参数方法分为三种：随机前沿分析方法（SFA）、厚边界函数法（TFA）和自由分步法（DFA）。当然，就目前国内外相关研究文献来说，需要估计前沿函数的随机前沿分析（SFA）和数据包络分析（DEA）两种方法使用频率较高。就两种方法的优缺点来说，数据包络分析是研究多投入多产出的线性规划分析方法，而且该方法受变量数据的异常和敏感性影响较大，对随机误差项的考虑也不够，在一定程度上很难做出针对性的分析；而随机前沿分析方法的发展史要追溯到 20 世纪 20 年代的 C. Cobb – P. Douglas 生产函数，这一生产函数开始了生产率在经济增长中作用的定量研究，后来被称为技术进步率，将在经济增长中未被解释的部分归为技术进步的结果。在此基础上，20 世纪 70 年代，由 Meeusen and van den Broeck 等学者提出了相应的随机前沿生产函数，使得该分析方法能够较好地符合经济发展的实际情况，之后的学者将技术和全要素生产率结合在一起做了大量实证研究，尤其是 Battese and Coelli（1995）在 Kumbhakar, Ghosh and McGukin（1991）[①] 基础上，去除一阶利润最大化的条件，提出的适用于面板数据的效率模型更是成为目前学者们在分析随机前沿成本时使用最广泛的模型之一[②]。总之，相较于数据包络分析（DEA）方法，随机前沿分析（SFA）方法具有明显的优势，即充分考虑了随机误差和无效率因素对效率的影响，可以用来验证假设检验，从而得到更准确的效率估计值，其缺点就是事先不知道函数模型是否设定正确，只能等得出参数值和效率值之后再进行检验，但相较于 DEA 方法，SFA 方法对效率的估计值更为集中。本研究在综合考虑以上问题的基础上，在分析县级政府基本公共服务供给效率和财政支出效率时选用的方法为随机前沿分析（SFA）方法。

一　随机前沿分析（SFA）方法的成本函数模型简介

结合目前国内外运用 SFA 方法对效率进行估计的研究文献和资料，运用该方法测算效率值有两种函数模型，分别为生产函数和成本函数。本研究将采用 Batese and Coelli（1995）提出的成本效率模型，本研究提出的成本函数模型基本形式为：

$$\ln Y_{it} = \ln X_{it} + \varepsilon_{it}$$
$$\varepsilon_{it} = (V_{it} + U_{it}) \quad 其中\ i = 1,2,\ldots,N;t = 1,2,\ldots,T \qquad (1-5-1)$$

由于生产函数和成本函数之间的对偶关系，生产函数的形式我们可以同时给出：

$$\ln Y_{it} = \ln X_{it} + \varepsilon_{it}$$
$$\varepsilon_{it} = (V_{it} - U_{it}) \quad 其中\ i = 1,2,\ldots,N;t = 1,2,\ldots,T \qquad (1-5-2)$$

当然，本研究在分析县级政府基本公共服务供给效率时采用的函数形

---

① S. C. Kumbhakar et al.,"A Generalized Production Frontier Approach for Estimating Determinants of Inefficiency in U. S. Dairy Farms," *Journal of Business and Economic Statistics* 9 (1991): 279 - 286.

② G. E. Battese and T. J. Coelli,"A Model for Technical Inefficiency Effects in a Stochastic Frontier Production Function for Panel Data," *Empirical Economics* 20 (1995): 325 - 332.

式为成本函数模型。

其中，Y_{it} 是第 i 个行为主体在时间 t 所支付的总成本（生产函数中为总产出），即第 i 个县级政府在基本公共服务供给方面的财政支出金额（或财政总支出金额）；

x_{it} 是第 i 个行为主体在时间 t 的投入和产出的 $k \times 1$ 向量，其用成本函数形式表示的函数形式 $C = C(X_{it})$ 为第 i 个县级政府在时间 t 支付给基本公共服务或公共服务的最优总支出，或者叫成本边界；

V_{it} 是随机误差项，服从正态分布 $V_{it} \sim N(0, s_V{}^2)$，且独立于 U_{it}；

U_{it} 为非负随机变量，被用来衡量成本无效率项，在 $m_{it} = 0$ 处截断，服从截断正态分布 $N(m_{it}, s_U{}^2)$，而且根据 Batese and Coelli（1995）的说明，m_{it} 是个重要参数，该参数与支出效率是负相关关系，$m_{it} = z_{it}d$，其中 z_{it} 是表征行为主体财政支出效率的重要变量，如果用向量形式表示，可以表示为 $p \times 1$ 向量。

二　模型构建与变量选取

1. 模型构建

在前文成本效率模型的基础上，结合 C · Cobb – P · Douglas 生产函数形式，所有收支数据均做过 CPI 指数调整处理，并假设 2004 ~2014 年的投入要素价格不变。我们提出如下模型：

$$\ln TC_i = b_0 + (\beta_1 \ln y_{1i} + \beta_2 \ln y_{2i} + \beta_3 \ln y_{3i} + \beta_4 \ln y_{4i}) + U_i + V_i \ (i = 1,2,...,110) \quad (1-5-3)$$

在上式中，被解释变量 TC_i 在本研究中表示成本的含义，主要是指财政支出成本或基本公共服务支出成本；每个县级政府的基本公共服务支出金额我们用 $y_{mi}(m = 1,2,3,4)$ 表示，上式中的随机误差项和成本无效率项我们分别用 $V_i \sim N(0, s_V{}^2)$ 和 $U_i \sim N(m_i, s_i{}^2)$ 来表示，δ 为 $1 \times p$ 的待估参数向量可以表示为：

$$m_i = \delta_0 + \delta_1 \ln GelTransper_{it} + \delta_2 \ln SpeTransper_{it} + \delta_3 \ln Taxper_{it} + \delta_4 \ln Extraincomeper_{it} + \delta_5 \ln GDPper_{it} + \delta_6 \ln Adminper_{it} + \delta_7 Transp_{it} + \delta_8 Stransp_{it} + \delta_9 In_\ decentra +$$

$$\delta_{10}Ex_\ decentra + \delta_{11}auto_{it} + \delta_{12}Density + \delta_{13}Citizen_{it} + \delta_{14}dummy \quad (1-5-4)$$

2. 变量选取

结合本研究的研究目标，选取以下变量，特别需要说明的是本部分所用数据来源和处理方法与本章第四节保持一致，包括的地方县级政府对象仍然是全国省级层面以及云南、广东和安徽三省的县级政府。

（1）成本变量和产出变量

鉴于县级政府方面承担了更多的基本公共服务支出职能，如在教育、医疗卫生、社会保障和就业服务和城乡社区事务等方面的支出职能，结合本研究的研究主题，我们选取了两个被解释变量，分别是人均财政支出和人均基本公共服务支出，以这两个量分别作为成本变量，目的是比较不同变量分别在各成本函数中对成本效率的影响有什么不同，以便更好地分析县级政府基本公共服务供给效率，从而指导其在基本公共服务供给方面的财政支出行为；选取人均教育支出（y_1）、人均社会保障和就业服务支出（y_2）、人均医疗卫生支出（y_3）和人均城乡社区事务支出（y_4）四类基本公共产品的供给支出作为产出变量。

（2）控制变量

①人均一般性转移支付支出（$lnGelTransper_{it}$）和人均专项转移支付支出（$lnSpeTransperit$）：之所以将其列为成本效率影响因素，主要考虑如前所述，这是本研究主要的研究对象之一。

②人均税收收入（$lnTaxper_{it}$）：反映该地区税收收入水平，我们以县级数据检验两种认识：第一种认识是预算内财政收入面临严格监管，高水平税收会促使纳税人监督政府财政支出，进而促进政府财政支出效率的提高；第二种认识是前述我们在文献综述中所说，税收反而会降低地方政府的征税努力程度，降低税收对于提高财政支出效率的激励。

③人均预算外财政收入（$lnExtraincomeper_{it}$）：反映该地区非税收收入水平，设置这个变量是为了让我们的变量涵盖的范围更宽一些，能够考察到预算外财政收入对县级政府基本公共服务供给效率的影响。

④人均 GDP（$lnGDPper_{it}$）：反映该地区经济发展水平。

⑤人均行政管理支出（$lnAdminper_{it}$）：该变量一直是作为对基本公共服务供给产生负面影响的变量出现的，将其作为成本效率的影响因素无疑

也是合理的。

⑥财政转移支付占财政收入的比重（$Transp_{it}$）和专项转移支付占财政支出比重（$Stransp_{it}$）变量：是前述研究财政转移支付对财政支出结构影响的实证模型中就已经选取的变量，在效率模型中我们仍然要对其进行近一步分析。

⑦财政收入分权变量（$In_decentra_{it}$）、财政支出分权变量（$Ex_decentra_{it}$）和财政自主度变量（$auto_{it}$）：这些变量反映了地方财政自主性，在一定程度上也能够反映财政自主性是一个随时间和空间而改变的概念。具体计算方法在前面已经做过解释，在此不再重复阐述。

⑧人口密度（$Density_{it}$）和城市化率（$Citizen_{it}$）：这两个变量是反映人口统计特征的变量，我们认为这两个变量会对县级政府基本公共服务供给效率产生影响。

⑨时间虚拟变量（$dummy$）：为了反映 2007 年财政支出口径所做出的调整对数据造成的影响，将 2007 年（含）之前的年份取值为 0，之后取值为 1。

第二章

实证分析：全国省级层面

在上一章中，我们构建了转移支付对县级政府基本公共服务支出结构和供给效率的计量模型，并对模型中变量的选取及本研究所用数据的处理进行了说明。为了使财政转移支付对县级层面基本公共服务供给效率的影响进行分析有一个参照系，本章运用全国省级层面的财政收支面板数据，就财政转移支付对省级层面基本公共服务供给效率的影响进行实证分析。

这里需要特别交代两个问题：一是 2004～2014 年这 11 年时间跨度内，省级层面的财政转移支付数据只有财政转移支付总量数据，没有细分为一般性转移支付和专项转移支付数据，所以，我们只能考察财政转移支付对省级层面基本公共服务支出和供给效率的影响，因此本部分在不影响分析的前提下，对计量的方法的一些处理上做了一些调整，和之后对三省的计量方法处理上有一些差别；二是就研究对象的可比性来说，省级和县级政府的财政支出和基本公共服务供给行为并不具有直接的可比性，但因为县级层面的财政收支数据缺失较多，无法满足本研究的需要，所以我们选择了西部地区的云南省、东部地区的广东省和中部地区的安徽省，在前文我们已经交代了选择这三个省份的理由。

基于此，设置本部分实证分析的主要任务有两个：(1) 运用第一章第四节中构建的实证分析模型，考察全国省级层面的财政转移支付对政府基本公共服务供给效率的影响，为后续在运用云南、广东和安徽三省数据对该问题进行相关分析时提供参考。(2) 运用 SFA 方法对 31 个省区市[①]基本公共服务供给效率和财政支出效率进行估计，并设定基本公共服务效率值和财政支出效率值对 GDP 和财政转移支付规模的比值两个变量来更全面的衡量基本公共服务供给效率和财政支出效率的大小。同时将对云南、广东和安徽三省所处的具体位次进行考察，为后续针对供给效率的相关比较分析提供可靠的参考标准。

第一节　主要变量

表 2－1 是本部分后续实证分析中可能需要用到的主要变量从变量名称、观测值个数、平均值、标准差、最小值和最大值等方面所进行的统计描述，在部分分析中，我们选取了人均行政管理支出（元）、人均经济建设支出（元）、人均 GDP（元）、万人病床数（个）、人口密度（万人/平方公里）、农业人口数（万人）、城市化率、小学师生比、中学师生比、财政支出分权变量和财政转移支付占财政收入比重这 11 个控制变量。表 2－2 是对主要变量间数据的相关性进行统计描述。

表 2－1　全国省级层面主要变量

变　量	观测值	平均值	标准差	最小值	最大值
人均基本公共服务支出（元）	341	2289.155	1602.32	344.3167	8849.668
人均财政转移支付（元）	341	2573.752	2935.016	285.9197	24565.81
人均教育支出（元）	341	845.2975	527.3373	126.2836	3288.898
人均社会保障和就业服务支出（元）	341	637.5233	414.8182	76.28393	2587.062
人均医疗卫生支出（元）	341	316.9781	226.8313	4.053522	1176.658
人均城乡社区支出（元）	341	489.3565	593.8058	6.532861	4137.983
人均财政收入	341	2717.625	2665.052	363.0435	14702.88

① 因统计数据口径可能存在不一致可能带来的数据可比性不高等情况，所以本研究研究对象中暂不包含我国台湾、香港和澳门三个地区。

续表

变　　量	观测值	平均值	标准差	最小值	最大值
人均行政管理支出（元）	341	639.0837	431.6658	57.65306	4382.832
人均经济建设支出（元）	341	2363.556	2095.357	19.82501	15680.14
人均 GDP（元）	341	25751.8	15978.24	4297.644	79006.65
万人病床数（张）	341	0.003581	0.000978	0.001573	0.006223
人口密度（万人/平方公里）	341	422.3292	624.8572	2.247557	3850.794
农业人口数（万人）	341	2180.534	1525.177	201	6892
城市化率	341	0.49622	0.152111	0.028986	0.896066
小学师生比	341	17.40367	3.352234	9.82	26.52
中学师生比	341	15.12191	3.084238	9.3	24.57
财政支出分权变量	341	0.810066	0.076165	0.598585	0.956785
财政转移支付占财政收入比重	341	1.580278	2.1996	0.051676	14.62413
时间虚拟变量 dummy	341	0.636364	0.481753	0	1

第二节　敏感性分析

一　面板单位根检验

如表 2－3 和 2－4 所示，如果从面板数据的特征来说，待估计数据为平衡面板数据，共包含 31 个截面个体，有 11 期观测值，虽然个体数 N 大于时序数 T，时序特征并不明显，变量应该不会存在单位根，但我们还是对数据的平稳性进行检验①。

① 罗植：《中国地方公共服务拥挤性与财政支出结构优化》，《财经科学》2014 年第 5 期。

表 2－2　全国省级层面主要变量间的相关性

	人均基本公共服务	人均财政转移支付	人均教育支出	人均社保和就业服务支出	人均医疗卫生支出	人均城乡社区事务支出	人均财政收入	人均行政管理支出	人均经济建设支出	人均GDP	财政支出分权变量
人均基本公共服务支出	1.0000										
人均财政转移支付	0.6056* 0.0000	1.0000									
人均教育支出	0.9611* 0.0000	0.5670* 0.0000	1.0000								
人均社会保障和就业服务支出	0.9057* 0.0000	0.6986* 0.0000	0.8031* 0.0000	1.0000							
人均医疗卫生支出	0.9145* 0.0000	0.6578* 0.0000	0.9188* 0.0000	0.7856* 0.0000	1.0000						
人均城乡社区事务支出	0.9212* 0.0000	0.4192* 0.0000	0.8518* 0.0000	0.7649* 0.0000	0.8145* 0.0000	1.0000					
人均财政收入	0.8587* 0.0000	0.1720* 0.0014	0.8401* 0.0000	0.6809* 0.0000	0.7409* 0.0000	0.8751* 0.0000	1.0000				
人均行政管理支出	0.7891* 0.0000	0.5971* 0.0000	0.8207* 0.0000	0.7010* 0.0000	0.7180* 0.0000	0.6632* 0.0000	0.5625* 0.0000	1.0000			
人均经济建设支出	0.8573* 0.0000	0.7159* 0.0000	0.8344* 0.0000	0.7833* 0.0000	0.8618* 0.0000	0.7440* 0.0000	0.6842* 0.0000	0.7094* 0.0000	1.0000		
人均GDP	0.7936* 0.0000	0.0892* 0.1001	0.7731* 0.0000	0.6020* 0.0000	0.6746* 0.0000	0.8493* 0.0000	0.9556* 0.0000	0.5141* 0.0000	0.5966* 0.0000	1.0000	
财政支出分权变量	0.9301* 0.0000	0.6408* 0.0000	0.8813* 0.0000	0.8417* 0.0000	0.8546* 0.0000	0.8587* 0.0000	0.7647* 0.0000	0.8119* 0.0000	0.9028* 0.0000	0.6954* 0.0000	1.0000

注：* 表示该相关系数在1%水平上显著，该系数下方的值为该显著水平对应的p值。

表 2－3　面板平衡性检验（全国省级层面）

面权变量：id（强平锲性）
时间变量：year，2004 to 2011
变量增量：1 单位

表 2－4　面板数据集结构（全国省级层面）

```
id1：  1，2，...，31                                   n =      31
    year：  2004，2005，...，2014                      T =      11
           Delta（year）=1 unit
           Span（year）=11 periods
           （id1 * year uniquely identifies each observation）

Distribution of T_ i：  min  5%   25%   50%   75%   95%   max
                        11   11   11    11    11    11    11

    Freq.  Percent  Cum.     Pattern

    31     100.00   100.00   11111111111
    31     100.00            XXXXXXXXXXX
```

目前，面板根检验方法较多，可供选择的比如 LLC 检验、HT 检验、Breitung 检验、IPS 检验、费雪式检验等①。根据不同检验方法的适用理论和适用条件，加上 LLC 检验、HT 检验、Breitung 检验都有共同的局限，共同根假设即要求每个个体的自回归系数都相等，为了克服各变量间共同根存在的可能性，所以本研究选用 IPS 检验方法对面板单位根进行检验，结果如表 2－5 所示。

表 2－5　面板单位根检验（全国省级层面）

IPS	t－bar	Fixed－N 1%	p－value	lags（1）	lags（2）
人均基本公共服务支出	－2.5069	－1.830	0.0001	－4.4407 （0.0000*）	
人均财政转移支付	－2.1749	－1.830	0.0004	－3.6042 （0.0000*）	

① 陈强：《高级计量经济学及 Stata 应用》（第二版），高等教育出版社，2014，第 414～418 页。

续表

IPS	t - bar	Fixed - N 1%	p - value	lags（1）	lags（2）
人均财政收入	-1.8250	-1.830	0.0212	-2.24500（0.0010*）	-3.5103（0.0000*）
人均行政管理支出	-1.7407	-1.830	0.5587		-2.4295（0.0076*）
人均经济建设支出	-6.0229	-1.830	0.0000		
人均 GDP	-1.0651	-1.830	0.3546		-2.0418（0.0062*）
万人病床数	-3.3756	-1.830	0.0000		
人口密度	-2.8938	-1.830	0.0000		
城市化率	-1.1980	-1.830	0.9569		-3.0044（0.0006*）
小学师生比	-4.6984	-1.830	0.0051		
中学师生比	-1.78686	-1.830	0.0010		
财政支出分权变量	-1.6041	-1.830	0.2349		-2.8120（0.0025*）
财政转移支付占财政收入比重	-2.1733	-1.830	0.0031		

注：*表示在对相应变量在不设置滞后阶数时统计量不显著，取滞后一定阶数检验时的 P 值。

从表 2-5 中可以看出，主要变量的 t-bar 值均小于 1% 水平的临界值 -1.740，故拒绝面板单位根的原假设，而统计量 Z-t-tilde-bar 的 p 值基本趋于 0.0000，同样拒绝原假设。而人均财政收入在取滞后 1 阶进行 IPS 检验时，统计量 W-t-bar 的 p 值等于或趋于 0.0000，显著拒绝原假设，不存在单位根；人均财政收入、人均行政管理支出、人均 GDP、城市化率、财政支出分权变量 5 个变量，在做滞后二阶进行 IPS 检验时，统计量 W-t-bar 的 p 值等于或趋于 0.0000，原假设被拒绝，回归模型的主要变量不存在单位根。

二　固定效应和随机效应检验

在处理面板数据时，由于模型假设不同，需要首先进行豪斯曼检验来决定采用固定效应还是随机效应检验，通过对人均基本公共服务支付、人均教育支出、人均医疗卫生支出、人均社会保障和就业服务支出、人均城乡社区事务支出、人均经济建设支出和人均行政管理支出 6 个变量分别作为被解释变量时的模型进行分别检验，p 值 =0.0000，故强烈拒绝原假设"H_0：u_i 与 x_{it}, z_{it} 不相关"，所以，原假设中认为不存在系统性差异是站不住脚的，原假设被拒绝，所以我们认为应该使用固定效应，而非随机效应。

然而传统的豪斯曼检验假定，在 H_0 成立的情况下，有效率的是采用随机效应模型，而为了验证聚类稳健标准误与普通标准误过大所导致的豪斯曼检验失效这一点可能给模型带来的影响，我们使用过度识别检验（overidentification test）来进一步验证，因为随机效应模型与固定效应模型相比，前者多了"个体异质性 u_i 与解释变量不相关"的约束条件，也可视为过度识别条件。我们在 Stata 中运行 xtoverid 命令，得到如下结果：

表 2－6　过度识别检验结果（全国省级层面）

Test of overidentifying restrictions：fixed vs random effects
Cross－section time－series model：xtreg re robust cluster（id）
Sargan－Hansen statistic 312.423　Chi－sq（11）P－value =0.0000

从表 2－6 看出，命令 xtoverid 汇报的 X^2（11）统计量为 312.423，拒绝原假设的 H_0：$y=0$，又因 p 值为 0.0000，随机效应被拒绝，固定效应模型应该被使用。同样原理对人均教育支出、人均医疗卫生支出、人均社会保障和就业服务支出、人均城乡社区事务支出、人均行政管理支出和人均经济建设支出 6 个变量进行该检验仍然是强烈拒绝原假设，认为应该使用固定效应模型。

三　计量结果分析

我们使用 Stata13.1 计量软件进行分析（下同），表 2－7 为就面板数据选取固定效应模型时，财政转移支付与人均基本公共服务支出总量和各分量的回归结果。在这里，我们不给出逐组加入控制变量的完整的回归结果，

表 2-7　财政转移支付对全国省级层面人均基本公共服务支出及相关变量影响的回归结果

	(1) 人均基本公共服务支出	(2) 人均教育支出	(3) 人均社会保障和就业服务支出	(4) 人均医疗卫生支出	(5) 人均城乡社区事务支出	(6) 人均行政管理支出	(7) 人均经济建设支出
人均财政转移支付	0.260 *** (8.94)	0.209 *** (5.22)	0.381 *** (7.01)	0.149 (1.49)	0.335 ** (2.73)	0.108 (1.68)	0.220 * (2.02)
人均财政收入	0.791 *** (11.06)	1.007 *** (10.26)	0.797 *** (5.98)	-0.0249 (-0.10)	0.534 (1.77)	0.415 ** (2.66)	1.402 *** (5.46)
人均 GDP	0.139 (1.60)	-0.175 (-1.47)	-0.126 (-0.78)	1.670 *** (5.63)	1.569 *** (4.30)	-0.0449 (-0.23)	0.364 (1.12)
人均行政管理支出	0.100 *** (3.82)	0.275 *** (7.62)	0.148 ** (3.02)	-0.363 *** (-4.04)	-0.335 ** (-3.03)		-0.665 *** (-7.28)
人均经济建设支出	-0.190 *** (-12.36)	-0.175 *** (-8.28)	-0.143 *** (-4.99)	-0.243 *** (-4.63)	-0.366 *** (-5.64)	-0.228 *** (-7.28)	
财政支出分权变量	0.119 *** (4.12)	-0.266 (-0.50)	-2.575 *** (-3.58)	6.357 *** (4.82)	3.807 * (2.34)	2.457 ** (2.92)	0.236 (0.16)
转移支付占财政收入比重	0.109 *** (8.28)	0.131 *** (7.19)	0.102 *** (4.13)	0.0718 (1.59)	0.0796 (1.43)	-0.0604 * (-2.08)	0.133 ** (2.69)
万人病床数	-14.45 (-1.01)	-57.10 ** (-2.90)	12.63 (0.47)	-48.46 (-0.99)	-186.9 ** (-3.09)	-90.84 ** (-2.91)	-229.7 *** (-4.38)
人口密度	-0.0000873 (-1.29)	0.000186 * (1.99)	-0.000264 * (-2.09)	0.000115 (0.50)	-0.000919 ** (-3.22)	-0.000245 (-1.65)	-0.000453 (-1.78)
农业人口数	0.000114 * (2.40)	0.000114 (1.76)	-0.0000325 (-0.37)	0.000318 (1.96)	0.000334 (1.67)	0.000210 * (2.02)	-0.000898 *** (-5.25)

续表

	(1) 人均基本公共服务支出	(2) 人均教育支出	(3) 人均社会保障和就业服务支出	(4) 人均医疗卫生支出	(5) 人均城乡社区事务支出	(6) 人均行政管理支出	(7) 人均经济建设支出
城市化率	1.018** (3.13)	1.691*** (3.78)	0.757 (1.25)	0.490 (0.44)	-1.034 (-0.76)	2.646*** (3.77)	-3.083* (-2.54)
时间虚拟变量	0.0421* (2.46)	-0.0242 (-1.03)	0.0736* (2.31)	0.150* (2.56)	0.0526 (0.73)	0.0305 (0.81)	0.0667 (1.04)
组内 R^2	0.9384	0.9545	0.9673	0.9703	0.9725	0.8828	0.9893
截距项	-2.002*** (-3.78)	-2.384** (-3.28)	0.218 (0.22)	-13.59*** (-7.51)	-13.30*** (-5.97)	1.341 (1.15)	-0.261 (-0.13)
F 值	8368.89	7672.08	5390.09	4444.94	3847.12	492.52	1824.54
样本观测值	341	341	341	341	341	341	341

注：1. ***、**、* 分别表示回归系数在 1%、5% 和 10% 的水平上显著，括号内为 t 值。

2. 模型选择为固定效应模型。

3. 数据来源：由《中国统计年鉴》《新中国 60 年统计资料汇编》《中国县市社会经济统计年鉴》《中国财政年鉴》等统计年鉴资料，以及 EPS 统计数据库和该省财政厅预决算公布数据整理得到。

只给出加入所选取的主要控制变量的回归结果，这点和后面三章的实证分析处理方法稍有不同。对于拟合优度 R^2 的报告与选取问题，我们采用陈强（2014）的观点与做法，即对于固定效应模型，建议使用组内 $R^2$①。因此，我们在下面分析中，给出了组内拟合优度 R^2。而在附录中给出的是随机效应模型，对其而言，组内 R^2、组间 R^2 和整体 R^2 都只是相应的相关系数的平方，而不是模型（1－4－1）的 OLS 的 R^2，因此我们在分析结果中不再给出，但其拟合优度都相当合理。下文均做此处理。

下面我们具体分析上述各表中的回归结果。

（1）首先分析财政支出分权和财政转移支付占财政收入的比例两个变量，由于这两个变量是表征财政转移支付规模的变量，而我们认为财政转移支付规模越大，可能说明该县经济越落后，但其与基本公共服务供给水平的高低关系则需要通过实证分析来检验，尤其是要检验我们在第一章的理论分析中得出的待检验假设，所以我们在本部分的实证分析中设置了这两个变量（后续实证分析中将会根据情况选取更多该类型变量）。从表 2－7 中可以看出，两个比重变量与基本公共服务支出呈显著正相关关系，说明省级层面政府财政收入和财政支出中转移支付规模越大对改善基本公共服务支出的水平越有利。主要原因是省级政府提供基本公共服务对财政转移支付尤其是专项转移支付依赖性会非常强，而对专项转移支付在财政支出中占的比重越大越能够促进基本公共服务提供的理解，其实也不是很难，虽然专项转移支付大都是“戴帽下达”或要求配套下达，但这些看似构成政府“财政负担”的规定，在很多省份的偏远落后地区的政府提供基本公共服务看来，应该没有形成负担，而且是难得的福利。

（2）具体来看人均财政转移支付对被解释变量的影响。不难发现，跟我们上述分析基本一致，财政转移支付的增加会促进基本公共服务支出的增加，与教育、社会保障和就业以及城乡社区事务支出之间均呈现显著正相关关系。

（3）人均财政收入对公共服务供给的影响基本呈现出显著的状态，这非常符合其他学者的研究结论，也与现实经济发展情况相符合。该变量代

① 陈强：《高级计量经济学及 Stata 应用》（第二版），高等教育出版社，2014，第 256 页。

表了县级政府的财力水平，财力增强自然会增加其对各种服务的供给能力。

（4）人均 GDP 基本可以表示当地经济发展水平和居民的基本生活水平，人均 GDP 的增加意味着居民可能会愿意购买而且能够支付得起自己所需公共产品的费用，但就实证结果来看，全国省级层面情况却并不相同，人均 GDP 除了对医疗卫生和城乡社区事务支出等变量的回归系数为正显著外，对其他变量影响几乎不显著。但随着居民生活水平提高，政府行政管理支出和经济建设支出急剧增加，相关系数显著，说明一个地区居民生活水平越高，对政府行政行为和效率以及基础设施的要求层次也越高，符合经济发展的一般规律。

（5）从行政管理支出和经济建设支出的回归结果，我们可以看出，就省级层面来说，行政管理支出的增加会促进基本公共服务支出的增加，而经济建设支出的增加则起到显著的负面影响，这说明“粘蝇纸效应”对基本公共服务供给是件好事情，更多的行政管理支出会促进政府相关部门在基本公共服务供给方面采取更多而有效的行动，从而提高供给效率；而更多的经济建设支出的增加则会影响到政府在基本公共服务方面的支出，但不能因此就认为我们下面将要讨论的县级政府层面也存在相同的情况，需要相关的实证分析进行具体检验。

（6）城市化率变量对基本公共服务支出的影响是显著而正向的，主要原因包括：一是城市人口越多确实会对教育和医疗资源提出更高的要求，这是符合理论和实际情况的；二是随着我国社会保障和就业服务制度改革的逐步推进，社会保障和就业服务已经基本覆盖了农村和城市居民，农村和城市居民之间社会保障和就业服务程度的差别越来越小；三是单纯从实证结果看，城市化率高或农村人口多并不代表城乡社区事务支出增加，虽然农村人口、城市化率和城乡社区事务支出三者之间计量关系显著。

上述计量结果，也能够说明我们之所以在之前考虑控制变量选取时候所做的取舍是正确的，虽然它们自身统计量不显著，但对模型主要变量的显著性水平并未产生太大影响，而且出于样本容量的考虑，我们认为应该保留它们作为本研究设定模型的控制变量。同时，需要特别说明的是，在将模型设定为随机效应模型时，计量结果的显著性和变化倾向与固定效应模型基本保持一致，这说明本研究在使用固定效应模型的方法选择上是合理和正确的。

第三节　随机前沿分析（SFA）及趋势性分析

我们研究了财政转移支付对全国省级层面政府基本公共服务供给效率和财政支出效率影响的 SFA 最大似然估计，根据研究需要，在本部分中，我们将直接报告最大似然估计的结果，而不再给出具体过程和分析，只在本节后半部分对效率值的问题进行分析。本研究使用 FRONTIER4.1 软件对效率问题进行研究（下文同），我们设定基本公共服务支出成本函数和财政支出成本函数这两个函数，两个函数中，变差率分别为 $\gamma=0.878889$ 和 $\gamma=0.775695$，说明函数方程中的成本无效率项（即我们在主要变量部分所选取的 11 个控制变量）会对效率产生一定的影响，同时分别得到的单边似然统计量 $LR=256.45235$ 和 $LR=875.56656$，两者均大于显著性水平为 1% 的 mixed x^2 临界值 5.412，说明 γ 的零假设被拒绝，成本无效率项 U 在全国省级层面的政府财政基本公共服务供给效率和财政支出效率中的影响是存在的。之所以出现这两种情况，主要的原因就在于成本支出项的变量选取不同，而 4 个成本自变量本来就是基本公共服务的主要内容，不过这并不影响我们后续的分析。

同时，SFA 的最大似然估计结果显示：（1）不管是对人均基本公共服务支出成本还是人均财政支出成本，人均教育支出、社会保障和就业支出、医疗卫生支出和城乡社区事务支出这 4 个成本投入系数（$\beta_1,\beta_2,\beta_3,\beta_4$）均为正数，而且在 1% 的水平上显著，说明本研究选取的 4 个产出变量对 2 个支出成本因变量确实有显著影响。（2）财政转移支付的最大似然估计系数在两个方程中的估计值均为负数，并且通过了显著性水平为 1% 的 T 检验，说明在省级层面的基本公共服务支出和财政支出中的财政转移支付规模越大，对该省改善基本公共服务供给水平起到的效果越好；另一方面，结合财政分权变量，两个变量对改善县级政府基本公共服务供给效率和财政支出效率影响显著，说明省级层面政府对财政转移支付资金的把控和使用更为规范，效率提升也在情理之中。(3) 代表地方经济发展水平的人均 GDP 变量在两个函数中系数均为正值，而且基本都通过了显著性水平为 1% 的 T 值检验，说明经济发展水平较高的省份，政府基本公共服务供给效率并未提高，还会降低，我们需要通过后面的效率值分析进一步认识这个问题。(4) 人均行政管理支出变量在两个函数中，系数都为正值，但没有通过显著性水平为 1% 的 T 值检验，说明人均行政管理支出是否如相关文献所述的那样对政府基本公共服务供给和财政支出产生负面影响，需要进一步的实证研究。(5) 人口密度和城市化率两个变量对基本公共服务供给效率的提高确实有显著影响，但系数为正值，但在财政支出效率函数中两者均未通过显著性检验，也就是说人口密度和城市化率对财政支出效率影响不大。(6) 时间虚拟变量在两个函数中的系数均为正值，而且都通过了显著性水平为 1% 的 T 值检验，表明地方财政支出效率在 2007 年财政支出口径调整后确实有显著提高。

在对基本公共服务供给效率和财政支出效率进行 SFA 最大似然估计同时，我们也通过 FRONTIER4.1 软件得到了我国 31 个省份的基本公共服务供给效率和财政支出效率的估计值，我们将两种效率值及其与人均 GDP 和财政转移支付规模的比值、各省人均 GDP、财政转移支付规模及其占财政收入比重等 6 个变量的 2004～2014 年 11 年的数值求平均值，得到表 2－8 和表 2－9。其中 GDP 和转移支付总额（规模）两个变量的数值均做了 CPI 和人均化平滑处理，减少数据波动给结果带来的影响，各省份以东中西部地区降序排列排序，而 2004～2014 年全国省级层面基本公共服务供给效率值和财政支出效率的汇总表，详见附录 1 和附录 2。

从表 2－8 和 2－9 中可以看出，除了国家特殊政策扶持的省份（如新疆、西藏等），经济发达省份获得的财政转移支付规模相对于欠发达地区一般要小一些，而从表 2－8 中可以看出，广东省基本公共服务供给效率的平均值虽然不大，而且其在全国和东部地区排名都不算高，但是以效率值/人均 GDP 和效率值/财政转移支付规模两个指标折算后，其值大小和排名均比较靠前，尤其是财政转移支付规模带来的基本公共服务供给效率

表 2-8　2004~2014 年全国省级层面基本公共服务供给效率 11 年加权平均值及其排名情况

编号	省份	所属地区	人均 GDP（万元）	财政转移支付规模（万元）	效率值	全国排名	本地区排名	效率值/人均 GDP	全国排名	本地区排名	效率值/财政转移支付规模	全国排名	本区域排名
1	北京市	东部	6.044	0.126	1.051	17	6	0.174	31	11	8.330	7	7
2	天津市	东部	5.589	0.177	1.204	1	1	0.215	29	9	6.811	9	9
3	河北省	东部	2.193	0.146	1.035	28	10	0.472	20	2	7.094	8	8
4	辽宁省	东部	3.272	0.207	1.051	18	7	0.321	24	5	5.067	19	10
5	上海市	东部	6.089	0.131	1.094	5	3	0.180	30	10	8.371	6	6
6	江苏省	东部	4.035	0.079	1.071	9	4	0.265	28	8	13.540	3	3
7	浙江省	东部	4.059	0.080	1.103	2	2	0.272	27	7	13.845	2	2
8	福建省	东部	3.140	0.113	1.063	14	5	0.338	22	3	9.398	5	5
9	山东省	东部	3.198	0.101	1.031	30	11	0.322	23	4	10.213	4	4
10	广东省	东部	3.526	0.064	1.037	26	8	0.294	26	6	16.110	1	1
11	海南省	东部	1.815	0.269	1.036	27	9	0.571	10	1	3.856	24	11
东部地区平均值			3.905	0.136	1.071			0.311			9.330		
1	内蒙古	西部	3.425	0.374	1.040	25	11	0.304	25	12	2.780	27	6
2	广　西	西部	1.526	0.185	1.065	11	7	0.698	5	5	5.760	14	12
3	重庆市	西部	2.208	0.209	1.068	10	6	0.484	19	11	5.121	17	9
4	四川省	西部	1.620	0.205	1.046	21	10	0.646	7	6	5.094	18	10
5	贵州省	西部	1.068	0.240	1.095	4	2	1.026	1	1	4.559	21	8

续表

编号	省份	所属地区	人均 GDP（万元）	财政转移支付规模（万元）	效率值	全国排名	本地区排名	效率值/人均 GDP	全国排名	本地区排名	效率值/财政转移支付规模	全国排名	本区域排名
6	云南省	西部	1.267	0.235	1.091	6	3	0.861	3	3	4.633	20	2
7	西　藏	西部	1.384	1.364	1.077	8	5	0.778	4	4	0.789	31	4
8	陕西省	西部	2.062	0.237	1.046	20	9	0.508	16	10	4.407	22	1
9	甘肃省	西部	1.226	0.297	1.100	3	1	0.897	2	2	3.698	25	11
10	青海省	西部	1.710	0.696	1.078	7	4	0.630	9	7	1.548	30	5
11	宁　夏	西部	1.912	0.426	1.064	12	8	0.556	12	8	2.495	29	3
12	新　疆	西部	1.924	0.386	1.022	31	12	0.531	15	9	2.650	28	7
西部地区平均值			1.778	0.405	1.066			0.660			3.628		
1	山西省	中部	1.945	0.181	1.043	23	6	0.536	14	5	5.772	13	4
2	吉林省	中部	2.427	0.297	1.053	16	3	0.434	21	8	3.539	26	8
3	黑龙江	中部	2.105	0.271	1.045	22	5	0.496	18	7	3.858	23	7
4	安徽省	中部	1.599	0.177	1.048	19	4	0.656	6	1	5.905	12	3
5	江西省	中部	1.657	0.190	1.057	15	2	0.638	8	2	5.566	16	6
6	河南省	中部	1.832	0.155	1.042	24	7	0.569	11	3	6.727	10	1
7	湖北省	中部	2.109	0.178	1.063	13	1	0.504	17	6	5.981	11	2
8	湖南省	中部	1.865	0.180	1.034	29	8	0.554	13	4	5.729	15	5
中部地区平均值			1.942	0.204	1.048			0.548			5.385		

数据来源：由《中国统计年鉴》《新中国 60 年统计资料汇编》《中国县市社会经济统计年鉴》《中国财政年鉴》等统计年鉴资料，以及 EPS 统计数据库和该省财政厅预决算公布数据整理得到。

表 2-9　2004~2014 年全国省级层面财政支出效率 11 年加权平均值及其排名情况

编号	省份	所属地区	人均 GDP（万元）	财政转移支付规模（万元）	效率值	全国排名	本地区排名	效率值/人均 GDP	全国排名	本地区排名	效率值/财政转移支付规模	全国排名	本区域排名
1	北京市	东部	6.044	0.126	4.275	3	2	0.707	25	5	33.871	3	3
2	天津市	东部	5.589	0.177	3.663	4	3	0.655	27	7	20.718	6	6
3	河北省	东部	2.193	0.146	1.783	30	11	0.813	23	3	12.219	11	10
4	辽宁省	东部	3.272	0.207	2.751	9	4	0.841	22	2	13.268	9	9
5	上海市	东部	6.089	0.131	4.723	2	1	0.776	24	4	36.139	1	1
6	江苏省	东部	4.035	0.079	2.442	14	7	0.605	29	9	30.876	4	4
7	浙江省	东部	4.059	0.080	2.443	13	6	0.602	30	10	30.653	5	5
8	福建省	东部	3.140	0.113	2.171	21	9	0.691	26	6	19.199	7	7
9	山东省	东部	3.198	0.101	1.919	27	10	0.600	31	11	19.010	8	8
10	广东省	东部	3.526	0.064	2.278	17	8	0.646	8	1	35.377	2	2
11	海南省	东部	1.815	0.269	2.641	10	5	1.455	28	8	9.831	21	11
东部地区平均值			3.905	0.136	3.905			0.763			23.742		
1	内蒙古	西部	3.425	0.374	3.223	6	3	0.941	19	12	8.619	24	7
2	广　西	西部	1.526	0.185	1.847	28	12	1.211	10	9	9.988	18	2
3	重庆市	西部	2.208	0.209	2.465	12	6	1.116	15	11	11.821	12	1
4	四川省	西部	1.620	0.205	2.021	23	11	1.248	9	8	9.843	20	4
5	贵州省	西部	1.068	0.240	2.128	22	10	1.993	3	3	8.855	23	6

续表

编号	省份	所属地区	人均 GDP（万元）	财政转移支付规模（万元）	效率值	全国排名	本地区排名	效率值/人均 GDP	全国排名	本地区排名	效率值/财政转移支付规模	全国排名	本区域排名
6	云南省	西部	1.267	0.235	2.186	19	8	1.725	5	5	9.287	22	5
7	西　藏	西部	1.384	1.364	6.088	1	1	4.399	1	1	4.462	31	12
8	陕西省	西部	2.062	0.237	2.353	15	7	1.141	14	10	9.909	19	3
9	甘肃省	西部	1.226	0.297	2.181	20	9	1.779	4	4	7.333	28	9
10	青海省	西部	1.710	0.696	3.574	5	2	2.090	2	2	5.132	30	11
11	宁　夏	西部	1.912	0.426	3.000	7	4	1.569	6	6	7.037	29	10
12	新　疆	西部	1.924	0.386	2.829	8	5	1.470	7	7	7.334	27	8
西部地区平均值			1.778	0.405	1.778			1.723			8.302		
1	山西省	中部	1.945	0.181	2.252	18	3	1.158	13	3	12.466	10	1
2	吉林省	中部	2.427	0.297	2.506	11	1	1.032	17	5	8.424	26	8
3	黑龙江	中部	2.105	0.271	2.297	16	2	1.091	16	4	8.478	25	7
4	安徽省	中部	1.599	0.177	1.925	26	6	1.204	11	1	10.845	14	3
5	江西省	中部	1.657	0.190	1.991	24	4	1.201	12	2	10.478	16	5
6	河南省	中部	1.832	0.155	1.669	31	8	0.911	21	8	10.767	15	4
7	湖北省	中部	2.109	0.178	1.934	25	5	0.917	20	7	10.882	13	2
8	湖南省	中部	1.865	0.180	1.844	29	7	0.989	18	6	10.218	17	6
中部地区平均值			1.942	0.204	1.942			1.063			10.320		

数据来源：由《中国统计年鉴》《新中国 60 年统计资料汇编》《中国县市社会经济统计年鉴》《中国财政年鉴》等统计年鉴资料，以及 EPS 统计数据库和该省财政厅预决算公布数据整理得到。

排在本地区和全国各省份的第1名，带来的财政支出效率值排在第2名，这说明广东省在对转移支付资金的使用方面做得是非常好的，而在将两个效率值和云南和安徽做比较后，我们可以更清楚地发现，广东省财政支出效率值非常高，能够进一步印证本研究选择广东省作为分析对象是合适的，在东部地区的省份中具有较好的代表性特征。而对云南省来说，其在西部地区乃至与其他地区的省份比较，其两个效率值的排名都较为靠前，说明云南省在转移支付资金的使用方面做得较好，具体原因有待于后文进一步探讨。对于安徽省，就数据表现看，也非常有特点，效率值与中部地区的平均值基本持平，而经人均GDP和财政转移支付规模折算后，却可以排在本地区的前列，代表性特征显著，也非常值得研究。

另一方面，为了进一步认识基本公共服务供给效率的区域性和时空差异，以及折算之后的效率值变化，我们将东中西部地区和云南、广东、安徽三省基本公共服务供给效率值和财政支出效率值求平均数，但特别强调的是将各省加总求平均值本来就可能导致效率损失或数值代表性下降，所以本研究在分析时采取的不是绝对的判断，而只是尽可能合理的推测。具体结果如表2-10所示。同时，为了便于更清晰地展示变化趋势，我们将三个地区和三个省份的基本公共服务供给效率值以及财政支出效率值做了自2004~2014年逐年变化趋势图，如图2-1和图2-2所示。

从表2-9可以看出，就基本公共服务供给效率与人均GDP比值看，云南和安徽两省每年的值均高于全国平均水平，广东省要稍低于全国平均水平，但财政支出效率与人均GDP的比值则高于全国平均水平；就基本公共服务供给效率与财政转移支付规模的比值来看，广东省历年的效率值均高于其他两省和全国平均水平，而云南和安徽两省也高于全国平均水平，这也说明，就时间纵向比较，三个省份也具有良好的代表性特征，产生这种现象的原因非常值得研究，也是下面实证分析部分将要解决的问题之一。

同时，从单纯的供给效率值的逐年变化趋势，也基本可以发现上述现象，因为省级层面的财政转移支付只有总量数据，而没有细分的一般性转

表 2－10　2004～2014 年云南、广东、安徽三省基本公共服务供给效率和财政支出效率逐年比较分析

名　称	地　区	2004	2005	2006	2007	2008	2009	2010	2011	2012	2013	2014
基本公共服务供给效率/人均 GDP	云南省	0. 594	0. 620	0. 657	0. 698	0. 806	0. 933	0. 998	1. 106	1. 223	1. 376	1. 537
	广东省	0. 222	0. 239	0. 242	0. 264	0. 299	0. 348	0. 402	0. 451	0. 522	0. 598	0. 676
	安徽省	0. 415	0. 416	0. 446	0. 492	0. 579	0. 735	0. 837	0. 953	1. 079	1. 225	1. 422
	全国平均值	0. 293	0. 300	0. 309	0. 329	0. 369	0. 431	0. 469	0. 520	0. 581	0. 664	0. 776
财政支出效率/人均 GDP	云南省	0. 608	0. 700	0. 838	1. 057	1. 394	1. 873	2. 176	2. 844	3. 438	4. 151	4. 636
	广东省	0. 479	0. 547	0. 606	0. 802	1. 138	1. 607	1. 978	2. 575	3. 012	3. 526	3. 950
	安徽省	0. 384	0. 407	0. 503	0. 656	0. 895	1. 304	1. 763	2. 268	2. 837	3. 295	3. 737
	全国平均值	0. 387	0. 456	0. 534	0. 637	0. 810	1. 065	1. 293	1. 626	1. 936	2. 270	2. 647
基本公共服务供给效率/财政转移支付规模	云南省	2. 777	2. 950	3. 030	3. 412	4. 117	4. 593	6. 637	8. 139	9. 493	10. 501	11. 837
	广东省	13. 033	10. 409	11. 578	10. 845	13. 606	17. 016	25. 009	29. 406	27. 875	20. 454	22. 638
	安徽省	3. 535	3. 513	3. 544	4. 095	4. 977	5. 788	8. 035	10. 017	12. 877	17. 297	20. 702
	全国平均值	2. 587	2. 625	2. 674	2. 969	3. 468	4. 048	5. 506	7. 060	8. 102	9. 310	10. 913
财政支出效率/财政转移支付规模	云南省	2. 846	3. 332	3. 864	5. 168	7. 120	9. 214	14. 469	20. 933	26. 698	31. 682	35. 696
	广东省	18. 375	17. 386	19. 554	20. 196	26. 424	36. 114	60. 752	78. 520	74. 410	58. 077	62. 473
	安徽省	3. 278	3. 438	3. 993	5. 456	7. 695	10. 270	16. 917	23. 842	33. 854	46. 511	54. 412
	全国平均值	3. 419	3. 992	4. 616	5. 750	7. 611	10. 007	15. 173	22. 055	26. 992	31. 820	37. 234

注：全国平均值数据均是由每年各省数据加总平均以后得到，数据来源于历年《中国统计年鉴》。

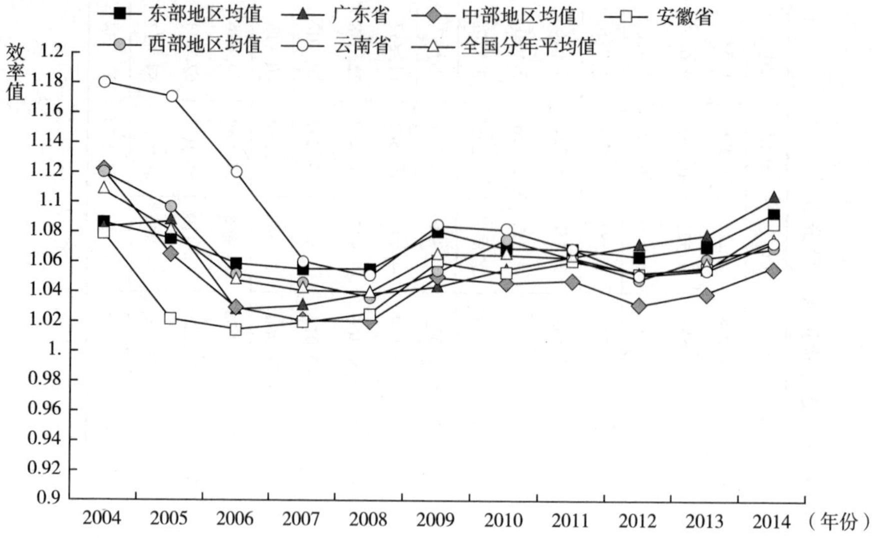

图 2-1　东中西三大地区（含三省）基本公共服务供给效率 2004~2014 年各年平均值逐年变化趋势

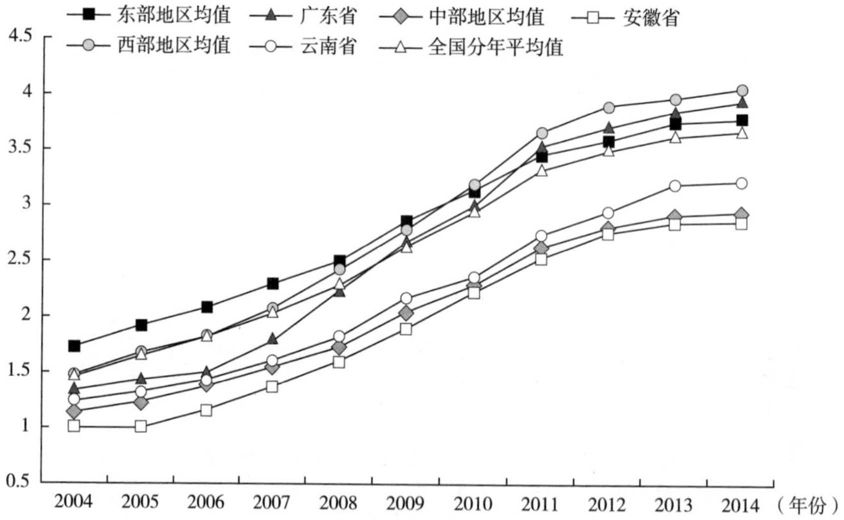

图 2-2　东中西三大地区（含三省）财政支出效率 2004~2014 年各年平均值逐年变化趋势

移支付和专项转移支付数据，所以我们就不在本部分进行相关原因的探讨了。

综上所述，本部分的实证研究主要关心的是在全国省级层面，基本公共服务供给效率中，财政转移支付资金发挥的作用及其资金的使用效率问题，尤其是云南、广东和安徽三省的基本公共服务供给效率和财政支出效率在西部、东部和中部地区以及全国的排名情况及变化趋势，为后续分省实证研究和比较分析提供参考标准。因为这里选取的是省级层面数据，其中财政转移支付没有细分数据，所以仅能在一定程度上与所选三个省的研究结果进行比较。

第三章

实证分析：云南省县级层面

在第一章中，我们构建了转移支付对县级政府基本公共服务支出结构和供给效率的计量模型，并对模型中变量的选取及本研究所用数据的处理进行了说明。本章我们运用云南省县级政府财政收支面板数据，就财政转移支付对云南省县级基本公共服务供给效率的影响进行实证分析。

第一节 主要变量

表 3-1 是本部分后续实证分析中可能需要用到的主要变量从变量名称、观测值个数、平均值、标准差、最小值和最大值等方面所进行的统计描述。表 3-2 是对主要变量间数据的相关性进行统计描述。

表 3-1 云南省主要变量

变 量	观测值	平均值	标准差	最小值	最大值
人均基本公共服务支出（元）	1210	1157.6830	724.8571	174.6163	4967.7180
人均一般转移支付（元）	1210	887.4542	696.0374	100	5301
人均专项转移支付（元）	1210	1073.994	1148.769	48.7529	13002
人均教育支出（元）	1210	498.8305	251.6768	108.023	2401

续表

变　　量	观测值	平均值	标准差	最小值	最大值
人均社会保障和就业服务支出（元）	1210	306.2548	275.2793	1.6309	1421
人均医疗卫生支出（元）	1210	248.8337	245.0199	10.8110	2465
人均城乡社区事务支出（元）	1210	103.7637	108.1773	13.2935	985.5947
人均财政收入（元）	1210	636.5667	596.4595	40.3226	5652.42
人均税收收入（元）	1210	301.2227	302.7379	7.61285	3001
人均行政管理支出（元）	1210	307.1447	229.3136	40.5968	2726.36
人均经济建设支出（元）	1210	2105.143	2082.66	26.9904	23906.8
人均 GDP（元）	1210	9330.187	6285.339	1388.05	52083.8
万人病床位数（个）	1210	25.86631	14.84611	5.28094	139.209
人口密度（万人/平方公里）	1210	0.0128137	0.0083799	0.000777	0.060998
农业人口（万人）	1210	28.75769	20.01806	2.8	140.7
城市化率	1210	0.1307704	0.1107199	0.0004998	0.6495839
万人小学生人数	1210	912.0173	225.8464	344.5	1909.74
万人中学生人数	1210	535.0732	111.0418	235.2542	1017.4
财政支出分权变量	1210	0.8333117	0.0896248	0.474671	0.965642
财政收入分权变量	1210	0.3225203	0.1980595	0.046001	0.942703
财政自主度变量	1210	-0.5485121	0.4328574	-4.72194	0.7043405
专项转移支付占财政支出比重	1210	0.5630376	0.1553076	0.0866373	1.716051
转移支付占财政收入比重	1210	4.211914	3.321219	0.127239	20.7385
时间虚拟变量 dummy	1210	0.6358382	0.4813931	0	1

表 3-2　云南省主要变量间的相关性

	人均基本公共服务	人均一般转移支付	人均专项转移支付	时间虚拟变量	人均财政收入	人均行政管理支出	人均经济建设支出	人均城乡社区事业支出	人均教育支出	人均社保和就业服务支出	人均医疗卫生支出	人均GDP	财政支出分权	财政收入分权	专项转移支付占支出比重	财政转移支付占收入比重	财政自主度
人均基本公共服务	1.0000																
人均一般转移支付	0.9087* 0.0000	1.0000															
人均专项转移支付	0.7345* 0.0000	0.5319* 0.0000	1.0000														
时间虚拟变量	0.8496* 0.0000	0.8789* 0.0000	0.5110* 0.0000	1.0000													
人均财政收入	0.5316* 0.0000	0.2577* 0.0000	0.3480* 0.0000	0.3991* 0.0000	1.0000												
人均行政管理支出	0.7510* 0.0000	0.7184* 0.0000	0.7592* 0.0000	0.3964* 0.0000	0.4645* 0.0000	1.0000											
人均经济建设支出	0.8509* 0.0000	0.8471* 0.0000	0.8953* 0.0000	0.5080* 0.0000	0.5262* 0.0000	0.7079* 0.0000	1.0000										
人均城乡社区事业支出	0.4736* 0.0000	0.3168* 0.0000	0.4152* 0.0000	0.1655* 0.0000	0.6299* 0.0000	0.5315* 0.0000	0.4829* 0.0000	1.0000									
人均教育支出	0.9236* 0.0000	0.8526* 0.0000	0.8337* 0.0000	0.6879* 0.0000	0.5208* 0.0000	0.6531* 0.0000	0.8509* 0.0000	0.3541* 0.0000	1.0000								

续表

	人均基本公共服务	人均一般转移支付	人均专项转移支付	时间虚拟变量	人均财政收入	人均行政管理支出	人均经济建设支出	人均城乡社区事业支出	人均教育支出	人均社保和就业服务支出	人均医疗卫生支出	人均GDP	财政支出分权	财政收入分权	专项转移支付占支出比重	财政转移支付占收入比重	财政自主度
人均社会保障和就业服务支出	0.9075* 0.0000	0.8663* 0.0000	0.7871* 0.0000	0.7946* 0.0000	0.4406* 0.0000	0.6453* 0.0000	0.7888* 0.0000	0.3636* 0.0000	0.8392* 0.0000	1.0000							
人均医疗卫生支出	0.7810* 0.0000	0.6995* 0.0000	0.5894* 0.0000	0.5006* 0.0000	0.2647* 0.0000	0.5913* 0.0000	0.5437* 0.0000	0.1875* 0.0000	0.6061* 0.0000	0.5385* 0.0000	1.0000						
人均GDP	0.5363* 0.0000	0.2772* 0.0000	0.3569* 0.0000	0.4293* 0.0000	0.8884* 0.0000	0.4345* 0.0000	0.5025* 0.0000	0.5540* 0.0000	0.5114* 0.0000	0.4613* 0.0000	0.2984* 0.0000	1.0000					
财政支出分权	0.3401* 0.0000	0.4024* 0.0000	0.2849* 0.0000	0.3559* 0.0000	-0.0408 0.1563	0.2038* 0.0000	0.2755* 0.0000	0.0237 0.4101	0.2766* 0.0000	0.3523* 0.0000	0.3158* 0.0000	-0.0427 0.1379	1.0000				
财政收入分权	-0.4708* 0.0000	-0.5824* 0.0000	-0.4227* 0.0000	-0.5951* 0.0000	0.2477* 0.0000	-0.2462* 0.0000	-0.3113* 0.0000	0.1078* 0.0002	-0.4253* 0.0000	-0.5338* 0.0000	-0.4037* 0.0000	0.2022* 0.0000	-0.4440* 0.0000	1.0000			
专项转移支付占支出比重	0.1428* 0.0000	0.3155* 0.0000	0.2210* 0.0000	0.2844* 0.0000	-0.3804* 0.0000	0.0468 0.1036	-0.0355 0.2176	-0.2130* 0.0000	0.1055* 0.0002	0.2174* 0.0000	0.1640* 0.0000	-0.3279* 0.0000	0.2666* 0.0000	-0.6367* 0.0000	1.0000		
财政转移支付占收入比重	0.3309* 0.0000	0.5282* 0.0000	0.3990* 0.0000	0.2511* 0.0000	-0.3636* 0.0000	0.2734* 0.0000	0.2351* 0.0000	0.0299 0.2994	0.2747* 0.0000	0.3502* 0.0000	0.2901* 0.0000	-0.3392* 0.0000	0.3453* 0.0000	-0.7206* 0.0000	0.6311* 0.0000	1.0000	
财政自主度	-0.2362* 0.0000	-0.4122* 0.0000	-0.3410* 0.0000	-0.2852* 0.0000	0.4131* 0.0000	-0.1393* 0.0000	-0.0959* 0.0000	0.1689* 0.0000	-0.1972* 0.0000	-0.2925* 0.0000	-0.2422* 0.0000	0.3571* 0.0000	-0.3345* 0.0000	0.7597* 0.0000	-0.9045* 0.0000	-0.7356* 0.0000	1.0000

注：* 表示该相关系数在1%水平上显著，该系数下方的值为该显著水平对应的p值。

第二节 敏感性分析

一 面板单位根检验

如表 3 –3 和 3 –4 所示，如果从面板数据的特征来说，待估计数据为平衡面板数据，共包含 110 个截面个体，有 11 期观测值，虽然个体数 N 大于时序数 T，时序特征并不明显，变量应该不会存在单位根，但我们还是对数据的平稳性进行检验①。

表 3 –3 面板平衡性检验（云南省）

panel variable： id （strongly balanced）
time variable： year，2004 to 2011
delta： 1 unit

表 3 –4 面板数据集结构（云南省）

id1： 1，2，...，110					n =	110	
year： 2004，2005，...，2014					T =	11	
Delta （year） =1 unit							
Span （year） =11 periods							
（id1 * year uniquely identifies each observation）							
Distribution of T_ i：	min	5%	25%	50%	75%	95%	max
	11	11	11	11	11	11	11

Freq.	Percent	Cum.	Pattern
110	100.00	100.00	11111111111
110	100.00		XXXXXXXXXXX

目前，面板根检验方法较多，可供选择的比如 LLC 检验、HT 检验、

① 罗植：《中国地方公共服务拥挤性与财政支出结构优化》，《财经科学》2014 年第 5 期。

Breitung 检验、IPS 检验、费雪式检验等①。根据不同检验方法的适用理论和适用条件，加上 LLC 检验、HT 检验、Breitung 检验都有共同的局限，共同根假设即要求每个个体的自回归系数都相等，为了克服各变量间共同根存在的可能性，所以本研究选用 IPS 检验方法对面板单位根进行检验，结果如表 3 – 5 所示。

表 3 – 5 面板单位根检验（云南省）

IPS	t – bar	Fixed – N 1%	p – value	lags（1）	lags（2）
人均基本公共服务支出	–2.2406	–1.740	0.0000	–4.2599 （0.0000*）	–3.7395 （0.0000*）
人均一般转移支付	–2.4488	–1.740	0.0000	–6.2706 （0.0000*）	–6.0674 （0.0000*）
人均专项转移支付	–2.3884	–1.740	0.0000	–6.7593 （0.0000*）	–6.5103 （0.0000*）
人均税收收入	–1.6077	–1.740	0.5218		–25.5651 （0.0000*）
人均财政收入	–1.3100	–1.740	0.9987	–3.7374 （0.0001*）	
人均行政管理支出	–1.6523	–1.740	0.2244		–3.0413 （0.0012*）
人均经济建设支出	–2.3783	–1.740	0.0000		
人均 GDP	–3.6939	–1.740	0.0000		
万人病床位数	–1.4980	–1.740	0.9469		–23.0046 （0.0000*）
人口密度	–3.6983	–1.740	0.0051		
城市化率	–1.8556	–1.740	0.0010		
万人小学生人数	–2.5719	–1.740	0.5670		–1.1e+02 （0.0000*）
万人中学生人数	–2.2736	–1.740	0.0042		
财政支出分权变量	–2.128	–1.740	0.0000		
财政转移支付占财政收入比重	–1.7840	–1.740	0.0538	–12.1604 （0.0000*）	

注：* 表示在对相应变量在不设置滞后阶数时统计量不显著，取滞后一定阶数检验时的 P 值。

① 陈强：《高级计量经济学及 Stata 应用》（第二版），高等教育出版社，2014，第 414 ~ 418 页。

从表 3 –5 中可以看出，主要变量的 t – bar 值均小于 1% 水平的临界值 –1.740，故拒绝面板单位根的原假设，而统计量 Z – t – tilde – bar 的 p 值基本趋于 0.0000，同样拒绝原假设。而人均财政收入在取滞后 1 阶进行 IPS 检验时，统计量 W – t – bar 的 p 值等于或趋于 0.0000，显著拒绝原假设，不存在单位根；人均税收支出、人均行政管理支出、万人病床位数和万人小学生人数四个变量，在做滞后 2 阶进行 IPS 检验时，统计量 W – t – bar 的 p 值等于或趋于 0.0000，原假设被拒绝，回归模型的主要变量不存在单位根。

二　固定效应和随机效应检验

在处理面板数据时，由于模型假设不同，需要首先进行豪斯曼检验来决定采用固定效应还是随机效应检验，通过对人均基本公共服务支付、人均教育支出、人均医疗卫生支出、人均社会保障和就业服务支出、人均城乡社区事务支出、人均经济建设支出和人均行政管理支出六个变量分别作为被解释变量时模型进行分别检验，p 值 = 0.0000，故强烈拒绝原假设"H_0：u_i 与 x_{it},z_{it} 不相关"，所以，原假设中认为不存在系统性差异是站不住脚的，原假设被拒绝，所以我们认为应该使用固定效应，而非随机效应。

然而传统的豪斯曼检验假定，在 H_0成立的情况下，有效率的是采用随机效应模型，而为了验证聚类稳健标准误与普通标准误过大可能导致的豪斯曼检验失效这一点给模型带来的影响，我们使用过度识别检验（overidentification test）来进一步验证，因为随机效应模型与固定效应模型相比，前者多了"个体异质性 u_i与解释变量不相关"的约束条件，也可视为过度识别条件。我们在 Stata 中运行 xtoverid 命令，得到如下结果：

表 3 –6　过度识别检验结果（云南省）

Test of overidentifying restrictions：fixed vs random effects
Cross – section time – series model：xtreg re robust cluster（id）
Sargan – Hansen statistic 234.912 Chi – sq（11）P – value = 0.0000

从表 3－6 看出，命令 xtoverid 汇报的 X^2（11）统计量为 234.912，拒绝原假设的 H_0：$\gamma = 0$，又因 p 值为 0.0000，随机效应被拒绝，固定效应模型应该被使用。同样原理对人均教育支出、人均医疗卫生支出、人均社会保障和就业服务支出、人均城乡社区事务支出、人均行政管理支出和人均经济建设支出六个变量进行该检验仍然是强烈拒绝原假设，认为应该使用固定效应模型。经过上述论证，我们在下面的论证中将采用固定效应模型进行估计，但考虑到 Hausman 检验在判断固定效应和随机效应方面确实存在不少争议，而且一般认为，个体效应应该是随机的①，不同方法的系数估计值差别较大，一般固定效应的系数估计值与其他估计法（OLS、RE、BE）的差别最大②，但对本研究的研究而言，差别究竟是否像传统理论认为的那么大，我们在研究中同时给出了采用随机效应模型时的回归结果，以便进行比较分析，随机效应回归结果详见附录。

三　计量结果分析

我们使用 Stata13.1 计量软件进行分析（下同），表 3－7～表 3－12 为就面板数据选取固定效应模型时，财政转移支付与人均基本公共服务支出总量和各分量的敏感性估计的结果。首先，我们对表 3－7～表 3－11 检验的内容和思路做如下说明。

第一，表 3－7 是对财政转移支付与云南省县级政府人均基本公共服务支出及相关变量关系的敏感性分析结果，但要注意的是我们在这个表中加入了当人均行政管理支出和人均经济建设支出为被解释变量时的固定效应回归系数，主要目的是检验二者与财政转移支付之间的具体关系表现。

第二，表 3－8～表 3－11 是分别以人均教育支出、人均社会保障支出、人均医疗卫生支出、人均城乡社区事务支出为被解释变量，采用固定效应模型，逐次加入变量的方法来分析财政转移支付对各类支出的敏感性，主要函数模型采用模型（1－4－2）～（1－4－5）。

① Yair Mundlak, "On the Pooling of Time Series and Cross Section Data," *Econometrica* 46 (1978a): 69.

② 陈强：《高级计量经济学及 Stata 应用》（第二版），高等教育出版社，2014，第 414～418 页。

表 3-7　财政转移支付对云南省县级政府人均基本公共服务支出及相关变量影响的敏感性分析

	(1) 人均基本公共服务支出	(2) 人均基本公共服务支出	(3) 人均基本公共服务支出	(4) 人均基本公共服务支出	(5) 人均基本公共服务支出	(6) 人均基本公共服务支出	(7) 人均基本公共服务支出	(8) 人均行政管理支出	(9) 人均经济建设支出
一般性转移支付	0.486*** (40.30)	0.234*** (14.26)	0.111*** (7.27)	0.0959*** (6.22)	0.105*** (6.37)	0.341*** (13.42)	0.363*** (13.42)	0.438*** (13.15)	0.488*** (29.06)
专项转移支付		0.333*** (19.68)	0.205*** (13.05)	0.142*** (8.68)	0.141*** (6.03)	0.348*** (14.98)	0.383*** (16.12)	0.336*** (9.15)	0.538*** (31.11)
人均税收收入			0.142*** (7.52)	0.0971*** (5.13)	0.113*** (6.08)	0.0914*** (5.70)	0.118*** (7.26)	0.0933*** (3.82)	-0.0228 (-1.48)
人均财政收入			0.0789*** (4.15)	0.0294 (1.32)	0.166*** (6.09)	0.403*** (14.02)	0.390*** (13.75)	0.106* (2.47)	0.276*** (10.82)
人均 GDP			0.169*** (6.10)	0.0556 (1.94)	0.0390 (1.39)	0.0122 (0.50)	0.0073 (0.31)	0.0777* (2.16)	0.0329* (1.96)
人均行政管理支出				0.0605** (2.63)	0.0300 (1.31)	-0.0548** (-2.73)	-0.0787*** (-3.91)		-0.196*** (-10.84)
人均经济建设支出				0.171*** (9.76)	0.0660** (2.81)	-0.408*** (-12.69)	-0.426*** (-13.21)	-0.501*** (-10.84)	
财政收入分权变量					-0.627*** (-8.65)	-0.778*** (-10.72)	-0.641*** (-8.64)	0.0538 (0.49)	-0.135* (-1.97)

续表

	(1) 人均基本公共服务支出	(2) 人均基本公共服务支出	(3) 人均基本公共服务支出	(4) 人均基本公共服务支出	(5) 人均基本公共服务支出	(6) 人均基本公共服务支出	(7) 人均基本公共服务支出	(8) 人均行政管理支出	(9) 人均经济建设支出
财政支出分权变量					0.702*** (4.69)	0.542*** (4.24)	0.534*** (3.41)	1.354*** (6.92)	0.926*** (7.60)
财政自主度变量					0.0484* (1.99)	-0.173*** (-6.20)	-0.199*** (-7.14)	-0.0771 (-1.83)	-0.176*** (-6.81)
专项转移支付占财政支出比重						1.858*** (16.66)	2.022*** (17.96)	1.400*** (8.49)	2.642*** (37.94)
转移支付占财政收入比重						0.0440*** (12.92)	0.0434*** (12.72)	0.0117* (2.27)	0.0248*** (7.90)
万人病床位数							-0.000976* (-2.06)	0.00120 (1.68)	0.000658* (1.97)
万人农业人口数							-0.00306 (-0.89)	-0.00265 (-0.51)	-0.00717* (-2.21)
城市化率							-0.182 (-1.65)	-0.495** (-2.97)	-0.569*** (-5.50)
人口密度							-3.483 (-1.10)	1.782 (0.37)	-1.930 (-0.65)

续表

	(1) 人均基本公共服务支出	(2) 人均基本公共服务支出	(3) 人均基本公共服务支出	(4) 人均基本公共服务支出	(5) 人均基本公共服务支出	(6) 人均基本公共服务支出	(7) 人均基本公共服务支出	(8) 人均行政管理支出	(9) 人均经济建设支出
万人小学生人数							0.000184*** (5.50)	0.000235*** (4.71)	-0.0000213 (-0.67)
万人中学生人数							-0.000126 (-0.39)	-0.000652 (-1.33)	0.000176 (0.57)
时间虚拟变量	0.554*** (28.23)	0.367*** (18.94)	0.414*** (24.77)	0.438*** (26.32)	0.266*** (11.06)	0.120*** (5.33)	0.122*** (5.42)	-0.0190 (-0.56)	-0.283*** (-14.55)
组内 R^2	0.9384	0.9545	0.9673	0.9703	0.9725	0.9802	0.9811	0.8828	0.9893
截距项	3.341*** (49.28)	2.900*** (46.43)	1.755*** (11.67)	2.229*** (13.69)	2.093*** (11.12)	3.040*** (17.85)	3.144*** (15.85)	1.773*** (6.01)	0.836*** (4.50)
F 值	8368.89	7672.08	5390.09	4444.94	3847.12	2424.16	1654.24	492.52	1824.54
样本观测值	1210	1210	1210	1210	1210	1210	1210	1210	1210

注：1. ***、**、* 分别表示回归系数在 1%、5% 和 10% 的水平上显著，括号内为 t 值。

2. 模型选择为固定效应模型。

3. 数据来源：由《中国统计年鉴》《新中国 60 年统计资料汇编》《中国县市社会经济统计年鉴》《中国财政年鉴》等统计年鉴资料，以及 EPS 统计数据库和该省财政厅预决算公布数据整理得到。

表 3－8　财政转移支付对云南省县级政府人均教育支出影响的敏感性分析

	(1) 人均教育支出	(2) 人均教育支出	(3) 人均教育支出	(4) 人均教育支出	(5) 人均教育支出	(5) 人均教育支出	(6) 人均教育支出
一般性转移支付	0.456***	0.186***	0.0649***	0.0465**	0.0719***	0.349***	0.391***
	(37.08)	(11.32)	(4.18)	(2.92)	(4.15)	(13.53)	(14.93)
专项转移支付		0.357***	0.232***	0.182***	0.219***	0.451***	0.468***
		(21.10)	(14.58)	(10.76)	(8.93)	(16.00)	(16.83)
人均税收收入			0.149***	0.122***	0.129***	0.0990***	0.117***
			(7.81)	(6.26)	(6.63)	(5.57)	(6.51)
人均财政收入			0.0519**	-0.0120	0.0764**	0.212***	0.201***
			(2.70)	(-0.52)	(2.67)	(6.65)	(6.41)
人均 GDP			0.188***	0.111***	0.0932**	0.0572*	0.0422
			(6.70)	(3.77)	(3.16)	(2.14)	(1.60)
人均行政管理支出				0.0605*	0.0352	-0.0467*	-0.0707**
				(2.55)	(1.46)	(-2.10)	(-3.18)
人均经济建设支出				0.141***	0.0367	-0.409***	-0.430***
				(7.75)	(1.49)	(-11.49)	(-12.09)
财政收入分权变量					-0.461***	-0.395***	-0.336***
					(-6.06)	(-4.91)	(-4.20)
财政支出分权变量					0.416**	0.319*	0.0544
					(2.65)	(2.25)	(0.37)

续表

	(1) 人均教育支出	(2) 人均教育支出	(3) 人均教育支出	(4) 人均教育支出	(5) 人均教育支出	(5) 人均教育支出	(6) 人均教育支出
财政自主度变量					0.0978*** (3.82)	-0.166*** (-5.36)	-0.205*** (-6.66)
专项转移支付占财政支出比重						1.890*** (15.27)	2.076*** (16.69)
转移支付占财政收入比重						0.0234*** (6.20)	0.0225*** (5.98)
万人病床位数							0.000490 (0.94)
万人农业人口数							0.00414 (1.09)
城市化率							0.0840 (0.69)
人口密度							-16.02*** (-4.59)
万人小学生人数							0.00147*** (4.00)
万人中学生人数							-0.000848* (-2.36)

续表

	(1) 人均教育支出	(2) 人均教育支出	(3) 人均教育支出	(4) 人均教育支出	(5) 人均教育支出	(5) 人均教育支出	(6) 人均教育支出
时间虚拟变量	0.197*** (9.82)	-0.00409 (-0.21)	0.0433* (2.56)	0.0620*** (3.61)	-0.0709** (-2.80)	-0.165*** (-6.61)	-0.147*** (-5.93)
组内 R^2	0.8796	0.9143	0.9371	0.9405	0.9433	0.9542	0.9566
截距项	3.008*** (43.44)	2.534*** (40.48)	1.320*** (8.66)	1.619*** (9.62)	1.632*** (8.27)	2.602*** (13.78)	2.855*** (13.03)
F 值	4009.87	3903.08	2715.78	2150.13	1782.92	1133.65	884.46
样本观测值	1210	1210	1210	1210	1210	1210	1210

注：1. ***、**、* 分别表示回归系数在 1%、5% 和 10% 的水平上显著，括号内为 t 值。

2. 模型选择为固定效应模型。

3. 数据来源：由《中国统计年鉴》《新中国 60 年统计资料汇编》《中国县市社会经济统计年鉴》《中国财政年鉴》等统计年鉴资料，以及 EPS 统计数据库和该省财政厅预决算公布数据整理得到。

表 3－9　财政转移支付对云南省县级政府人均社会保障就业支出影响的敏感性分析

	(1) 人均社会保障就业支出	(2) 人均社会保障就业支出	(3) 人均社会保障就业支出	(4) 人均社会保障就业支出	(5) 人均社会保障就业支出	(6) 人均社会保障就业支出	(7) 人均社会保障就业支出
一般性转移支付	0.495*** (15.98)	0.217*** (4.53)	0.133* (2.55)	0.129* (2.38)	0.142* (2.36)	0.0854** (3.87)	0.0652** (3.65)
专项转移支付		0.368*** (7.46)	0.282*** (5.28)	0.169** (2.93)	0.227** (2.67)	0.167** (5.56)	0.141** (5.32)
人均税收收入			0.267*** (4.17)	0.247*** (3.71)	0.239*** (3.54)	0.264*** (3.91)	0.200** (2.89)
人均财政收入			-0.00624 (-0.10)	-0.179* (-2.28)	-0.0973 (-0.98)	0.299* (2.47)	0.323** (2.67)
人均 GDP			-0.0319 (-0.34)	-0.155 (-1.53)	-0.109 (-1.06)	-0.0843 (-0.83)	-0.0707 (-0.70)
人均行政管理支出				-0.0605 (-0.75)	-0.144 (-1.72)	-0.173* (-2.05)	-0.127 (-1.49)
人均经济建设支出				0.316*** (5.11)	0.155 (1.81)	-0.0504 (-0.37)	-0.0900 (-0.66)
财政收入分权变量					-0.324 (-1.23)	-1.091*** (-3.56)	-1.187*** (-3.84)
财政支出分权变量					2.200*** (4.04)	1.951*** (3.62)	2.663*** (4.73)

续表

	(1) 人均社会保障就业支出	(2) 人均社会保障就业支出	(3) 人均社会保障就业支出	(4) 人均社会保障就业支出	(5) 人均社会保障就业支出	(6) 人均社会保障就业支出	(7) 人均社会保障就业支出
财政自主度变量					0.0574 (0.65)	0.147 (1.25)	0.162 (1.36)
专项转移支付占财政支出比重						0.335 (0.71)	0.129 (0.27)
转移支付占财政收入比重						0.0795*** (5.54)	0.0771*** (5.31)
万人病床位数							0.000309 (0.15)
万人农业人口数							-0.0131 (-0.89)
城市化率							-0.985* (-2.09)
人口密度							7.248 (0.54)
万人小学生人数							-0.000722*** (-5.08)
万人中学生人数							-0.0000224 (-0.16)

续表

	(1) 人均社会保障就业支出	(2) 人均社会保障就业支出	(3) 人均社会保障就业支出	(4) 人均社会保障就业支出	(5) 人均社会保障就业支出	(6) 人均社会保障就业支出	(7) 人均社会保障就业支出
时间虚拟变量	2.879*** (57.07)	2.672*** (47.29)	2.698*** (47.61)	2.775*** (47.34)	2.627*** (29.94)	2.416*** (25.48)	2.383*** (24.88)
组内 R^2	0.9465	0.9491	0.9505	0.9515	0.9522	0.9535	0.9548
截距项	-0.272 (-1.56)	-0.760*** (-4.17)	-0.768 (-1.50)	0.248 (0.43)	-1.050 (-1.53)	-0.917 (-1.28)	-0.0786 (-0.09)
F 值	9711.68	6815.34	3500.03	2669.03	2165.61	1387.57	846.88
样本观测值	1210	1210	1210	1210	1210	1210	1210

注：1. ***、**、*分别表示回归系数在 1%、5% 和 10% 的水平上显著，括号内为 t 值。

2. 模型选择为固定效应模型。

3. 数据来源：由《中国统计年鉴》《新中国 60 年统计资料汇编》《中国县市社会经济统计年鉴》《中国财政年鉴》等统计年鉴资料，以及 EPS 统计数据库和该省财政厅预决算公布数据整理得到。

表 3－10　财政转移支付对云南省县级政府人均医疗卫生支出影响的敏感性分析

	(1) 人均医疗 卫生支出	(2) 人均医疗 卫生支出	(3) 人均医疗 卫生支出	(4) 人均医疗 卫生支出	(5) 人均医疗 卫生支出	(6) 人均医疗 卫生支出	(7) 人均医疗 卫生支出
一般性转移支付	0.689*** (31.03)	0.284*** (9.02)	0.123*** (3.81)	0.0494 (1.48)	0.0962** (2.68)	0.584*** (10.74)	0.597*** (10.86)
专项转移支付		0.535*** (16.53)	0.371*** (11.19)	0.305*** (8.64)	0.385*** (7.58)	0.792*** (13.32)	0.816*** (13.99)
人均税收收入			0.248*** (6.24)	0.201*** (4.93)	0.213*** (5.28)	0.163*** (4.35)	0.223*** (5.91)
人均财政收入			0.0218 (0.54)	-0.0800 (-1.67)	0.126* (2.13)	0.442*** (6.58)	0.417*** (6.34)
人均 GDP			0.242*** (4.16)	0.150* (2.43)	0.136* (2.22)	0.0756 (1.34)	0.0691 (1.25)
人均行政管理支出				0.316*** (6.37)	0.235*** (4.71)	0.0823 (1.75)	0.0416 (0.89)
人均经济建设支出				0.160*** (4.22)	-0.0945 (-1.85)	-0.934*** (-12.42)	-0.898*** (-12.04)
财政收入分权变量					-1.013*** (-6.42)	-1.034*** (-6.09)	-0.941*** (-5.61)
财政支出分权变量					1.725*** (5.29)	1.505*** (5.03)	0.936** (3.06)

续表

	(1) 人均医疗 卫生支出	(2) 人均医疗 卫生支出	(3) 人均医疗 卫生支出	(4) 人均医疗 卫生支出	(5) 人均医疗 卫生支出	(6) 人均医疗 卫生支出	(7) 人均医疗 卫生支出
财政自主度变量					0.187*** (3.53)	-0.270*** (-4.15)	-0.279*** (-4.32)
专项转移支付占财政支出比重						3.457*** (13.25)	3.630*** (13.92)
转移支付占财政收入比重						0.0565*** (7.10)	0.0586*** (7.41)
万人病床位数							-0.000989 (-0.90)
万人农业人口数							0.0153 (1.92)
城市化率							0.821** (3.20)
人口密度							-4.393 (-0.60)
万人小学生人数							0.000634*** (8.21)
万人中学生人数							0.0000374 (0.50)

续表

	(1) 人均医疗 卫生支出	(2) 人均医疗 卫生支出	(3) 人均医疗 卫生支出	(4) 人均医疗 卫生支出	(5) 人均医疗 卫生支出	(6) 人均医疗 卫生支出	(7) 人均医疗 卫生支出
时间虚拟变量	0.442*** (12.23)	0.141*** (3.79)	0.203*** (5.78)	0.190*** (5.29)	-0.122* (-2.32)	-0.329*** (-6.26)	-0.300*** (-5.77)
组内 R^2	0.8600	0.8879	0.9027	0.9071	0.9129	0.9271	0.9318
截距项	0.436*** (3.49)	-0.274* (-2.29)	-1.813*** (-5.72)	-2.108*** (-6.00)	-2.649*** (-6.47)	-0.881* (-2.21)	-1.815*** (-3.95)
F 值	3373.76	2897.68	1691.20	1328.65	1124.94	732.36	668.98
样本观测值	1210	1210	1210	1210	1210	1210	1210

注：1. ***、**、* 分别表示回归系数在 1%、5% 和 10% 的水平上显著，括号内为 t 值。

2. 模型选择为固定效应模型。

3. 数据来源：由《中国统计年鉴》《新中国 60 年统计资料汇编》《中国县市社会经济统计年鉴》《中国财政年鉴》等统计年鉴资料，以及 EPS 统计数据库和该省财政厅预决算公布数据整理得到。

表 3-11　财政转移支付对云南省县级政府人均城乡社区支出影响的敏感性分析

	(1) 人均城乡 社区支出	(2) 人均城乡 社区支出	(3) 人均城乡 社区支出	(4) 人均城乡 社区支出	(5) 人均城乡 社区支出	(5) 人均城乡 社区支出	(6) 人均城乡 社区支出
一般性转移支付	0.247*** (9.86)	0.129** (3.26)	0.0345 (0.81)	0.0442 (0.99)	0.0597 (1.20)	-0.125 (-1.54)	-0.0829 (-0.99)
专项转移支付		0.156*** (3.85)	0.0555 (1.27)	0.0177 (0.37)	0.0261 (0.37)	-0.134 (-1.50)	-0.107 (-1.20)
人均税收收入			-0.00770 (-0.15)	-0.0807 (-1.48)	-0.0757 (-1.36)	-0.0489 (-0.87)	-0.0127 (-0.22)
人均财政收入			0.192*** (3.64)	0.276*** (4.29)	0.274*** (3.36)	0.331** (3.28)	0.354*** (3.52)
人均 GDP			0.115 (1.50)	-0.0237 (-0.29)	-0.0579 (-0.69)	-0.0278 (-0.33)	-0.0282 (-0.33)
人均行政管理支出				0.0240 (0.36)	0.0505 (0.73)	0.0891 (1.26)	0.0540 (0.76)
人均经济建设支出				0.0839 (1.65)	0.0981 (1.39)	0.294** (2.60)	0.208 (1.82)
财政收入分权变量					-0.0713 (-0.33)	-0.377 (-1.48)	-0.588* (-2.29)
财政支出分权变量					-0.913* (-2.03)	-0.941* (-2.09)	-0.404 (-0.86)

续表

	(1) 人均城乡 社区支出	(2) 人均城乡 社区支出	(3) 人均城乡 社区支出	(4) 人均城乡 社区支出	(5) 人均城乡 社区支出	(5) 人均城乡 社区支出	(6) 人均城乡 社区支出
财政自主度变量					0.0505 (0.69)	0.239* (2.44)	0.233* (2.36)
专项转移支付占财政支出比重						1.013** (2.58)	0.908* (2.28)
转移支付占财政收入比重						0.0137 (1.14)	0.0166 (1.38)
万人病床位数							-0.00161 (-0.96)
万人农业人口数							-0.0535*** (-4.39)
城市化率							-2.199*** (-5.60)
人口密度							44.14*** (3.94)
万人小学生人数							-0.00000963 (-0.08)
万人中学生人数							0.0000767 (0.67)

续表

	(1) 人均城乡 社区支出	(2) 人均城乡 社区支出	(3) 人均城乡 社区支出	(4) 人均城乡 社区支出	(5) 人均城乡 社区支出	(5) 人均城乡 社区支出	(6) 人均城乡 社区支出
时间虚拟变量	-0.0560 (-1.37)	-0.144** (-3.10)	-0.109* (-2.35)	-0.0982* (-2.04)	-0.0954 (-1.32)	-0.113 (-1.42)	-0.196* (-2.46)
组内 R^2	0.2088	0.2193	0.2472	0.2632	0.2669	0.2726	0.2953
截距项	2.782*** (19.75)	2.575*** (17.17)	1.663*** (3.98)	2.219*** (4.72)	2.911*** (5.16)	2.377*** (3.97)	3.392*** (4.83)
F 值	144.86	102.74	59.87	48.64	39.50	27.60	18.26
样本观测值	1210	1210	1210	1210	1210	1210	1210

注：1. ***、**、* 分别表示回归系数在 1%、5% 和 10% 的水平上显著，括号内为 t 值。

2. 模型选择为固定效应模型。

3. 数据来源：由《中国统计年鉴》《新中国 60 年统计资料汇编》《中国县市社会经济统计年鉴》《中国财政年鉴》等统计年鉴资料，以及 EPS 统计数据库和该省财政厅预决算公布数据整理得到。

第三，对于拟合优度 R^2 的报告与选取问题，我们采用陈强（2014）的观点与做法，即对于固定效应模型，建议使用组内 R^2。[①] 因此，我们在下面分析中，给出了组内拟合优度 R^2。

第四，在不影响计量结果的情况下，为了保持输出结果美观简洁，根据本研究的目标和需要，我们将控制变量分为 6 组，逐组加入模型求得计量结果，其中人均一般性转移支付和人均专项转移支付各为一组；人均税收收入、人均财政收入和人均 GDP 同为收入变量为一组；人均行政管理支出和人均经济建设支出同为支出变量为一组；财政收入、财政支出分权变量和财政自主度变量为一组；专项转移支付占财政支出比重和财政转移支付占财政收入比重为一组；万人病床位数、万人农业人口数、城市化率、人口密度、万人小学生人数、万人中学生人数为一组。

其次，我们具体分析上述各表中的回归结果。

（1）我们首先分析专项转移支付占财政支出和财政转移支付占财政收入的比例两个变量，由于这两个变量是表征财政转移支付规模的变量，而我们认为财政转移支付规模越大，可能说明该县经济越落后，但其与基本公共服务供给水平的高低关系则需要通过实证分析来检验，尤其是专项转移支付究竟对基本公共服务支出有何影响是我们在第一章的分析中得出的待检验假设，所以我们在实证分析中设置了专项转移支付占财政支出比重这样一个变量。从表 3 - 7 中可以看出，两个比重变量与基本公共服务支出呈显著正相关关系，结合财政自主度变量和专项转移支付和一般性转移支付对基本公共服务支出的回归结果，我们可以看出，县级政府财政收入和财政支出中转移支付规模越大对县级政府改善基本公共服务支出水平越好，专项转移支付更是效果显著，“粘蝇纸效应”明显；而相对应的，县级政府自有财政收入占财政总支出（其中减去专项转移支付）的比重越高（即财政自主度越高）则基本公共服务支出水平越低，这说明，就云南省县级政府（不包含经济发展水平较好的市辖区）来说，县级政府提供基本公共服务对财政转移支付尤其是专项转移支付依赖性非常强，这一方面是因为这些样本县经济发展落后，政府因自有财政收入较少而无法有效提供

① 陈强：《高级计量经济学及 Stata 应用》（第二版），高等教育出版社，2014，第 256 页。

基本公共服务，此时来自上级政府的财政转移支付更值得依赖；另一方面，专项转移支付在财政支出中占的比重越大越能够促进基本公共服务的提供，其实这理解起来也不是很难，虽然专项转移支付大都是“戴帽下达”或要求配套下达，但这些看似构成县级政府“财政负担”的规定，在偏远落后的云南省县级政府提供基本公共服务看来，应该没有形成负担，即县级政府自有财政收入不能匹配其承担基本公共服务支出的“硬”约束形成了县级政府对专项转移支付的需求。当然，有一点不能忽视，即专项转移支付对基本公共服务支出的影响从分变量来说，教育和医疗受到的影响更大，相比而言，社会保障和就业支出受到的影响较小。

（2）人均一般性转移支付和人均专项转移支付对被解释变量的影响。首先，但就逐次加入人均一般性转移支付和人均专项转移支付两个变量来讲，不论是将人均基本公共服务支出、人均教育支出、人均社会保障支出或者是人均医疗卫生支出作为被解释变量，人均一般转移支付和人均专项转移支付的增加基本能够显著改善其供给状况，被解释变量和解释变量两者之间的敏感性较强，但从系数上来看，人均专项转移支付比人均一般性转移支付对人均基本公共服务支出的影响大，这一点非常重要。当逐次加入本研究所选取的相关变量过程中，两种转移支付的敏感性系数虽然在缓慢减小，但在对人均基本公共服务支出、人均教育支出和人均医疗卫生支出的影响方面，仍然表现为较强的显著性影响；在对人均医疗卫生支出的影响上，两者差异最大：在加入所有变量后，人均专项转移支付对人均医疗卫生支出的影响（0.816）显著大于一般性转移支付（0.597），这主要是因为一般性转移支付中包含的都是无条件转移支付，县级政府不会将一般性转移支付主动用于医疗卫生支出，因此更能反映县级政府财政支出的真实行为，而专项转移支付多有限制条件，县级政府根据上级政府的意图会选择将其用于公共服务提供。[①]

其次，无论一般性转移支付还是专项转移支付在城乡社区事务支出方面均不显著，系数为负值而且绝对值相对较小，可能的原因是城乡社区事

① 王守义、张荐华：《转移支付结构会影响边疆多民族地区公共服务供给吗？——基于云南省县级政府财政支出面板数据的实证分析》，《商业研究》2016 年第 5 期。

务支出数据在2007年之前并没有在财政支出数据中单列，所以数据难免存在偏差而造成数据之间的相关性较差，影响不显著。但在人均社会保障和就业服务支出方面却比在人均教育支出、人均医疗卫生支出两个方面少得多，这与以往学者的研究结论基本相同，我们认为主要是因为本研究研究的是县级政府财政支出行为，县级政府承担了较大的社会保障和就业服务责任，这也是上级政府在考核县级政府工作时偏重的方面，所以存在这种偏向是正常的，而且我们从它们对城乡社区事务支出的影响也可以间接地印证这一点。同时，有两点值得注意：一是两种转移支付在增加行政管理支出方面都显著，“粘蝇纸效应”确实存在，而且一般性转移支付力度的加大对云南省县级政府的“粘蝇纸效应”增加的影响更为明显；二是我们看到，两种转移支付对经济建设支出的影响却是显著的，这也印证了很多学者的结论，即当转移支付出现增量时，仍然会被县级政府安排在经济建设上，主要原因如有些学者所研究的那样，县级政府尤其是民族贫困县区政府并没有特别偏向某类支出，受制于财政能力偏弱，财政支出只能维持基本运转，民族贫困县为了得到来自上级的转移支付而必须保住贫困县帽子而放弃发展（李丹、刘小川，2014）。最后，我们不能忽视的是两种转移支付的力度并不相同，专项转移支付相比于一般性转移支付对经济建设支出影响更大一些，本研究认为，主要原因是对云南省各样本县市区来说，道路交通以及农林水利电力等基础设施方面的建设和发展情况相比于全国水平要滞后，中央政府和云南省政府每年都在通过各种专项资金大力扶持各样本县市区进行相关基础设施和道路交通体系建设，力度越来越大，也就是说这并不意味着专项转移支付资金被人为地大量地转移到经济建设支出上去了。这一实证结果的发现对我们后面提出的政策建议有非常重要的价值。

（3）人均税收收入和人均财政收入对公共服务供给的影响基本呈现出显著的状态，这非常符合其他学者的结论，也与现实经济发展情况相符合。这两者均代表了县级政府的财力水平，财力增强自然会增加其对各种服务的供给能力。只是有一点值得注意，在对城乡社区事务支出影响的比较中，人均税收收入对其影响系数为负值，而财政收入影响显著，且数值较大，这种现象发生的原因是城乡社区事务支出费用跟税收收入关系不大，应该是作为政府常态化和稳定支出的方面之一，其支出金额的增减更多地受到政府整体财政收入的影响。同时，我们还发现，财政收入在社会保障和就业服务支出和行政管理方面的支出不像在其他支出方面的系数那么大，尤其与转移支付形成鲜明对比。这一点自然说明县级政府在自身财力增强后，有显著的倾向将这种财力用于平衡在其他方面的开支。

（4）人均 GDP 基本可以表示当地经济发展水平和居民的基本生活水平，人均 GDP 的增加意味着居民可能会愿意购买而且能够支付得起自己所需要的公共产品，但就实证结果来看，云南省县级情况却并不相同，人均 GDP 除了对教育支出、医疗影响的个别系数为显著外，对其他变量影响几乎不显著。但随着居民生活水平提高，政府行政管理支出和经济建设支出急剧增加，相关系数显著，说明一个地区居民生活水平越高，对政府行政行为和效率以及基础设施的要求层次也越高，符合经济发展的一般规律。

（5）就财政分权变量的估计结果，我们可以看出同时设计出财政收入分权和支出分权两个变量是合理的，两者均呈现在 1% 的水平上显著，但财政支出分权变量的系数是正值，收入分权变量的系数是负值。这说明，财政支出分权程度越高，确实能给予县级政府更大的支出分配权，能够极大地促进县级政府努力改善地方基本公共服务供给不足的状况，毕竟县级政府在满足居民公共需要方面更具有信息优势。但这一结果并不能掩盖基本公共服务供给不足就能够通过提高财政分权程度来进行改善，毕竟目前中央和地方之间“支出高度分权、税收相对集权”所造成的地方政府难以有充足的财力去提供本地居民所需基本公共服务的情况还普遍存在，这一点通过支出分权变量和收入分权变量的显著系数的绝对值是可以看出来的。就云南省的实证结果来看，收入分权越高反而阻碍基本公共服务供给的增加，这跟云南省县级层面经济发展相对滞后、税源缺乏有关，即使上级政府给予了充分的财政收入自主权似乎也并不能够给县级政府带来更多的财政收入，县级政府还是要依赖上级政府的转移支付资金，这一点也可以从第三个财政分权变量——财政自主度变量的回归系数中得到进一步的验证。

（6）万人病床位数在 5% 的水平之下对基本公共服务供给整体是保持显著的，但其系数普遍偏小，说明其对基本公共服务各表征变量影响不大。这是符合云南实际的，一方面，医疗卫生是人们所需要的生活必需品之一，在这方面支出的增加势必会对基本公共服务有影响；但另一方面，云南省是一个人口大省，但各样本县级医院和医院数目相对中东部省份偏低，县级政府在这方面受制于自身财力和地州县城（非市辖区）缺乏社会资本办医院的融资渠道，所以整体并不能对基本公共服务供给有显著影响，这也是我们在处理数据时排除市辖区的关键原因之一。

（7）农业人口和城市化率可以认为是同一个变量的正反两个方面，从相关显著性变量来看，至少有以下几点值得注意：一是城市人口越多确实会对教育和医疗资源提出更高的要求，这是符合理论和实际情况的；二是随着我国社会保障和就业服务制度改革的逐步推进，社会保障和就业服务已经基本覆盖了农村和城市居民，农村和城市居民之间社会保障和就业服务程度的差别越来越小；三是最值得注意的，单纯从实证结果看，城市化率高或农村人口多都未必表示城乡社区事务支出增加，虽然农村人口、城市化率和城乡社区事务支出三者之间计量关系显著。

（8）就万人小学生人数、万人中学生人数和人口密度三个变量来说，万人小学生人数几乎对每个变量的影响均为显著，但数值相对较小，万人中学生人数几乎对每个变量都不显著，回归结果也很小，这两个表征教育的变量之所以会出现这种问题，比较可能的原因就是义务教育主要是由中央财政担负的，县级政府的财政支出占比较小所导致的；同时，人口数量本身并不是政府在考虑提供基本公共服务时的直接参考因素，因为辖区人口增加并不一定能够带来上级更多的财政转移支付，也并一定就能够促进经济发展水平的提高，但就城乡社区事务支出来说，人口密度越大，其支出越多，这非常符合实际情况。

上述计量结果，也能够说明我们之所以在之前考虑控制变量选取时所做的取舍是正确的，虽然它们自身统计量不显著，但对模型主要变量的显著性水平并未产生太大影响，而且出于样本容量的考虑，我们还是认为应该保留它们作为本研究设定模型的控制变量。同时，需要特别说明的是，在将模型设定为随机效应模型时，计量结果的显著性和变化倾向与固定效应模型基本保持一致，这说明本研究在使用固定效应模型的方法选择上是合理和正确的。

第三节 趋势性分析

我们在研究财政转移支付对云南省县级政府基本公共服务供给效率和财政支出效率影响的 SFA 估计结果之前，将 FRONTIER4.1 软件得到的 110 个样本县的基本公共服务供给效率和财政支出效率的值和各县 GDP、财政转移支付占财政收入比重、财政转移支付总额（规模）5 个变量自 2004～2014 年 11 年的数值加权平均，做出每个变量 110 个县的折线图，并添加趋势线，得到图 3－1，其中 GDP 和转移支付总额（规模）两个变量的数值均做了 CPI 和人均化平滑处理，减少数据波动给结果带来的影响，各县的排序是以 GDP 数值降序排列，这 5 个变量的数值和相关变量的情况统计表详见附录 18。从图 3－1 中趋势线可以看出，经济落后县区（以 GDP 表

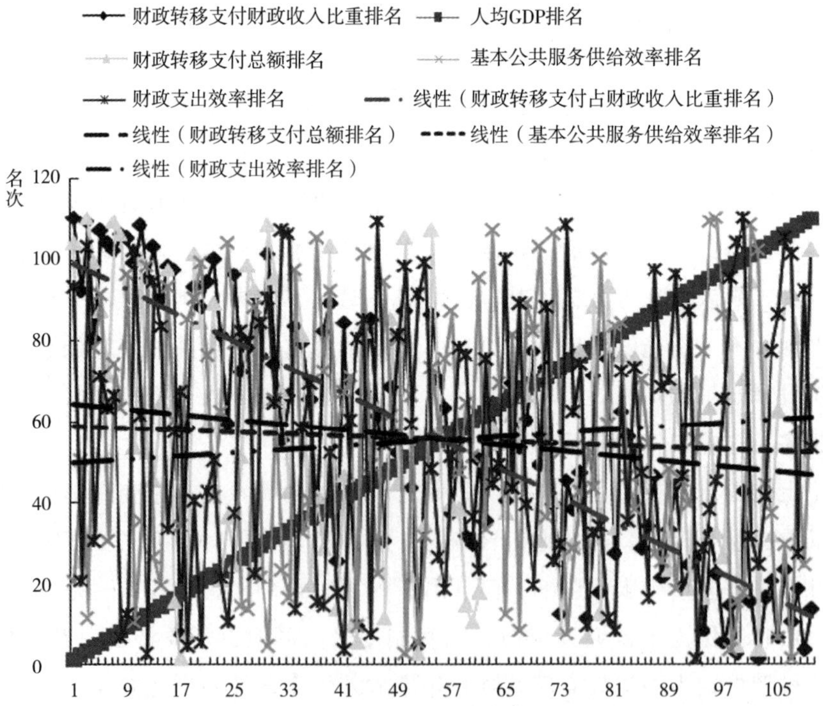

图 3－1　财政转移支付规模和比重等因素对云南省县级政府基本公共服务供给效率影响的趋势性分析

征）确实可以获得更多的来自上级政府财政转移支付，财政转移支付占财政收入比重排名较为靠前，说明经济落后县区对财政转移支付的依赖性确实很强。同时，从图 3－1 可以看出，这种较大的财政转移支付规模和比重给这些经济落后的县区也带来了基本公共服务供给效率的提高，但财政支出效率并未表现出如基本公共服务供给效率的趋势，反而趋势相反，即较大规模的财政转移支付对落后地区的财政总支出效率没有起到正向的促进作用，反而在一定程度上还会阻碍财政支出效率的提高。这些趋势性的现象也可以较好地印证本章第二节的分析，但具体结论还有待于通过对基本公共服务供给效率和财政支出效率的 SFA 的结果进行分析之后，再次进行确认。

另外，为了进一步认识基本公共服务供给效率的区域性和空间差异，我们尝试着将样本县所在的省划分为若干区域，这些区域在划分的时候参考了经济发展水平、本省政府公开文件以及当地普遍认为比较合理的划分方法等因素，比如我们尝试按照一般习惯将云南省 110 个县分为滇中（包括昆明、曲靖、玉溪、楚雄四个地级州市）、滇西北（包括大理、丽江、怒江、迪庆四个地级州市）、滇西（包括保山、临沧、德宏三个地级州市）、滇南（包括红河、普洱、西双版纳三个地级州市）、滇东（包括文山、昭通两个地级州市）五个区域，将各区域范围内的县区样本的各变量取值求加权平均数，但特别强调的是将区域内各样本县加总求平均值本来就可能导致效率损失或数值代表性下降，所以本研究在分析时采取的不是绝对的判断，而只是尽可能合理的推测。具体结果如表 3－12 所示。同时，

表 3－12 云南省各区域基本公共服务供给效率排名

片 区	财政转移支付占财政收入比重	排名	人均 GDP	排名	财政转移支付规模	排名	基本公共服务供给效率	排名	财政支出效率	排名
滇 东	1.687682	5	4526.663	5	1914.043	4	1.173256	5	2.131732	2
滇 西	2.132107	4	7238.079	4	1711.288	5	1.2457	4	2.154427	1
滇西北	3.914155	3	9171.271	3	2261.834	1	1.306247	2	1.998785	4
滇 中	4.163079	2	18356.96	1	1945.726	3	1.3275	1	1.86457	5
滇 南	7.769659	1	11647.24	2	1948.341	2	1.24692	3	2.008024	3

注：以上数据均是由云南省各区域样本县 2004～2014 年 11 年数据加总平均以后得到。

为了便于各区域间基本公共服务供给效率的对比分析，我们也给出了各区域基本公共服务供给效率、财政支出效率和人均 GDP 自 2004 ~ 2014 年每年平均值逐年变化趋势图，如图 3 - 2 ~ 图 3 - 4 所示。

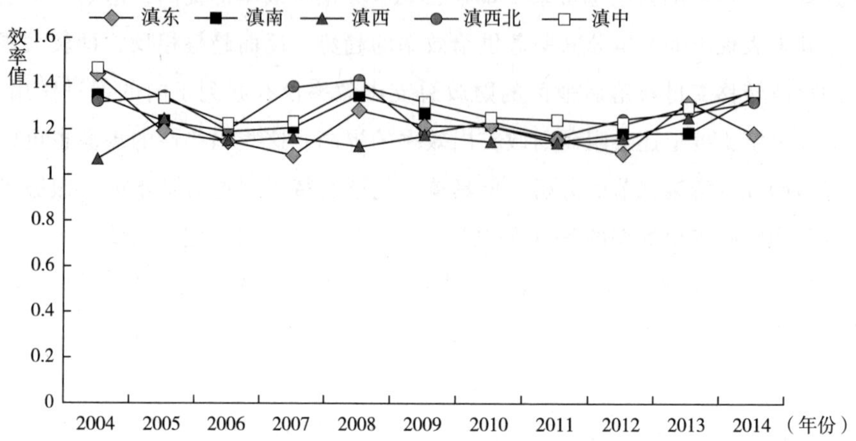

图 3 - 2　云南省各区域基本公共服务供给效率自 2004 ~ 2014 年各年平均值逐年变化趋势

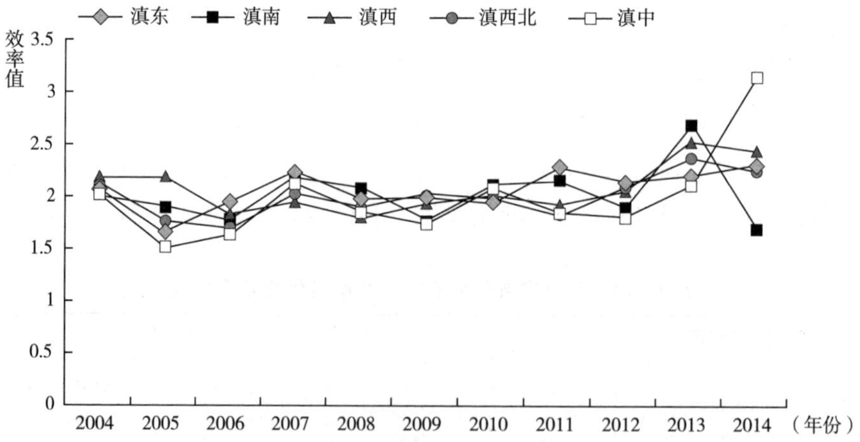

图 3 - 3　云南省各区域财政支出效率自 2004 ~ 2014 年各年平均值逐年变化趋势

从表 3 - 12 可以看出，基本公共服务供给效率平均值最高的是财政转移支付占财政收入比重排在第二位的滇中，滇西北第二，滇南第三，滇西第四，滇东第五，这基本符合云南省经济发展实际情况，也印证了我们在本章第二部分和本部分前述对财政转移支付规模和比重等因素对基本公共

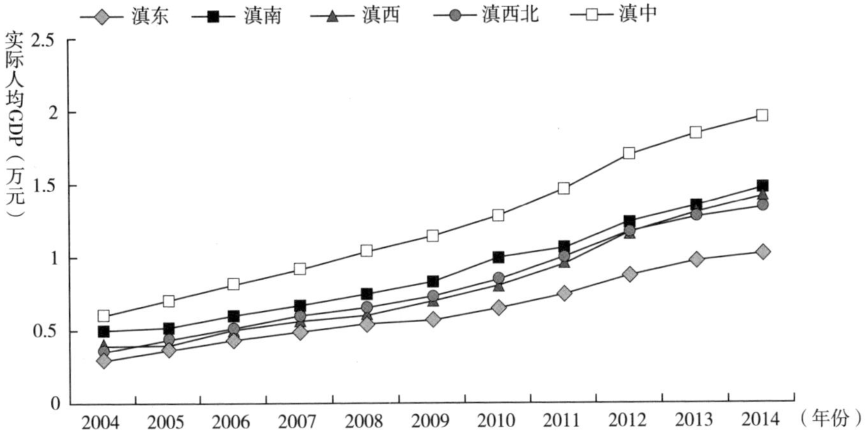

图 3-4　云南省各区域实际人均 GDP 每年均值自 2004～2014 年逐年变化趋势

服务供给效率影响的趋势性分析，但滇西北超越滇南主要是缘于中央和云南省拨付了大量的专项资金用于支持滇西北旅游业发展和支持怒江少数民族经济的发展，如独龙江公路建设等，这些专项转移支付资金使用刚性较强，可以明显提高当地政府的财政支出效率。而且基本公共服务供给效率排名靠前的县基本为国家级贫困县，基本公共服务供给水平本来就偏低，得到中央转移支付后提升基本公共服务供给效率也在情理之中。

财政支出效率最高的是滇西片区，经济较为发达的滇中片区却排名垫底，滇东、滇南、滇西北分列二到四位。这也可以从上文的无效率函数变量的实证结果得到解释，即经济发展水平较高的地区，缘于税源较多，因此税收收入较高，导致政府部门预算和财政自主度增大，也缺乏对进一步征税努力的激励，最终的效率会下降，这个可以通过经济发达程度较高的滇中地区的实证分析数据得到验证；同时也存在另一个原因，就是本研究开始就将市辖区排除，而滇中区域的市辖区经济发展的众多变量在全省处于前列，排除之后会对结果有所影响，这里需要再次强调。虽然滇西北财政支出效率排名也靠后，但滇西北情况和滇中情况在此方面略显不同，滇西北地区经济落后、城市化率不高等综合因素会降低规模经济效益，财政支出效率难以达到预期的高效率。滇西和滇南地区情况界于滇中和滇西北之间，县级政府有一定能力提供基本公共服务，而且这一地区人口密度适中偏高，财政支出的规模效应明显，效率平均值最高也是合理的。

同时，从图3－2、图3－3和图3－4也可以看出，云南省5个区域的基本公共服务供给效率值和财政支出效率值在2005年和2006年短暂的下降之后，在2007年有一个明显的向上跳跃，表明2007年的财政支出统计口径调整确实提高了各县级政府支出效率，这可以从时间虚拟变量dummy的估计值显著为负值得到证明。而这段时间我们发现各区域的实际人均GDP的增长速度也在加快，但并没有带来基本公共服务供给效率的明显变动（升高或降低），这也可以从前文中无效率项的人均GDP的系数显著为正值看得出来，这对前文研究结果也是一个解释。

第四节　随机前沿分析（SFA）的估计结果及分析结论

前述，我们对县级政府基本公共服务供给效率产生重要影响的财政转移支付总额（规模）和比重等因素进行了趋势性分析，从中发现这些因素确实会对基本公共服务供给效率产生重要的影响，这些因素所产生的影响具体是否如趋势性分析所表现的那样，我们现在通过SFA方法进行实证分析。

本研究使用FRONTIER4.1软件对效率问题进行研究（下同），我们首先对表3－13中给出的最大似然估计结果进行分析，函数（1）是基本公共服务支出成本函数，变差率 $\gamma = 0.999894$ ，该数据表明成本无效率项影响较大。同时，得到单边似然统计 $LR = 1550.86321$ ，大于显著性水平为1%的mixed x^2临界值5.412，说明γ的零假设被拒绝，说明成本无效率项U在云南省县级政府财政基本公共服务供给中的影响是存在的。而财政支出成本函数设置为函数（2），变差率 $\gamma = 0.138222$ ，该数据表明成本无效率项确实会产生影响。同时，得到单边似然统计 $LR = 3519.4351$ ，大于显著性水平为1%的mixedx^2临界值5.412，说明γ的零假设被拒绝，说明成本无效率项U在云南省县级政府财政支出的影响中是存在的。之所以出现

表 3－13　云南省县级政府财政支出和基本公共服务供给效率的 SFA 最大似然估计结果

（1）基本公共服务供给的成本函数	符号	系数	标准误差	T 值	（2）财政支出的成本函数	符号	系数	标准误差	T 值
截距项	b_0	1.234453	0.008726	141.476040	截距项	b_0	8.851436	0.103766	85.30211
人均教育支出	b_1	0.440877	0.003909	112.792610	人均教育支出	b_1	0.081460	0.009247	8.808837
人均社会保障和就业支出	b_2	0.085007	0.003998	21.261268	人均社会保障和就业支出	b_2	0.009814	0.004332	2.265598
人均医疗卫生支出	b_3	0.220366	0.003316	66.459725	人均医疗卫生支出	b_3	0.048903	0.006302	7.759960
人均城乡社区支出	b_4	0.133425	0.003369	39.607501	人均城乡社区支出	b_4	0.005566	0.003001	1.854446
	以下为无效率项中各变量估计结果					以下为无效率项中各变量估计结果			
截距项	d_0	－0.062132	0.101713	－5.318104	截距项	d_0	6.731177	0.101801	66.121085
人均一般性转移支付	d_1	－0.029200	0.018168	－0.506401	人均一般性转移支付	d_1	－0.151477	0.017952	－7.847526
人均专项转移支付	d_2	－0.061234	0.023396	－3.472100	人均专项转移支付	d_2	0.152829	0.019475	8.437875
人均税收收入	d_3	－0.011517	0.032714	－0.352064	人均税收收入	d_3	0.285513	0.025684	11.116439
人均预算外财政收入	d_4	－0.007956	0.033163	－0.239908	人均预算外财政收入	d_4	0.256870	0.027375	9.383527
人均 GDP	d_5	0.123297	0.030726	4.012731	人均 GDP	d_5	0.073107	0.021882	3.340907
人均行政管理支出	d_6	0.142326	0.025240	5.638987	人均行政管理支出	d_6	0.100764	0.018029	5.589040
财政收入分权变量	d_7	0.036390	0.098751	0.368507	财政收入分权变量	d_7	0.405417	0.077166	5.253801
财政支出分权变量	d_8	－0.02001	0.0914634	－0.218780	财政支出分权变量	d_8	0.131253	0.074630	1.758729
财政自主度变量	d_9	0.024594	0.035229	0.698118	财政自主度变量	d_9	0.091790	0.012108	7.581170
专项转移支付占财政支出比重	d_{10}	－0.171982	0.119991	－4.433288	专项转移支付占财政支出比重	d_{10}	1.141852	0.043933	25.99070

续表

（1）基本公共服务供给的成本函数	符号	系数	标准误差	T 值	（2）财政支出的成本函数	符号	系数	标准误差	T 值
转移支付占财政收入比重	d_{11}	-0.010586	0.002923	-3.621150	转移支付占财政收入比重	d_{11}	-0.020009	0.001204	-16.618637
人口密度	d_{12}	7.211153	1.041225	6.925642	人口密度	d_{12}	0.882779	0.726475	1.215154
城市化率	d_{13}	0.478349	0.080985	5.906663	城市化率	d_{13}	0.035329	0.058905	0.599765
时间虚拟变量	d_{14}	-1.058647	0.079602	-13.299298	时间虚拟变量	d_{14}	-0.325385	0.037064	-8.778943
变异数参数	$s^2 = s_V^2 + s_U^2$	0.004652	0.000223	20.855985	变异数参数	$s^2 = s_V^2 + s_U^2$	0.002015	0.000092	21.854673
	$g = s_U^2 / (s_V^2 + s_U^2)$	0.999894	0.000038	5986.727000		$g = s_U^2 / (s_V^2 + s_U^2)$	0.138222	0.027822	4.968053
单边似然比检验统计量	LR	1550.86321			单边似然比检验统计量	LR	3519.4351		

这两种情况，主要的原因就在于成本支出项的变量选取不同，因为 4 个产出变量本来就是基本公共服务的主要内容，不过这并不影响我们的分析。

由表 3 - 13 可以看出，不管是对人均基本公共服务支出成本还是人均财政支出成本，4 个产出系数（$\beta_1, \beta_2, \beta_3, \beta_4$）均为正数，而且在 1% 的水平上显著，说明本研究选取的产出 4 个变量对两类支出成本确实有显著影响。

我们对每个变量的实证结果进行分析：

1. 结合本研究第一章第五节的分析，我们首先分析表征财政转移支付规模的两个变量：专项转移支付占财政支出和转移支付占财政收入的比例两个变量，从估计结果来看，在函数（1）中两个变量的系数均为负值，说明二者对云南省县级政府基本公共服务供给效率的影响均为正相关关系，然而转移支付占财政收入的比重这一变量通过了显著性水平为 1% 的 T 检验，专项转移支付占财政支出的比重通过了 T 检验，这一方面说明了之前我们实证分析的结论是正确的，即县级政府财政收入和财政支出中转移支付规模越大对该县改善基本公共服务供给水平起到的效果越好；另一方面，结合财政自主度变量，该变量对改善县级政府基本公共服务供给效率虽不显著，但仍然呈现出负相关关系，这说明县级政府自有财政收入占财政总支出（其中减去专项转移支付）的比重越高（即财政自主度越高）则基本公共服务供给效率越低。同时，我们观察两个变量在函数（2）当中的表现，转移支付占财政收入比重与其在函数（1）中的表现基本一致，但专项转移支付占财政支出比重这一变量对财政支出效率的影响却显著为正值，说明专项转移支付占财政支出比重越大，该县财政支出效率越低，这与该函数中一般性转移支付变量的估计系数可以形成很好的呼应，这说明，在云南省县级政府层面，专项转移支付更多地安排在基本公共服务支出方面，但财政转移支付规模扩大仍然对财政支出效率的提高产生了积极影响。这些结论都证明了之前我们通过趋势性分析所得出的结论。

2. 我们再次比较人均一般性转移支付、人均专项转移支付、人均税收和人均预算外财政收入 4 个变量在两类支出成本的函数实证结果中系数，除一般性转移支付外，其他三个变量的系数正负性均相反，三个变量在函数（1）中的系数均为负值，在函数（2）中均为正值，这说明三个变量对应的收入提高对提高该县人均基本公共服务供给效率均呈现出正向影响，但对提高该县人均财政支出效率均呈现负向影响。以人均一般性转移支付变量为例，其在两个成本函数中的表现是有差异的，在函数（1）中，它没能通过显著性水平检验，虽然系数是负值，即人均一般性转移支付的增加可以促进公共服务支出的增加，但影响小，和前文研究结果基本保持一致；在函数（2）中，人均一般性转移支付变量系数为负值，通过了1%显著性水平的T检验，该结果说明，一般性转移支付确实会对县级政府财政支出效率产生显著的正面影响。同时，还有人均税收收入和预算外收入在函数（1）中也没能通过显著性检验，说明对人均基本公共服务支出的影响也较小，但在函数（2）中人均税收收入却通过了显著性检验，但为正值，说明县级政府税收收入越多，财政支出效率越低，这主要是因为税收提高后县级政府缺乏动力去利用这些税收资源从而导致财政支出效率低下，这一点和唐齐鸣等（2012）的观点一致。但专项转移支付不但通过了显著性水平为1%的T检验，而且系数为负值，这就说明在促进基本公共服务供给效率方面，除一般性转移支付变量外的其他三个变量确实都有积极的贡献，尤其是专项转移支付作用甚大，这点与前文研究结论一致。

3. 代表地方经济发展水平的人均GDP变量在两个函数中系数均为正值，而且都通过了显著性水平为1%的T值检验，说明经济发展水平较高的云南省县级政府基本公共服务供给效率并未提高，还会降低，这说明在云南省县级政府层面，相比全国发达地区，经济发展水平本身就不高，容易出现经济持续高速增长刺激县级政府盲目扩张政府人员和部门而导致的效率低下。①

4. 人均行政管理支出变量在两个函数中，均通过显著性水平为1%的T值检验，而且系数都为正值，说明人均行政管理支出确实如相关文献和本研究前述的那样对财政支出产生负面影响，人均行政管理支出与县级政府基本公共服务供给效率和财政支出效率呈反方向变化关系。

5. 反映地方财政自主性的财政收入分权变量在函数（1）中并未通过

---

① 唐齐鸣、王彪：《中国地方政府财政支出效率及影响因素的实证研究》，《金融研究》2012年第2期。

显著性检验，说明其对云南省县级政府的基本公共服务支出效率影响不大，即财政自主性的提高并不一定导致政府基本公共服务效率出现明显的提高或降低，这一点和财政支出分权变量的结果一样；而在函数（2）中，该变量通过了显著性水平为1%的T值检验，财政自主性与财政支出效率的负相关关系显著，这一点也得到了财政支出分权变量结果的确认。这和李永友（2009）、唐齐鸣等（2012）的研究结论一致，他们认为财政自主性越低的地区，财政转移支付定向（如教科文卫）支出占比越高，这样，地方政府对上级政府的财政支出依赖程度与财政支出效率呈现显著正相关关系。①

6. 人口密度和城市化率这两个变量对基本公共服务供给效率的提高确实有显著影响，系数为正值，但在函数（2）中二者均未通过显著性检验，也就是说人口密度和城市化率对财政支出效率影响不大，而且人口密度越大、城市化率越高也并不意味着政府提供基本公共服务的效率就越高，与陈诗一等（2008）、王德祥等（2009）、李永友等（2009）研究结论略显不同，他们在研究中证明了财政支出效率与人口密度、城市化率和政府财政支出规模均呈正相关关系②。本研究认为，出现这种矛盾的主要原因在于，首先是陈诗一等（2008）、王德祥等（2009）、李永友等（2009）研究的是人口密度与地方财政支出效率之间的关系，其次是云南省人口散居情况严重，除昆明、曲靖外，大中型城市较少，其他城市人口相对较少，而且我们在研究中除去了市辖区，对结果也会造成影响。

7. 时间虚拟变量在两个函数中的系数均为正值，而且都通过了显著性水平为1%的T值检验，表明地方财政支出效率在2007年财政支出口径调整后确实有显著提高。

综上所述，本部分的实证研究主要关心的是在云南省县级政府基本公共服务的供给效率中财政转移支付资金发挥的作用及其资金的使用效率问

---

① 李永友、沈玉平：《转移支付与地方财政收支决策——基于省级面板数据的实证研究》，《管理世界》2009年第11期。

② 陈诗一、张军：《中国地方政府财政支出效率研究：1978－2005》，《中国社会科学》2008年第4期；王德祥、李建军：《我国税收征管效率及其影响因素——基于随机前沿分析（SFA）技术的实证研究》，《数量经济技术经济研究》2009年第4期。

题。从实证结果来看，有以下结论值得关注：

第一，就计量结果来说，县级政府自有收入占财政总支出（扣除专项转移支付）比重越大，即县级政府财政自主度越大，基本公共服务供给水平越低，而转移支付规模越大，专项转移支付占比越多，基本公共服务供给水平则越高。

第二，专项转移支付相比于一般性转移支付对云南省县级政府提供基本公共服务影响要大，明显促进了基本公共服务供给，在人均行政管理支出方面的“粘蝇纸效应”同样如此。

第三，云南省县级政府财政支出结构中存在着不合理支出，支出结构偏向问题明显，突出表现为基本公共服务支出整体占比不高，而行政管理支出和经济建设支出所占比重相对较高，尤其是涉及老百姓最关心的教育、医疗卫生和城乡社区事务方面支出比例更低。

第四，就财政转移支付规模和比重等因素对云南省县级政府基本公共服务供给效率影响的趋势性分析可以看出，经济落后地区相比于发达地区获得了更大规模的财政转移支付，而且这些转移支付在县级政府的财政收入占据了相当的比例，伴随着大规模财政转移支付和比重提升的是这些落后地区的基本公共服务供给的改善和供给效率的提升，尤其是专项转移支付对基本公共服务供给效率的提升作用明显，这种趋势性的现象得到了实证检验结果的证明。

第五，将云南省16个州市划分为5个区域后，区域间基本公共服务供给效率和财政支出效率均存在明显差异，而且两种效率值的高低与地区经济发展水平并没有明显的正相关关系。其中，滇中区域的基本公共服务供给效率平均值最高，滇西最低；而财政支出效率的平均值则是滇西最高，滇中最低。

第六，从随机前沿成本函数估计的无效率项来看，与基本公共服务支出成本有显著正相关关系的相关变量是一般性转移支付、专项转移支付；而人均GDP、行政管理支出、人口密度和城市化率有显著的负面影响；而与财政支出成本效率有显著影响的相关变量是一般性转移支付、专项转移支付、税收收入、预算外收入、人均GDP、行政管理支出、收入分权变量等。就参数来说，教育、医疗卫生、社会保障、就业服务和城乡社区事务等投入都与县级政府财政支出成本显著相关。

就上述对云南省进行的实证分析以及结论，本研究认为，财政转移支付对云南省县级政府的基本公共服务供给效率产生上述影响的机制和原因包括以下几个方面：一是云南省接收转移支付越多的县级政府，这些县经济越落后，这些县没有充足的财力去提供基本公共服务，在基本公共服务供给“硬约束”下，这些县只能选择依赖上级政府的财政转移支付，即使专项转移支付包含了一些配套条款，但其对提高县级政府基本公共服务供给水平却大有裨益。二是虽然专项转移支付大都是“戴帽下达”或要求配套下达，但这些看似构成县级政府“财政负担”的规定，在偏远落后的云南省县级政府提供基本公共服务看来，应该没有形成负担，即县级政府自有财政收入不能匹配其承担基本公共服务支出的“硬”约束形成了县级政府对专项转移支付的需求。当然，有一点不能忽视，即专项转移支付对基本公共服务支出的影响从分变量来说，更多地体现在了对教育和医疗卫生支出的影响上，其对社会保障和就业支出影响并不显著。所以，就提高云南省县级政府基本公共服务供给来说，专项转移支付依然重要，一般性转移支付也能发挥积极作用。三是财政支出结构偏向背后的基本公共服务供给水平低的问题有很多原因，但对云南省来说，比较可能的原因是政府行为考虑本地经济增长和政绩最大化导致的财政竞争加剧，政府将更多支出用在了经济建设方面，进而所导致的基本公共服务供给下降。

第四章

实证分析：广东省县级层面

本章，我们沿用上一章对计量模型、变量选取和数据处理等方面的做法，选取广东省作为研究对象，运用广东省县级政府财政收支面板数据，就财政转移支付对广东省县级政府基本公共服务供给效率进行实证分析。

第一节　主要变量

表4－1是对本研究可能需要用到的主要变量从变量名称、观测值个数、平均值、标准差、最小值和最大值等方面所进行的统计描述。表4－2是对主要变量间的相关性进行统计描述。

表4－1　广东省主要变量

变　量	观测值	平均值	标准差	最小值	最大值
人均基本公共服务支出（元）	737	731.5901	413.7454	143.1173	3006.357
人均一般转移支付（元）	737	376.6836	200.6636	26.4613	1210.983
人均专项转移支付（元）	737	267.9465	180.3335	43.08823	1693.217
人均教育支出（元）	737	380.2356	179.419	102.1582	1309.224
人均社会保障和就业服务支出（元）	737	153.5333	117.5419	3.570063	522.4795
人均医疗卫生支出（元）	737	135.7794	91.28295	7.956491	711.1825
人均城乡社区事务支出（元）	737	62.04176	72.80147	6.508921	831.7097

续表

变　　量	观测值	平均值	标准差	最小值	最大值
人均财政收入（元）	737	709.0231	805.8321	56.928	5845.371
人均税收收入（元）	737	531.8375	647.6172	23.92053	6346.943
人均行政管理支出（元）	737	233.4859	163.6305	32.16346	1125.914
人均经济建设支出（元）	737	322.9408	438.9686	13.08298	9157.837
人均 GDP（元）	737	14541.9	11187.77	2218.5	96953.5
万人病床位数（个）	737	26.81635	11.42803	2.429859	69.5
人口密度（万人/平方公里）	737	0.0392489	0.0299924	0.0086957	0.1529412
城市化率	737	0.1970179	0.1084883	0.0079917	0.6202532
万人小学生人数	737	873.5716	292.0744	353.375	1707.165
万人中学生人数	737	672.0881	138.3467	216	999.9052
财政支出分权变量	737	0.7999723	0.1031118	0.322477	0.9561764
财政收入分权变量	737	0.9525133	0.0648136	0.4368123	0.9989423
财政自主度变量	737	0.429519	0.170106	0.045153	0.993794
专项转移支付占财政支出比重	737	1.696878	1.268778	0.050276	7.658871
财政转移支付占财政收入比重	737	-0.11019	0.387537	-1.08516	0.90465
时间虚拟变量 dummy	737	0.6363636	0.4813724	0	1

第二节　敏感性分析

一　面板单位根检验

本部分对面板单位根的检验，采用和前文一样的方法，我们直接报告相关结果，不再用表列出。广东省待估计数据为平衡面板数据，共包含 67 个截面个体，有 11 期观测值，虽然个体数 N 大于时序数 T，时序特征并不明显，变量应该不会存在单位根，但我们还是对数据的平稳性进行检验。①

① 罗植：《中国地方公共服务拥挤性与财政支出结构优化》，《财经科学》2014 年第 5 期。

表 4-2　广东省主要变量间的相关性

	人均基本公共服务支出	人均一般转移支付	人均专项转移支付	时间虚拟变量	人均财政收入	人均行政管理支出	人均经济建设支出	人均城乡社区事务支出	人均教育支出	人均社会保障和就业服务支出	人均医疗卫生支出	人均GDP	财政支出分权	财政收入分权	专项转移支付占支出比重	财政转移支付占收入比重	财政自主度
人均基本公共服务支出	1.0000																
人均一般转移支付	0.5281* 0.0000	1.0000															
人均专项转移支付	0.7345* 0.0000	0.4008* 0.0000	1.0000														
时间虚拟变量	0.6667* 0.0000	0.5845* 0.0000	0.5110* 0.0000	1.0000													
人均财政收入	0.5947* 0.0000	-0.1234* 0.0000	0.3480* 0.0000	0.3995* 0.0000	1.0000												
人均行政管理支出	0.8091* 0.0000	0.4826* 0.0000	0.7592* 0.0000	0.5203* 0.0000	0.4645* 0.0000	1.0000											
人均经济建设支出	0.8509* 0.0000	0.8471* 0.0000	0.8953* 0.0000	0.5080* 0.0000	0.5262* 0.0000	0.7079* 0.0000	1.0000										
人均城乡社区事务支出	0.5391* 0.0000	0.3168* 0.0000	0.4152* 0.0000	0.1655* 0.0000	0.6299* 0.0000	0.5315* 0.0000	0.4829* 0.0000	1.0000									
人均教育支出	0.8952* 0.0000	0.3567* 0.0000	0.6645* 0.0000	0.6089* 0.0000	0.7198* 0.0000	0.8025* 0.0000	0.2815* 0.0000	0.5960* 0.0000	1.0000								
人均社会保障和就业服务支出	0.8892* 0.0000	0.4976* 0.0000	0.5873* 0.0000	0.6946* 0.0000	0.5403* 0.0000	0.7759* 0.0000	0.2685* 0.0000	0.4809* 0.0000	0.8054* 0.0000	1.0000							

续表

	人均基本公共服务支出	人均一般转移支付	人均专项转移支付	时间虚拟变量	人均财政收入	人均行政管理支出	人均经济建设支出	人均城乡社区事务支出	人均教育支出	人均社会保障和就业服务支出	人均医疗卫生支出	人均GDP	财政支出分权	财政收入分权	专项转移支付占支出比重	财政转移支付占收入比重	财政自主度
人均医疗卫生支出	0.8917* 0.0000	0.5995* 0.0000	0.7097* 0.0000	0.6726* 0.0000	0.6075* 0.0000	0.8580* 0.0000	0.3437* 0.0000	0.5299* 0.0000	0.8821* 0.0000	0.8312* 0.0000	1.0000						
人均GDP	0.4873* 0.0000	-0.1872* 0.0000	0.2569* 0.0000	0.3293* 0.0000	0.8784* 0.0000	0.5345* 0.0000	0.2025* 0.0000	0.4413* 0.0000	0.5964* 0.0000	0.3979* 0.0000	0.4702* 0.0000	1.0000					
财政支出分权	0.1177* 0.0000	0.3624* 0.0000	0.1849 0.2584	0.1054* 0.0042	-0.0408 0.1563	0.1797* 0.0000	0.1485* 0.0000	0.0394 0.2856	-0.0277 0.4530	0.0907 0.0137	0.0808 0.0283	-0.1216* 0.1379	1.0000				
财政收入分权	-0.0202 0.5841	-0.4824* 0.0000	-0.4027* 0.0000	0.2016* 0.0000	0.2077* 0.0000	-0.1462* 0.0000	-0.2013* 0.0000	-0.2545* 0.0000	0.0094 0.7987	0.0103 0.7798	-0.0022 0.9530	0.2719* 0.0000	-0.2201* 0.0000	1.0000			
专项转移支付占支出比重	-0.4628* 0.0000	0.2590* 0.0000	-0.1510* 0.0000	-0.3685* 0.0000	-0.6804* 0.0000	-0.4568 0.1036	-0.1725 0.2176	-0.2645* 0.0000	-0.4828* 0.0002	-0.3525* 0.0000	-0.4524* 0.0000	-0.6313* 0.0000	-0.0660 0.0000	-0.4118* 0.0000	1.0000		
财政转移支付占收入比重	-0.3409* 0.0000	0.2789* 0.0000	-0.0825 0.0252	-0.2675* 0.0000	-0.5470* 0.0000	-0.3507* 0.0000	-0.1178* 0.0003	-0.1318* 0.2994	-0.3395* 0.0000	-0.2636* 0.0000	-0.3242* 0.0000	-0.5247* 0.0000	0.0047 0.8595	-0.4506* 0.0000	0.8173* 0.0000	1.0000	
财政自主度	0.3823* 0.0000	-0.3822* 0.0000	0.0691 0.0608	0.2723* 0.0000	0.7362* 0.0000	0.4068* 0.0000	0.1153* 0.0000	0.2374* 0.0000	0.4415* 0.0000	0.3117* 0.0000	0.3594* 0.0000	0.6819* 0.0000	-0.0287 0.4362	0.4654* 0.0000	-0.9307* 0.0000	-0.8717* 0.0000	1.0000

注：* 表示该相关系数在1%水平上显著，该系数下方的值为该显著水平对应的p值。

我们沿用前文选用的 IPS 检验方法对面板单位根进行检验，其中，主要变量的 t - bar 值均小于 1% 水平的临界值 -1.740，故拒绝面板单位根的原假设，而统计量 Z - t - tilde - bar 的 p 值基本趋于 0.0000，同样拒绝原假设。而人均一般性转移支付在取滞后 2 阶进行 IPS 检验时，统计量 W - t - bar 的 p 值等于或趋于 0.0000，显著拒绝含单位根的原假设，不存在单位根；人均财政收入、人口密度和财政支出分权变量三个变量，在做滞后 1 阶进行 IPS 检验时，统计量 W - t - bar 的 p 值等于或趋于 0.0000，回归模型中存在单位根的原假设均在显著性水平上被拒绝。

二　固定效应和随机效应检验

在处理面板数据时，由于模型假设不同，需要首先进行豪斯曼检验来决定采用固定效应还是随机效应检验，通过对人均基本公共服务支出、人均教育支出、人均医疗卫生支出、人均社会保障和就业服务支出、人均城乡社区事务支出、人均经济建设支出和人均行政管理支出六个变量分别作为被解释变量时模型进行分别检验，p 值 = 0.0000，故强烈拒绝原假设"H_0：u_i 与 x_{it}，z_{it} 不相关"，所以，原假设中认为不存在系统性差异是站不住脚的，原假设被拒绝，所以我们认为应该使用固定效应，而非随机效应。

我们仍然使用过度识别检验（overidentification test）来进一步验证，因为随机效应模型与固定效应模型相比，前者多了"个体异质性 u_i 与解释变量不相关"的约束条件，也可视为过度识别条件。我们在 Stata 中运行 xtoverid 命令，得到命令 xtoverid 报告的 X^2（11）统计量为 112.356，拒绝原假设的 H_0：$\gamma = 0$，又因 p 值为 0.0000，随机效应被拒绝，固定效应模型应该被使用。同样原理对人均教育支出、人均医疗卫生支出、人均社会保障和就业服务支出、人均城乡社区事务支出、人均行政管理支出和人均经济建设支出 6 个变量进行该检验仍然是强烈拒绝原假设，认为应该使用固定效应模型。经过上述论证，我们在下面的论证中将采用固定效应模型进行估计，但考虑到 Hausman 检验在判断固定效应和随机效应方面确实存在不少争议，而且一般认为，个体效应应该是随机的①，不同方法的系数估计值差别较大，一般固定效应的系数估计值与其他估计法（OLS、RE、BE）的差别最大②，但对本研究而言，差别究竟是否像传统理论认为的那么大，我们在研究中同时给出了采用随机效应模型时的回归结果，以便进行比较分析，随机效应回归结果详见附录。

三 计量结果分析

表4-3~表4-8为对面板数据选取固定效应模型时，财政转移支付与人均基本公共服务支出总量和分量的敏感性估计的结果。

首先，我们对表4-3~表4-8检验的内容和思路做如下说明。

第一，表4-3是对财政转移支付与广东省县级政府人均基本公共服务支出及相关变量关系的敏感性分析结果，但要注意的是我们在这个表中加入了当人均行政管理支出和人均经济建设支出为被解释变量时的固定效应回归系数，主要目的是检验二者与财政转移支付之间的具体关系表现。

第二，表4-5~表4-7是分别以人均教育支出、人均社会保障支出、人均医疗卫生支出、人均城乡社区事务支出为被解释变量，采用固定效应模型，逐次加入变量的方法来分析财政转移支付对各类支出的敏感性，主要函数模型采用模型（1-4-2）~（1-4-5）。

第三，对于拟合优度 R^2 的报告与选取问题，我们仍然采用陈强（2014）的观点与做法，即对于固定效应模型，建议使用组内 R^2。③ 因此，我们在下面分析中，给出了组内拟合优度 R^2。而在附录中给出的是随机效应模型，对其而言，组内 R^2、组间 R^2 和整体 R^2 都只是相应的相关系数的平方，而不是方程（1-4-1）的 OLS 的 R^2，因此我们在分析结果中不再给出，但其拟合优度都相当理性。下文均做此处理。

---

① Yair Mundlak, "On the Pooling of Time Series and Cross Section Data," *Econometrica* 46 (1978a): 69.

② 陈强：《高级计量经济学及 Stata 应用》（第二版），高等教育出版社，2014，第256页。

③ 陈强：《高级计量经济学及 Stata 应用》（第二版），高等教育出版社，2014，第256页。

表 4-3　财政转移支付对广东省县级政府人均基本公共服务支出及相关变量影响的敏感性分析

	(1) 人均基本公共服务支出	(2) 人均基本公共服务支出	(3) 人均基本公共服务支出	(4) 人均基本公共服务支出	(5) 人均基本公共服务支出	(6) 人均基本公共服务支出	(7) 人均基本公共服务支出	(8) 人均行政管理支出	(9) 人均经济建设支出
一般性转移支付	1.108*** (29.90)	0.999*** (26.83)	0.998*** (29.38)	0.383*** (10.21)	0.401*** (10.58)	0.434*** (11.22)	0.420*** (10.63)	1.062*** (21.69)	0.220 (1.45)
专项转移支付		0.181*** (8.80)	0.0947*** (4.62)	0.0459** (2.89)	0.0483** (3.02)	0.0378* (2.35)	0.0449* (2.58)	-0.0129 (-0.46)	0.358*** (5.48)
人均税收收入			0.00000140*** (4.43)	0.000000301 (1.24)	0.000000359 (1.48)	0.000000229 (0.94)	0.000000465 (1.89)	0.00000157*** (3.95)	0.000000954 (1.01)
人均财政收入			0.00000137*** (3.86)	3.32e-08 (0.12)	-0.000000177 (-0.63)	0.000000288 (0.94)	0.000000432 (1.42)	0.00000263*** (5.44)	-0.00000187 (-1.60)
人均 GDP			-1.09e-08 (-0.49)	2.52e-08 (1.50)	2.38e-08 (1.40)	7.10e-09 (0.41)	1.12e-10 (0.01)	-8.95e-08** (-3.14)	7.62e-08 (1.12)
人均行政管理支出				0.465*** (21.08)	0.451*** (19.35)	0.441*** (18.98)	0.434*** (18.03)		0.319*** (3.47)
人均经济建设支出				0.0355*** (3.45)	0.0333** (3.20)	0.0331** (3.20)	0.0320** (3.15)	0.0569*** (3.47)	
财政收入分权变量					-0.214 (-1.10)	-0.000844 (-0.01)	-0.0794 (-0.39)	0.747* (2.29)	2.360** (3.07)

续表

	(1) 人均基本公共服务支出	(2) 人均基本公共服务支出	(3) 人均基本公共服务支出	(4) 人均基本公共服务支出	(5) 人均基本公共服务支出	(6) 人均基本公共服务支出	(7) 人均基本公共服务支出	(8) 人均行政管理支出	(9) 人均经济建设支出
财政支出分权变量					0.211 (1.40)	-0.642** (-2.87)	0.182 (1.22)	0.963*** (4.03)	0.488 (0.85)
财政自主度变量					0.0834* (2.35)	0.137* (1.98)	0.181** (2.62)	-0.0450 (-0.40)	0.359 (1.35)
专项转移支付占财政支出比重						-0.263** (-2.78)	-0.373*** (-3.79)	-0.307 (-1.93)	-0.173 (-0.46)
财政转移支付占财政收入比重						0.0323* (2.57)	0.0314* (2.51)	0.0320 (1.58)	0.0160 (0.33)
万人病床位数							-0.00143 (-1.65)	0.00199 (1.62)	0.000668 (0.23)
万人农业人口数							0.00187 (1.55)	0.00730*** (4.32)	-0.00144 (-0.35)
城市化率							0.235 (1.94)	1.209*** (7.28)	-0.224 (-0.54)
人口密度							-2.347 (-1.36)	-5.985* (-2.46)	-4.798 (-0.82)

续表

	(1) 人均基本公共服务支出	(2) 人均基本公共服务支出	(3) 人均基本公共服务支出	(4) 人均基本公共服务支出	(5) 人均基本公共服务支出	(6) 人均基本公共服务支出	(7) 人均基本公共服务支出	(8) 人均行政管理支出	(9) 人均经济建设支出
万人小学生人数							-0.00313*** (-7.21)	-0.00203*** (-3.32)	-0.00287 (-1.95)
万人中学生人数							0.000213*** (3.88)	-0.000271*** (-3.50)	0.000218 (1.17)
时间虚拟变量	0.410*** (19.19)	0.356*** (16.86)	0.315*** (16.07)	0.252*** (16.51)	0.254*** (16.31)	0.249*** (16.04)	0.230*** (14.13)	0.0703** (2.67)	0.272*** (4.40)
组内 R^2	0.9125	0.9216	0.9351	0.9631	0.9644	0.9660	0.9648	0.9165	0.6689
截距项	-0.207 (-1.02)	-0.520** (-2.67)	-0.123 (-0.68)	1.158*** (7.78)	1.421*** (5.58)	1.821*** (6.64)	1.857*** (6.03)	-2.772*** (-5.98)	-1.520 (-1.35)
F 值	3481.01	2612.21	1593.79	2161.56	1732.83	974.59	397.70	85.76	73.17
样本观测值	737	737	737	737	737	737	737	737	737

注：1. ***、**、* 分别表示回归系数在 1%、5% 和 10% 的水平上显著，括号内为 t 值。

2. 模型选择为固定效应模型。

3. 数据来源：由《中国统计年鉴》《新中国 60 年统计资料汇编》《中国县市社会经济统计年鉴》《中国财政年鉴》等统计年鉴资料，以及 EPS 统计数据库和该省财政厅预决算公布数据整理得到。

表 4-4　财政转移支付对广东省县级政府人均教育支出影响的敏感性分析

	(1) 人均教育支出	(2) 人均教育支出	(3) 人均教育支出	(4) 人均教育支出	(5) 人均教育支出	(6) 人均教育支出	(7) 人均教育支出
一般性转移支付	0.738*** (21.19)	0.605*** (18.02)	0.605*** (20.12)	0.177*** (4.70)	0.212*** (5.76)	0.253*** (6.78)	0.221*** (5.81)
专项转移支付		0.219*** (11.82)	0.136*** (7.50)	0.0994*** (6.22)	0.111*** (7.16)	0.101*** (6.51)	0.102*** (6.07)
人均税收收入			0.00000134*** (4.79)	0.000000568* (2.33)	0.000000727** (3.09)	0.000000552* (2.35)	0.000000684** (2.88)
人均财政收入			0.00000145*** (4.63)	0.000000540 (1.96)	0.000000476 (1.71)	0.000000616* (2.08)	0.000000671* (2.28)
人均 GDP			-1.86e-08 (-0.95)	6.04e-09 (0.36)	2.43e-09 (0.14)	-7.06e-09 (-0.42)	-8.36e-09 (-0.48)
人均行政管理支出				0.318*** (14.35)	0.283*** (12.51)	0.272*** (12.15)	0.273*** (11.77)
人均经济建设支出				0.0345*** (3.33)	0.0260* (2.58)	0.0258** (2.59)	0.0233* (2.38)
财政收入分权变量					-0.846*** (-4.08)	-0.963*** (-4.47)	-0.736*** (-3.39)
财政支出分权变量					0.0165 (0.11)	-0.310 (-1.92)	-0.365* (-2.27)

续表

	(1) 人均教育支出	(2) 人均教育支出	(3) 人均教育支出	(4) 人均教育支出	(5) 人均教育支出	(6) 人均教育支出	(7) 人均教育支出
财政自主度变量					0.251*** (7.29)	0.00304 (0.05)	-0.0341 (-0.51)
专项转移支付占财政支出比重						-0.432*** (-4.75)	-0.514*** (-5.42)
财政转移支付占财政收入比重						0.00959 (0.79)	0.00943 (0.78)
万人病床位数							-0.000168 (-0.23)
万人农业人口数							0.000895 (0.85)
城市化率							0.123 (1.16)
人口密度							-5.028*** (-3.49)
万人小学生人数							-0.000167*** (-4.17)
万人中学生人数							0.000130** (2.69)

续表

	(1) 人均教育支出	(2) 人均教育支出	(3) 人均教育支出	(4) 人均教育支出	(5) 人均教育支出	(6) 人均教育支出	(7) 人均教育支出
时间虚拟变量	0.333*** (16.58)	0.268*** (14.03)	0.227*** (13.10)	0.181*** (11.81)	0.175*** (11.60)	0.167*** (11.19)	0.154*** (9.77)
组内 R^2	0.8602	0.8844	0.9079	0.9328	0.9380	0.9401	0.9428
截距项	1.379*** (7.26)	0.999*** (5.68)	1.382*** (8.60)	2.269*** (15.20)	3.068*** (12.42)	3.496*** (13.23)	3.602*** (12.13)
F 值	2054.87	1701.22	1091.07	1148.60	906.97	793.66	564.58
样本观测值	737	737	737	737	737	737	737

注：1. ***、**、* 分别表示回归系数在 1%、5% 和 10% 的水平上显著，括号内为 t 值。

2. 模型选择为固定效应模型。

3. 数据来源：由《中国统计年鉴》《新中国 60 年统计资料汇编》《中国县市社会经济统计年鉴》《中国财政年鉴》等统计年鉴资料，以及 EPS 统计数据库和该省财政厅预决算公布数据整理得到。

表 4－5　财政转移支付对广东省县级政府人均社会保障和就业支出影响的敏感性分析

	(1) 人均社会保障和服务就业支出	(2) 人均社会保障和服务就业支出	(3) 人均社会保障和服务就业支出	(4) 人均社会保障和服务就业支出	(5) 人均社会保障和服务就业支出	(6) 人均社会保障和服务就业支出	(7) 人均社会保障和服务就业支出
一般性转移支付	3.379*** (22.02)	3.584*** (22.25)	3.578*** (22.24)	1.896*** (8.69)	1.943*** (9.09)	1.803*** (8.30)	1.937*** (8.79)
专项转移支付		-0.340*** (-3.83)	-0.435*** (-4.48)	-0.542*** (-5.86)	-0.629*** (-6.97)	-0.611*** (-6.75)	-0.492*** (-5.07)
人均税收收入			0.00000187 (1.25)	-0.00000109 (-0.77)	-0.00000150 (-1.09)	-0.000000808 (-0.59)	0.000000411 (0.30)
人均财政收入			-0.000000884 (-0.53)	-0.00000470** (-2.95)	-0.00000438** (-2.75)	-0.00000610*** (-3.54)	-0.00000548** (-3.23)
人均 GDP			0.000000120 (1.14)	0.000000223* (2.28)	0.000000157 (1.61)	0.000000174 (1.78)	0.000000133 (1.36)
人均行政管理支出				1.326*** (10.34)	1.448*** (11.01)	1.477*** (11.31)	1.460*** (10.86)
人均经济建设支出				0.0107 (0.18)	0.0686 (1.17)	0.0689 (1.19)	0.0779 (1.37)
财政收入分权变量					-4.500*** (-4.05)	-2.521* (-2.01)	-2.961** (-2.61)
财政支出分权变量					3.364*** (3.94)	5.211*** (5.52)	4.917*** (5.30)

续表

	(1) 人均社会保障和服务就业支出	(2) 人均社会保障和服务就业支出	(3) 人均社会保障和服务就业支出	(4) 人均社会保障和服务就业支出	(5) 人均社会保障和服务就业支出	(6) 人均社会保障和服务就业支出	(7) 人均社会保障和服务就业支出
财政自主度变量					-0.943*** (-4.73)	-0.219 (-0.56)	-0.394 (-1.02)
专项转移支付占财政支出比重						2.109*** (3.98)	1.568** (2.86)
财政转移支付占财政收入比重						0.136 (1.94)	0.139* (1.99)
万人病床位数							-0.00935* (-2.16)
万人农业人口数							-0.00338 (-0.57)
城市化率							0.425 (0.71)
人口密度							20.39* (2.42)
万人小学生人数							0.000450* (2.01)
万人中学生人数							0.000792** (2.92)

续表

	(1) 人均社会保障和服务就业支出	(2) 人均社会保障和服务就业支出	(3) 人均社会保障和服务就业支出	(4) 人均社会保障和服务就业支出	(5) 人均社会保障和服务就业支出	(6) 人均社会保障和服务就业支出	(7) 人均社会保障和服务就业支出
时间虚拟变量	0.718*** (8.12)	0.819*** (8.96)	0.787*** (8.47)	0.637*** (7.18)	0.744*** (8.48)	0.782*** (8.98)	0.727*** (7.99)
组内 R^2	0.7997	0.8040	0.8057	0.8338	0.8457	0.8503	0.8588
截距项	-15.49*** (-18.50)	-14.90*** (-17.68)	-14.48*** (-16.84)	-10.94*** (-12.66)	-12.47*** (-8.69)	-13.59*** (-8.83)	-16.21*** (-9.44)
F 值	1333.22	911.90	458.86	415.10	328.34	287.00	208.32
样本观测值	737	737	737	737	737	737	737

注：1. ***、**、* 分别表示回归系数在 1%、5% 和 10% 的水平上显著，括号内为 t 值。

2. 模型选择为固定效应模型。

3. 数据来源：由《中国统计年鉴》《新中国 60 年统计资料汇编》《中国县市社会经济统计年鉴》《中国财政年鉴》等统计年鉴资料，以及 EPS 统计数据库和该省财政厅预决算公布数据整理得到。

表 4－6 财政转移支付对广东省县级政府人均医疗卫生支出影响的敏感性分析

	(1) 人均医疗卫生支出	(2) 人均医疗卫生支出	(3) 人均医疗卫生支出	(4) 人均医疗卫生支出	(5) 人均医疗卫生支出	(6) 人均医疗卫生支出	(7) 人均医疗卫生支出
一般性转移支付	1.568*** (27.66)	1.320*** (24.99)	1.313*** (26.96)	0.673*** (10.76)	0.721*** (12.06)	0.820*** (13.78)	0.787*** (13.36)
专项转移支付		0.410*** (14.07)	0.281*** (9.55)	0.222*** (8.38)	0.251*** (9.94)	0.223*** (9.01)	0.219*** (8.47)
人均税收收入			0.00000136** (3.01)	0.000000202 (0.50)	0.000000496 (1.30)	8.86e－08 (0.24)	0.000000716 (1.95)
人均财政收入			0.000000999* (1.97)	－0.000000335 (－0.73)	－0.00000113* (－2.54)	0.000000222 (0.47)	0.000000424 (0.94)
人均 GDP			9.37e－08** (2.95)	0.000000130*** (4.64)	0.000000149*** (5.55)	0.000000102*** (3.79)	5.68e－08* (2.16)
人均行政管理支出				0.468*** (12.73)	0.388*** (10.53)	0.360*** (10.07)	0.349*** (9.71)
人均经济建设支出				0.0634*** (3.70)	0.0414* (2.52)	0.0408* (2.57)	0.0437** (2.88)
财政收入分权变量					－0.861* (－2.55)	－1.307*** (－3.80)	－0.836* (－2.49)
财政支出分权变量					－0.185 (－0.77)	－0.839** (－3.24)	－0.932*** (－3.76)

续表

	(1) 人均医疗 卫生支出	(2) 人均医疗 卫生支出	(3) 人均医疗 卫生支出	(4) 人均医疗 卫生支出	(5) 人均医疗 卫生支出	(6) 人均医疗 卫生支出	(7) 人均医疗 卫生支出
财政自主度变量					0.508 *** (9.10)	-0.119 (-1.12)	-0.170 (-1.65)
专项转移支付占财政支出比重						-0.930 *** (-6.40)	-1.017 *** (-6.94)
财政转移支付占财政收入比重						0.0565 ** (2.92)	0.0453 * (2.43)
万人病床位数							-0.000376 (-0.33)
万人农业人口数							-0.00109 (-0.65)
城市化率							0.215 (1.27)
人口密度							7.033 ** (2.94)
万人小学生人数							-0.000363 *** (-5.72)
万人中学生人数							0.000289 *** (3.76)

续表

	(1) 人均医疗 卫生支出	(2) 人均医疗 卫生支出	(3) 人均医疗 卫生支出	(4) 人均医疗 卫生支出	(5) 人均医疗 卫生支出	(6) 人均医疗 卫生支出	(7) 人均医疗 卫生支出
时间虚拟变量	0.529*** (16.20)	0.408*** (13.59)	0.352*** (12.52)	0.279*** (10.98)	0.260*** (10.61)	0.243*** (10.20)	0.193*** (7.92)
组内 R^2	0.8929	0.9174	0.9303	0.9466	0.9527	0.9559	0.9605
截距项	-4.716*** (-15.24)	-5.427*** (-19.62)	-4.839*** (-18.58)	-3.519*** (-14.21)	-2.371*** (-5.90)	-1.262** (-2.99)	-1.575*** (-3.43)
F 值	2785.17	2470.14	1476.05	1465.45	1205.64	1095.79	833.34
样本观测值	737	737	737	737	737	737	737

注：1. ***、**、* 分别表示回归系数在1%、5%和10%的水平上显著，括号内为t值。

2. 模型选择为固定效应模型。

3. 数据来源：由《中国统计年鉴》《新中国60年统计资料汇编》《中国县市社会经济统计年鉴》《中国财政年鉴》等统计年鉴资料，以及EPS统计数据库和该省财政厅预决算公布数据整理得到。

表 4-7 财政转移支付对广东省县级政府人均城乡社区支出影响的敏感性分析

	(1) 人均城乡 社区支出	(2) 人均城乡 社区支出	(3) 人均城乡 社区支出	(4) 人均城乡 社区支出	(5) 人均城乡 社区支出	(6) 人均城乡 社区支出	(7) 人均城乡 社区支出
一般性转移支付	0.442*** (8.94)	0.256*** (5.35)	0.255*** (6.08)	0.202*** (3.31)	0.177** (2.90)	0.285*** (4.73)	0.191** (3.23)
专项转移支付		0.307*** (11.66)	0.191*** (7.55)	0.173*** (6.68)	0.184*** (7.16)	0.158*** (6.31)	0.0967*** (3.71)
人均税收收入			0.000000814* (2.10)	0.000000695 (1.76)	0.000000699 (1.79)	0.000000236 (0.62)	2.59e-09 (0.01)
人均财政收入			0.00000339*** (7.78)	0.00000337*** (7.56)	0.00000347*** (7.65)	0.00000491*** (10.29)	0.00000481*** (10.54)
人均 GDP			-4.93e-08 (-1.80)	-4.86e-08 (-1.78)	-3.40e-08 (-1.24)	-8.23e-08** (-3.04)	-6.78e-08* (-2.56)
人均行政管理支出				0.0113 (0.32)	-0.0149 (-0.40)	-0.0430 (-1.19)	-0.0350 (-0.97)
人均经济建设支出				0.0496** (2.96)	0.0391* (2.33)	0.0386* (2.40)	0.0340* (2.23)
财政收入分权变量					1.116** (3.24)	0.812* (2.34)	0.708* (2.09)
财政支出分权变量					-0.342 (-1.40)	-1.212*** (-4.63)	-1.120*** (-4.49)

续表

	(1) 人均城乡 社区支出	(2) 人均城乡 社区支出	(3) 人均城乡 社区支出	(4) 人均城乡 社区支出	(5) 人均城乡 社区支出	(6) 人均城乡 社区支出	(7) 人均城乡 社区支出
财政自主度变量					0.0772 (1.35)	-0.578*** (-5.37)	-0.504*** (-4.86)
专项转移支付占财政支出比重						1.148*** (7.82)	0.939*** (6.36)
财政转移支付占财政收入比重						-0.0245 (-1.26)	-0.0165 (-0.88)
万人病床位数							0.00159 (1.37)
万人农业人口数							-0.00148 (-0.92)
城市化率							-0.399* (-2.47)
人口密度							-8.422*** (-3.68)
万人小学生人数							-0.000370*** (-6.09)
万人中学生人数							-0.000250*** (-3.40)

续表

	(1) 人均城乡社区支出	(2) 人均城乡社区支出	(3) 人均城乡社区支出	(4) 人均城乡社区支出	(5) 人均城乡社区支出	(6) 人均城乡社区支出	(7) 人均城乡社区支出
时间虚拟变量	0.411*** (14.43)	0.320*** (11.78)	0.257*** (10.61)	0.239*** (9.63)	0.226*** (9.01)	0.205*** (8.49)	0.201*** (8.22)
组内 R^2	0.7027	0.7531	0.8116	0.8143	0.8201	0.8356	0.8540
截距项	0.974*** (3.61)	0.440 (1.76)	0.988*** (4.41)	1.076*** (4.45)	0.559 (1.36)	1.691*** (3.96)	3.336*** (7.22)
F 值	789.43	678.00	476.64	362.78	273.04	256.93	200.37
样本观测值	737	737	737	737	737	737	737

注：1. ***、**、*分别表示回归系数在1%、5%和10%的水平上显著，括号内为t值。

2. 模型选择为固定效应模型。

3. 数据来源：由《中国统计年鉴》《新中国60年统计资料汇编》《中国县市社会经济统计年鉴》《中国财政年鉴》等统计年鉴资料，以及EPS统计数据库和该省财政厅预决算公布数据整理得到。

其次，我们沿用第三章的分析思路，具体分析上述各表中的回归结果。

（1）我们首先分析专项转移支付占财政支出比重和财政转移支付占财政收入比重两个变量，由于这两个变量是表征财政转移支付规模的变量，从表4－7中可以看出，专项转移支付占财政支出比重变量与基本公共服务支出呈显著负相关关系，财政转移支付占财政收入比重则与基本公共服务支出呈显著正相关关系，但仅通过了1%的显著性水平检验。结合财政自主度变量、专项转移支付和一般性转移支付对基本公共服务支出的回归结果，我们可以看出，广东省县级政府财政支出中专项转移支付所占比重越大反而越不利于基本公共服务供给，而财政转移支付占财政收入比重与基本公共服务的正相关关系也仅是在1%的水平上显著，从表4－4～表4－7各分项的基本公共服务供给回归结果中也可得到间接印证。这基本符合广东省的事实，如专项转移支付占财政支出比重与其他变量之间关系的显著性与云南省不同，而之所以会表现出与云南省不同，比较可能的原因是广东省县级政府对专项转移支付并不依赖，甚至通过这两个变量并结合财政自主度变量的回归结果，我们初步可以判断广东省县级政府对财政转移支付并不是很依赖，反而依赖于税收返还形成的自有财政收入部分，但具体情况是否如我们初步判断的这样要通过下面的分析进行检验。

（2）人均一般性转移支付和人均专项转移支付对被解释变量的影响存在着四个现象。

一是无论加入哪种变量以及怎么加入变量，人均基本公共服务支出对两种财政转移支付均表现出显著的正相关关系，但随着变量个数增加，敏感性系数值在逐渐减小。就一般性转移支付来说，敏感性系数均在1%的水平上显著，敏感系数相比于专项转移支付要大得多，可以说一般性转移支付对基本公共服务供给的影响非常显著；相比之下，人均专项转移支付对人均基本公共服务供给影响显著性要差，在加入所有变量后，仅仅在5%的水平上显著，而且系数相对于一般性转移支付较小。可以说，在广东省县级政府基本公共服务供给中，一般性转移支付发挥着更为重要的作用。

二是在以人均教育支出作为被解释变量时，两类财政转移支付对其影响的显著性水平并不相同，一般性转移支付影响较大，但两者对教育的影响均显著；而在对人均社会保障和就业服务支出的影响方面，两种转移支付影响显著性相反，专项转移支付与其表现出显著的负相关关系，而一般性转移支付不仅表现出正相关关系，而且敏感性系数较大；在以人均医疗卫生支出作为被解释变量时，仍然是一般性转移支付敏感性系数显著大于专项转移支付系数；在以人均城乡社区事务支出作为被解释变量进行回归时，情况有所不同，专项转移支付对其有着显著的正向影响，但一般性转移支付影响却并不显著。总结一下，在两种财政转移支付对四种基本公共服务支出的影响中，有两方面非常值得注意：一方面两种财政转移支付在人均社会保障和就业支出方面的使用效率差异最大；另一方面表现在人均城乡社区事务支出，两者的使用效率均不高。

三是人均一般性转移支付的增加可以显著增加政府行政管理支出，而且系数相比于基本公共服务方面的支出要大，说明存在着“粘蝇纸效应”；但专项转移支付有着负相关关系，但不显著，即专项转移支付似乎无此项安排，并未出现人为挪用到行政管理支出上去，从这点上来说，跟云南省非常相似。但不能忽视的是，行政管理支出的增加能够带来基本公共服务供给的增加，这一点确实不同于云南省的情况，我们稍后详细分析。

四是两种财政转移支付对人均经济建设支出的影响不同，一般性转移支付对人均经济建设支出的影响虽然为正向，但并不显著；而专项转移支付却对人均经济建设支出有着非常显著的正向影响。而就人均经济建设支出对人均基本公共服务支出的影响来说，人均经济建设支出和人均行政管理支出的作用方向一致，都对人均基本公共服务支出有着显著的正向影响。

就上述情况，结合广东省经济发展的实际情况，本研究认为出现上述结果的原因主要有以下四个。

第一，广东省县区域经济较为发达，县级政府除了税收返还，来自中央和省级政府的财政转移支付并不多，而且作为全国改革开放的前沿和试验区，贯彻财政体制改革要求，财政转移支付制度较为规范，一般性转移支付在基本公共服务供给均等化等方面的效果更显著都是有可能的；而中央和省级政府安排的专项转移支付主要为基础设施等经济建设项目提供资金，涉及基本公共服务的项目不多，这一点可以从广东省人民政府在2013

年下发的《关于完善省级财政一般性转移支付政策的意见》（粤府办〔2013〕48号）和2015年广东省财政厅发布的《改革和完善省对下财政转移支付制度的实施意见》中看出来。

第二，广东省是承接和安排外来就业人口的大省，县级政府承担了较大的社会保障和就业服务责任，这也是上级政府在考核县级政府工作时偏重的方面，显然一般性转移支付里面包含的都是无使用限制条件的资金，县级政府如何使用该笔资金全是自己的决策和支出意愿，而中央政府或上级政府并未给县级政府安排用于社会保障和就业服务方面的足够的专项转移支付资金，或者广东省县级政府财力本来就较为充足，在使用一般性转移支付等自身财力去完成社会保障和就业服务支出这种作为政治任务的工作时，一般性转移支付支出在这方面发挥绝对的主导作用就可以被解释了。

第三，一般性转移支付在行政管理支出方面的"粘蝇纸效应"非常明显，符合众多学者的结论，但这种"粘蝇纸效应"并非不是"好事"，下面我们会详细阐述。而一般性转移支付在人均经济建设支出方面的系数不显著和专项转移支付的显著，再考虑到专项转移支付增加反而引起行政管理支出的减少也能够进一步说明，广东省县级政府在财政转移支付制度的制定和财政转移支付资金的使用方面较为规范，专项转移支付显然不考虑行政管理支出的需要，不会做此项专项转移支付安排。同时，经济快速发展也势必对经济发展的配套硬件和软件设施提出了更高的要求，专项转移支付在进行资金和项目安排时，会更多地考虑到经济建设支出，因此我们不能够说专项转移支付资金被人为地从基本公共服务支出转移到经济建设支出上去了。

第四，两种财政转移支付对城乡社区事务支出影响不同，一般性转移支付影响有限，而专项转移支付有显著影响。主要原因有：一方面，广东省县级政府安排了专项资金用于城乡社区事务支出，不占用一般性转移支付资金；另一方面，由于2006年（含）以前，城乡社区事务支出科目并未列入财政支出项目，而是以相关科目在财政支出中体现，所以在数据整合时难免出现口径和数值不统一的情况，从而影响了最终的实证结果。同时，从表4-3中可以看出，城乡社区事务支出的影响变量，城市化率、财政支出分权变量、万人小学生数和人口密度均呈现出负的显著性，这说明人口密度和城市化率越高，相应的人均城乡事务支出越低，这可能是由于广东省城乡社区事务支出是省住房和城乡建设厅科学统筹，支出管理相对规范，县级财政负担部分不大等原因造成的。

（3）在所有变量的计量结果中，最能够吸引人的当属人均行政管理支出了，除了对人均城乡事务支出不显著外，人均行政管理支出对其他被解释变量均呈现出显著的正面影响，即行政管理支出的增加极大地促进了人均基本公共服务支出的增加，可能的解释如广东省作为改革开放的前沿，其行政管理支出的增加主要是提高了政府工作效率，从而提高了基本公共服务支出资金使用的绩效。当然，为了验证人均行政管理支出变量是否为滞后变量以及缓解当期变量可能存在的多重共线性问题，我们取其滞后一期的值进行再回归，表4－8就是结合对表4－3计量结果的分析，为了进一步考察广东省人均行政管理支出变量对各计量结果是否有内生性影响，我们取了滞后一期的人均行政管理支出进行计量所得到的结果，其他变量的处理，我们保持了与表4－7一致。从表4－1中结果可以看出，滞后一期的人均行政管理支出对被解释变量人均基本公共服务支出的回归系数增大，显著性程度也没有降低。但从该表（8）～（12）列的回归结果，我们还是可以发现，当期县级政府行政管理支出的增加还是对人均经济建设支出以及其他四项基本公共服务支出具有极大的改善作用，这在一定程度上说明行政管理支出和经济建设支出两个变量间不存在内生性和共线性，也说明我们之前实证结果的稳健性。

（4）人均税收收入、人均财政收入和人均 GDP 对基本公共服务支出总量和分量的影响基本呈现出显著性不足的状态，人均 GDP 除了对医疗卫生支出影响系数显著外，对其他变量影响几乎不显著，而且敏感系数较小，这可能是广东省作为发达地区非常特殊的一个地方，因为一般来说，人均税收收入、人均财政收入和人均 GDP 代表了地方政府的财力水平，财力增强自然会增加其对各种服务的供给能力。本研究认为，广东省出现差异的原因在于广东省县级政府提供基本公共服务受制度性和惯性影响比较大，不会因为地方政府财力不行就减少基本公共服务支出资金比例和规模，从这点上来说，广东省和云南省还是有较大差别的。

表 4-8　财政转移支付对广东省县级政府人均基本公共服务支出及相关变量关系的敏感性分析（滞后一阶的人均行政管理支出）

	(1) 人均基本公共服务支出	(2) 人均基本公共服务支出	(3) 人均基本公共服务支出	(4) 人均基本公共服务支出	(5) 人均基本公共服务支出	(6) 人均基本公共服务支出	(7) 人均基本公共服务支出
一般性转移支付	1.108*** (29.90)	0.999*** (26.83)	0.998*** (29.38)	0.846*** (22.98)	0.838*** (22.62)	0.871*** (22.81)	0.819*** (20.77)
专项转移支付		0.181*** (8.80)	0.0947*** (4.62)	0.0189 (0.94)	0.0188 (0.94)	0.0236 (1.17)	-0.00239 (-0.12)
人均税收收入			0.0000140*** (4.43)	0.00000825** (2.84)	0.00000818** (2.84)	0.0000779** (2.67)	0.000110*** (3.84)
人均财政收入			0.0000137*** (3.86)	0.0000387 (1.09)	0.0000328 (0.93)	0.0000577 (1.47)	0.0000506 (1.47)
人均 GDP			-1.09e-08 (-0.49)	3.31e-08 (1.42)	2.24e-08 (0.95)	9.29e-09 (0.38)	1.71e-09 (0.07)
滞后一阶人均行政管理支出				0.212*** (7.09)	0.189*** (6.05)	0.156*** (4.78)	0.174*** (5.11)
人均经济建设支出				0.0678*** (5.21)	0.0637*** (4.87)	0.0582*** (4.45)	0.0658*** (5.19)
财政收入分权变量					0.578** (3.15)	-0.228 (-0.65)	0.374* (2.08)

续表

	(1) 人均基本公共服务支出	(2) 人均基本公共服务支出	(3) 人均基本公共服务支出	(4) 人均基本公共服务支出	(5) 人均基本公共服务支出	(6) 人均基本公共服务支出	(7) 人均基本公共服务支出
财政支出分权变量					0.235 (0.78)	0.268 (1.30)	0.270 (0.89)
财政自主度变量					0.102* (2.22)	-0.0674 (-0.78)	-0.120 (-1.43)
专项转移支付占财政支出比重						-0.309** (-2.67)	-0.370** (-3.17)
财政转移支付占财政收入比重						-0.00609 (-0.35)	-0.00425 (-0.24)
万人病床位数							-0.00154 (-1.65)
万人农业人口数							0.00345** (2.68)
城市化率							0.622*** (4.90)
人口密度							-5.605** (-3.09)
万人小学生人数							-0.000238*** (-4.72)
万人中学生人数							0.000154* (2.52)

续表

	(1) 人均基本公共服务支出	(2) 人均基本公共服务支出	(3) 人均基本公共服务支出	(4) 人均基本公共服务支出	(5) 人均基本公共服务支出	(6) 人均基本公共服务支出	(7) 人均基本公共服务支出
时间虚拟变量	0.410*** (19.19)	0.356*** (16.86)	0.315*** (16.07)	0.147*** (5.77)	0.169*** (6.45)	0.180*** (6.86)	0.149*** (5.19)
组内 R^2	0.9125	0.9216	0.9351	0.9369	0.9380	0.9393	0.9430
截距项	-0.207 (-1.02)	-0.520** (-2.67)	-0.123 (-0.68)	-0.148 (-0.83)	-0.653* (-2.21)	0.152 (0.39)	0.0690 (0.17)
F 值	3481.01	2612.21	1593.79	2161.56	1732.83	974.59	397.70
样本观测值	737	737	737	670	670	670	670

	(8) 滞后一阶人均行政管理支出	(9) 人均经济建设支出	(10) 人均教育支出	(11) 人均社会保障和就业服务支出	(12) 人均医疗卫生支出	(13) 人均城乡社区支出	
一般性转移支付	0.329*** (7.53)	0.505*** (4.16)	0.370*** (11.09)	3.892*** (20.13)	0.988*** (20.15)	0.0834 (1.59)	
专项转移支付	0.0468 (1.88)	0.341*** (5.17)	0.0543** (2.97)	-0.541*** (-5.12)	0.117*** (4.35)	0.110*** (3.85)	
人均税收收入	0.000000792* (2.31)	0.00000101 (1.09)	0.000000934*** (3.71)	0.00000318* (2.18)	0.00000113** (3.05)	0.000000225 (0.57)	

续表

	(8) 滞后一阶人均行政管理支出	(9) 人均经济建设支出	(10) 人均教育支出	(11) 人均社会保障和就业服务支出	(12) 人均医疗卫生支出	(13) 人均城乡社区支出
人均财政收入	0.00000242 *** (5.97)	-0.000000632 (-0.56)	0.000000559 (1.84)	-0.00000483 ** (-2.74)	0.000000309 (0.69)	0.00000394 *** (8.28)
人均 GDP	-5.50e-08 (-1.90)	5.77e-08 (0.74)	-4.26e-10 (-0.02)	0.000000203 (1.65)	7.05e-08 * (2.27)	-6.74e-08 * (-2.03)
滞后一阶人均行政管理支出		-0.167 (-1.51)	0.167 *** (5.55)	0.0349 (0.20)	0.212 *** (4.80)	-0.0226 (-0.48)
人均经济建设支出	-0.0231 (-1.51)		0.0451 *** (4.03)	0.201 ** (3.11)	0.0757 *** (4.61)	0.0386 * (2.20)
财政收入分权变量	0.423 (1.95)	0.844 (1.44)	0.224 (1.41)	3.977 *** (4.32)	0.131 (0.56)	-0.681 ** (-2.74)
财政支出分权变量	0.900 * (2.46)	2.831 ** (2.88)	0.218 (0.81)	-1.483 (-0.95)	0.984 * (2.49)	1.082 * (2.57)
财政自主度变量	0.0741 (0.74)	0.119 (0.43)	-0.0272 (-0.38)	0.215 (0.50)	-0.0970 (-0.95)	-0.563 *** (-5.00)
专项转移支付占财政支出比重	-0.348 * (-2.50)	-0.441 (-1.16)	-0.499 *** (-5.00)	1.594 ** (2.68)	-0.946 *** (-6.65)	-1.073 *** (-6.86)

续表

	(8) 滞后一阶 人均行政 管理支出	(9) 人均经济 建设支出	(10) 人均教育 支出	(11) 人均社会保 障和就业 服务支出	(12) 人均医疗 卫生支出	(13) 人均城乡 社区支出	
财政转移支付占财政收入比重	0.0189 (0.91)	−0.0222 (−0.39)	0.00970 (0.65)	−0.0496 (−0.56)	−0.00675 (−0.32)	−0.0198 (−0.85)	
万人病床位数	0.00415*** (3.76)	0.00106 (0.35)	−0.000203 (−0.25)	−0.00889 (−1.87)	−0.00137 (−1.20)	0.00188 (1.50)	
万人农业人口数	0.00177 (1.13)	−0.00366 (−0.87)	0.00173 (1.52)	0.0115 (1.74)	0.000779 (0.47)	−0.00150 (−0.84)	
城市化率	0.419** (2.75)	−0.465 (−1.13)	0.289* (2.58)	2.607*** (4.03)	0.452** (2.75)	−0.379* (−2.17)	
人口密度	−2.645 (−0.81)	−3.366 (−0.57)	−6.040*** (−3.83)	11.12 (1.21)	1.445 (0.63)	−8.086** (−3.22)	
万人小学生人数	−0.000587*** (−6.72)	−0.000309 (−1.91)	−0.000232*** (−5.31)	0.000123 (0.48)	−0.000469*** (−7.33)	−0.000451*** (−6.48)	
万人中学生人数	−0.000441*** (−4.07)	0.000101 (0.51)	0.000103 (1.94)	0.00114*** (3.68)	0.000180* (2.32)	−0.000102 (−1.21)	
时间虚拟变量	0.634*** (27.84)	0.395*** (4.30)	0.0797** (3.15)	0.677*** (4.62)	0.0946* (2.55)	0.216*** (5.46)	

续表

	(8) 滞后一阶人均行政管理支出	(9) 人均经济建设支出	(10) 人均教育支出	(11) 人均社会保障和就业服务支出	(12) 人均医疗卫生支出	(13) 人均城乡社区支出	
组内 R^2	0.9369	0.6075	0.9186	0.8213	0.9498	0.8244	
截距项	1.623*** (3.32)	-1.454 (-1.10)	2.039*** (5.66)	-20.68*** (-9.92)	-4.276*** (-8.09)	2.797*** (4.96)	
F 值	581.77	60.68	413.94	168.60	693.75	172.27	
样本观测值	670	670	670	670	670	670	

注：1. ***、**、* 分别表示回归系数在 1%、5% 和 10% 的水平上显著，括号内为 t 值。

2. 模型选择为固定效应模型。

3. 数据来源：由《中国统计年鉴》《新中国 60 年统计资料汇编》《中国县市社会经济统计年鉴》《中国财政年鉴》等统计年鉴资料，以及 EPS 统计数据库和该省财政厅预决算公布数据整理得到。

（5）就财政分权变量的估计结果来看，财政收入分权变量除了对人均行政管理支出、人均社会保障和就业服务支出有显著正影响外，财政支出分权变量除了对人均行政管理支出、人均城乡社会事务支出、人均社会保障和就业服务支出有显著影响外，两者对基本公共服务支出并没有显著影响。对此，本研究的解释是：一方面，从理论上讲，财政分权确实给了地方政府更大的支出分配权，在改进地方政府基本公共服务支出不足方面确实有显著的正面影响，尤其是赋予地方政府更多的支出权力时，地方政府还是会提高在社会保障和就业服务方面的支出水平，毕竟地方政府在满足居民公共需要方面更具有信息优势；但另一方面，两个变量对人均基本公共服务支出均不显著，这一结果并不能掩盖基本公共服务供给不足就能够通过提高财政分权程度来进行改善，毕竟目前中央和地方之间“支出高度分权、税收相对集权”所造成的财力与事权不匹配的情况还普遍存在，当然也有一种情况可能存在，即近 10 年来，广东省县级政府的基本公共服务供给与财政分权程度已经不存在直接的关系了。

（6）城市化率变量除了对城乡社区事务支出有一定的负影响外，对其他被解释变量影响均不显著，说明就我们所选取的广东省县级政府样本来说，这些县区并非广东省城市化率比较高的地方，所以该变量在这些县区并不显得很重要；万人病床位数对人均教育支出、人均医疗卫生支出、人均城乡社区事务支出有正影响，对人均社会保障和就业服务支出有负面影响；万人小学生人数除对人均教育支出、人均医疗卫生支出有显著的负面影响，万人中学生人数对人均教育支出、人均医疗卫生支出有显著正面影响外，两者对人均城乡社区事务支出均有显著的负面影响，对基本公共服务供给没有显著影响，这很可能是因为小学属于义务教育阶段，这个阶段的教育和医疗卫生所需的财政资金主要是由中央财政担负的，地方政府的财政支出占比较小所导致的，而中学生包括高中生的教育经费虽然主要由中央政府承担，但已经需要地方政府承担一部分了。

上述计量结果，也能够说明我们之所以在之前考虑控制变量选取时所做的取舍是正确的，虽然它们自身统计量不显著，但对模型主要变量的显著性水平并未产生太大影响，而且出于样本容量的考虑，我们还是认为应该保留它们作为本研究设定模型的控制变量。同时，需要特别说明的是，在将模型设定为随机效应模型时，计量结果的显著性和变化倾向与固定效应模型基本保持一致，这说明本研究在使用固定效应模型的方法选择上是合理和正确的。

第三节　趋势性分析

我们在分析财政转移支付对广东省县级政府基本公共服务供给效率和财政支出效率影响的 SFA 估计结果之前，将 FRONTIER4.1 软件得到的广东省 67 个样本县区的基本公共服务支出效率和财政支出效率的值和各县区 GDP、财政转移支付占财政收入比重、财政转移支付总额（规模）5 个变量自 2004～2014 年 11 年的数值加权平均，做出每个变量 67 个县区的折线图，并添加趋势线，得到图 4－1，其中 GDP 和财政转移支付总额（规模）两个变量的数值均做了 CPI 和人均化平滑处理，减少数据波动给计量结果带来的影响，各县区的排序是以 GDP 数值降序排列，这 5 个变量的数值和相关变量的情况统计表详见附录 19。从图 4－1 中趋势线可以看出，经济落后县区（以 GDP 表征）确实可以获得更多的来自上级政府财政转移支付，财政转移支付占财政收入比重排名较为靠前，说明经济落后县区对财政转移支付的依赖性确实很强，这一点和云南省情况相同。同时，从图 4－1 中可以看出，这种较大的财政转移支付规模和比重并没有给这些经济落后的县区带来基本公共服务供给效率的提高，这一点和云南省也不相同，即较大规模的财政转移支付并没有给广东省经济落后县区带来基本公共服务供给效率的提升；同时，较大规模的财政转移支付对落后县区的财政总支出效率没有起到正向的促进作用，反而会在一定程度上阻碍财政支出效率的提高，这一点和云南省情况类似。这些趋势性的现象也可以较好地印证前述对广东省县级政府基本公共服务支出的实证分析结果，但具体结论还有待于通过对基本公共服务供给效率和财政支出效率的 SFA 的结果进行分析之后，再次进行确认。

为了进一步认识基本公共服务供给效率的区域性和空间差异，我们采用第三章的处理办法，按照广东省统计局对广东省区域划分方法，将广东

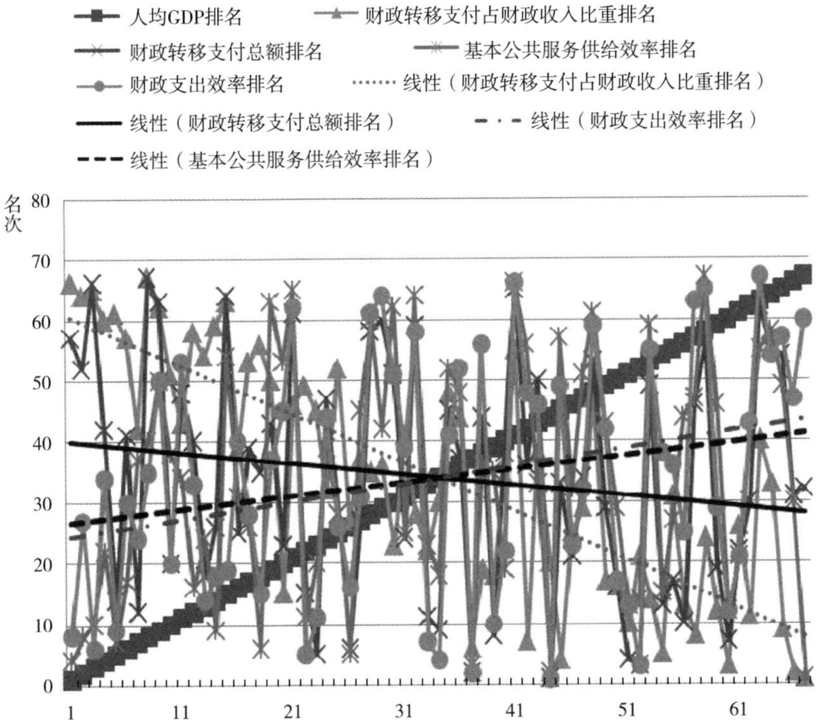

图 4－1　财政转移支付规模和比重等因素对广东省县级政府基本公共服务供给效率影响的趋势性分析

省划分为珠三角、粤东、粤西和粤北 4 个区域。[①] 这种划分方法基本是按照经济发展水平高低进行的，一般认为，珠三角经济发展水平最高，粤北属于山区，经济相比较最为落后。同时，将区域内各样本县加总求均值本来就会导致效率损失或数值代表性下降，所以本部分在分析时采取的不是绝对的判断，而只是合理的推测。具体结果如表 4－9 所示。同时，为了便于各区域间基本公共服务供给效率的比较分析，我们也给出了各区域基本公共服务供给效率、财政支出效率和人均 GDP 自 2004～2014 年各年平均值逐年变化趋势图，如图 4－2～图 4－4 所示。

从表 4－9 各区域基本公共服务供给效率排名中可以看出，基本公共服

---

① 其中，珠三角包括：广州、深圳、佛山、东莞、中山、珠海、江门、肇庆、惠州；粤东包括：汕头、潮州、揭阳、汕尾；粤西包括：湛江、茂名、阳江；粤北包括：韶关、清远、云浮、梅州、河源。

务供给效率平均值粤北第一，粤东第二，珠三角第三，粤西第四；财政支出效率平均值最高的是粤北，珠三角第二，粤东第三，粤西第四，这基本符合我们之前的分析，珠三角之所以基本公共服务第三、财政支出效率排在第二位，与我们排除广州、深圳、佛山、东莞、中山、珠海等地区的市辖区关系密切。粤北超越粤东和粤西还是让人意外，但却是可以解释的，这主要是缘于粤北属于山区，经济发展水平相比处于落后状态，是广东省平衡地方财力中重点照顾的对象，而且基本公共服务供给效率排名靠前的县基本为广东省相对贫困的县，基本公共服务供给水平本来就偏低，得到中央转移支付后提升基本公共服务供给效率也在情理之中。但不容忽视的是，广东省县级政府层面基本公共服务供给效率和财政支出效率值均超过云南省平均水平。

表 4-9　广东省各区域基本公共服务供给效率排名

区　域	财政转移支付占财政收入比重	排名	人均GDP	排名	财政转移支付总额	排名	基本公共服务供给效率	排名	财政支出效率	排名
粤　北	2.030	2	12621.414	2	747.894	1	1.260	1	2.895	1
粤　东	2.057	1	11615.984	4	633.341	2	1.145	2	2.870	3
粤　西	2.019	3	12323.803	3	515.061	3	1.015	4	2.861	4
珠三角	0.636	4	23243.538	1	493.218	4	1.092	3	2.890	2

注：以上数据均是由广东省各区域样本县 2004～2014 年 11 年数据加权平均后得到。

同时，为了更清晰地展示基本公共服务供给效率的空间分布的特征差异和演变趋势，并对表 4-9 中四个区域的效率值排名进行验证，我们做出了广东省四大区域基本公共服务供给效率和财政支出效率自 2004～2014 年各年效率平均值逐年变化趋势，如图 4-2、图 4-3 所示和四个区域人均 GDP 自 2004～2014 年每年均值变动趋势，如图 4-4 所示。从图中可以看出，四大区域的财政支出效率值在 2005 年和 2006 年短暂的下降之后，在 2007 年有一个明显的向上跳跃，表明 2007 年的财政支出统计口径调整确实提高了各地方政府支出效率，这可以从时间虚拟变量 dummy 的估计值显

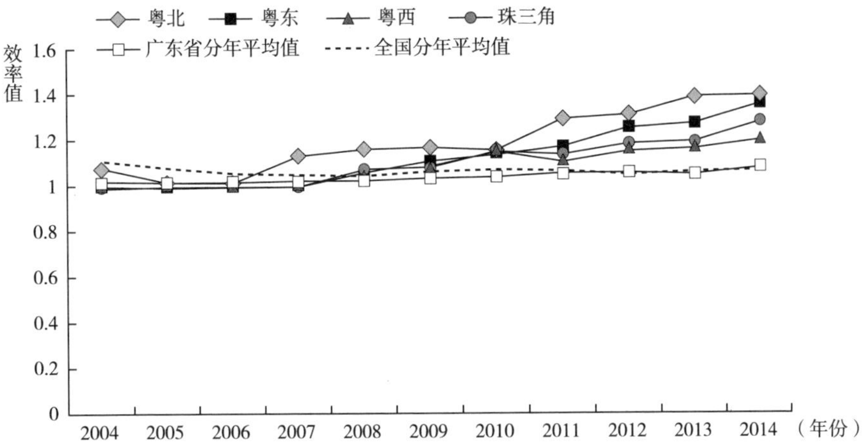

图 4－2　广东省各区域基本公共服务供给效率 2004～2014 年各年平均值变化趋势

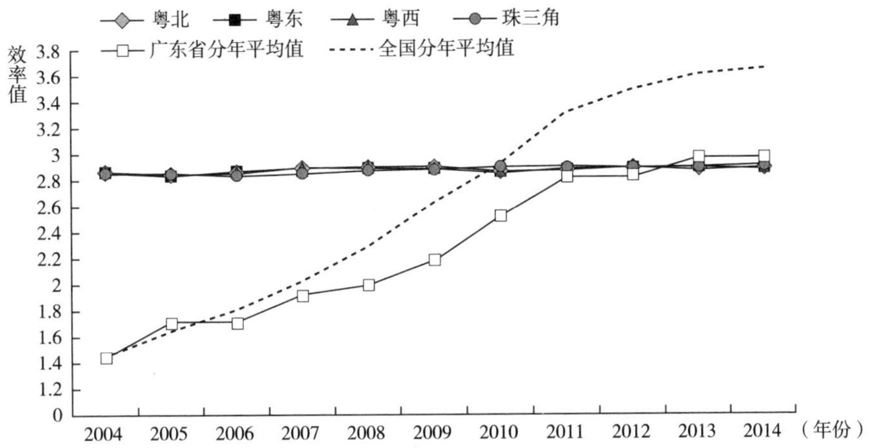

图 4－3　广东省各区域财政支出效率 2004～2014 年各年平均值逐年变化趋势

著为负值得到证明。而基本公共服务供给效率值变化趋势不如财政支出效率明显，区域间差别相对较小，而且广东省各区域基本公共服务供给效率值普遍高于全国平均水平，当然，广东省整体水平基本与国家平均水平持平，这说明广东省县级政府在基本公共服务支出方面的实际行为、支出方向和力度方面应该是得到了较好的统筹。同时，我们发现各区域的实际人均 GDP 的增长并没有带来基本公共服务供给效率值的增加，也没有带来财政支出效率值发生趋势性变化，这也可以从前文中无效率项的人均 GDP 的

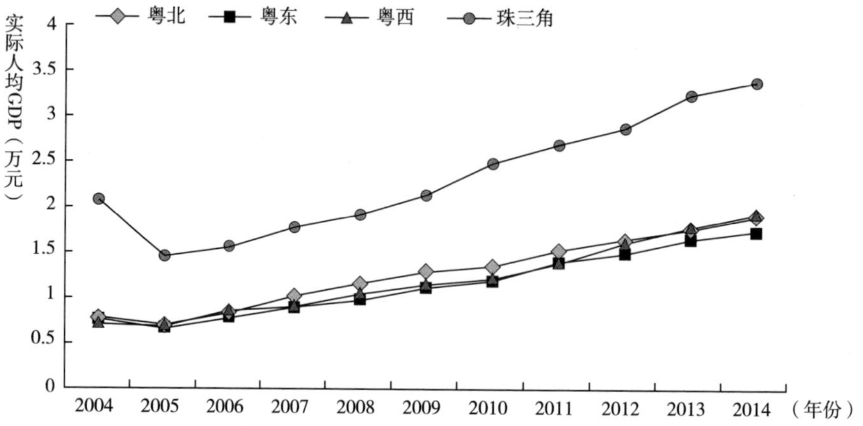

图 4－4　广东省各区域实际人均 GDP 2004～2014 年各年平均值变化趋势

系数在函数①中显著为正值，在函数②中为正值但并未通过显著性检验这两点表现看得出来，这对前文研究结果也是一个解释。

第四节　随机前沿分析（SFA）的估计结果及分析结论

本研究使用 FRONTIER4.1 软件对效率问题进行研究（下同），我们首先对表 4－10 中给出的最大似然估计结果进行分析，函数①是基本公共服务支出成本函数，变差率 $\gamma = 0.718392$，该数据表明成本无效率项影响较大。同时，得到单边似然统计 $LR = 634.12862$，大于显著性水平为 1% 的 mixed x^2 临界值 5.412，说明 γ 的零假设被拒绝，说明成本无效率项 U 在广东省县级政府财政基本公共服务供给中的影响是存在的。而财政支出成本函数设置为函数②，变差率 $\gamma = 0.309962$，该数据表明成本无效率项确实会产生影响。同时，得到单边似然统计 $LR = 616.90976$，大于显著性水平为 1% 的 mixedx^2 临界值 5.412，说明 γ 的零假设被拒绝，说明成本无效率项 U 在广东省县级政府财政支出的影响中是存在的。之所以出现这两种情况，主要的原因就在于成本支出项的变量选取不同，因为 4 个产出变量本来就是基本公共服务的主要内容，不过这并不影响我们的分析。

表 4－10　广东省县级政府财政支出和基本公共服务支出效率的 SFA 最大似然估计结果

基本公共服务支出的成本函数	符号	系数	标准误差	T 值	财政支出的成本函数	符号	系数	标准误差	T 值
截距项	b_0	2.273098	0.262211	8.668977	截距项	b_0	0.115259	1.049277	0.109846
人均教育支出	b_1	－0.009423	0.013562	－0.694809	人均教育支出	b_1	0.187115	0.050115	3.733682
人均社会保障和就业服务支出	b_2	0.603989	0.013835	43.656924	人均社会保障和就业服务支出	b_2	0.021844	0.013415	1.628375
人均医疗卫生支出	b_3	0.101806	0.002421	42.046244	人均医疗卫生支出	b_3	0.111960	0.054439	2.056640
人均城乡社区事务支出	b_4	0.153166	0.008127	18.847167	人均城乡社区事务支出	b_4	0.060820	0.012914	4.709625
	以下为无效率项中各变量估计结果					以下为无效率项中各变量估计结果			
截距项	d_0	0.794007	0.261594	3.035266	截距项	d_0	－2.259483	0.735097	－3.073720
人均一般性转移支付	d_1	－0.084756	0.003224	－26.285209	人均一般性转移支付	d_1	－0.043256	0.034491	－1.254122
人均专项转移支付	d_2	0.004132	0.004581	0.901986	人均专项转移支付	d_2	－0.138841	0.028064	－4.947285
人均税收收入	d_3	－0.011928	0.006348	－1.879058	人均税收收入	d_3	－0.200440	0.030334	－6.607801
人均预算外财政收入	d_4	－0.012540	0.005641	－2.223210	人均预算外财政收入	d_4	－0.079685	0.009864	－8.078693
人均 GDP	d_5	0.007905	0.002339	3.380178	人均 GDP	d_5	0.012462	0.016059	0.776003
人均行政管理支出	d_6	－0.007576	0.003040	－2.492063	人均行政管理支出	d_6	－0.141233	0.032496	－4.346134
财政收入分权变量	d_7	－0.002823	0.004260	－0.662789	财政收入分权变量	d_7	0.253150	0.157657	1.605696
财政支出分权变量	d_8	0.009072	0.025734	0.352515	财政支出分权变量	d_8	－0.448567	0.759193	－5.908478
财政自主度变量	d_9	－0.032546	0.001246	－2.346211	财政自主度变量	d_9	－0.084521	0.000315	－6.213245
专项转移支付占财政支出比重	d_{10}	0.000765	0.003214	1.969241	专项转移支付占财政支出比重	d_{10}	0.076254	0.002456	3.335462

续表

基本公共服务支出的成本函数	符号	系数	标准误差	T 值	财政支出的成本函数	符号	系数	标准误差	T 值
财政转移支付占财政收入比重	d_{11}	-0.0451620	0.0012385	-4.265315	财政转移支付占财政收入比重	d_{11}	-0.007451	0.003521	-1.721024
人口密度	d_{12}	0.202550	0.040038	5.058943	人口密度	d_{12}	-0.093988	0.432215	-0.217456
城市化率	d_{13}	0.049340	0.070520	0.699656	城市化率	d_{13}	-0.011232	0.066481	-0.168956
时间虚拟变量	d_{14}	0.003333	0.017665	0.188681	时间虚拟变量	d_{14}	-0.049811	0.034636	-1.438125
变异数参数	$s^2 = s_V^2 + s_U^2$	0.002282	0.000116	19.690782	变异数参数	$s^2 = s_V^2 + s_U^2$	0.024048	0.001336	17.998747
	$g = s_U^2 / (s_V^2 + s_U^2)$	0.718329	1.626712	0.441583		$g = s_U^2 / (s_V^2 + s_U^2)$	0.309962	0.312273	0.992599
单边似然比检验统计量	LR	634.12862			单边似然比检验统计量	LR	616.90976		

由表 4－10 可以看出，在人均基本公共服务支出成本作为被解释变量时，除教育的产出系数为负值，且绝对值较小外，其余三个变量系数均为正值，系数绝对值相对较大，这比较符合前面我们已经阐述过的，主要的原因是小学和初高中教育支出主要由中央和省级承担，而且广东省省级统筹支出的效果可能较好，所以在县级财政支出层面，教育支出在广东省县级政府层面基本公共服务支出效率中影响较小。

以人均财政支出成本作为被解释变量，4 个产出系数（b_1, b_2, b_3, b_4）均为正数，而且在 1% 的水平上显著，说明本研究选取的产出 4 个变量对财政支出成本确实有显著影响，是财政支出的主要组成部分。

下面，我们对每个变量的实证结果进行分析。

（1）我们首先分析表征财政转移支付规模的两个变量：专项转移支付占财政支出比重和财政转移支付占财政收入的比重两个变量，从估计结果来看，在函数①中两个变量的系数为一正一负，专项转移支付占财政支出比重对基本公共服务供给效率影响估计系数为正值，且通过了显著性水平为 5% 的 T 检验，说明其对基本公共服务供给效率具有负面影响，这印证了前面的实证分析结果；财政转移支付占财政收入比重变量的估计系数为负值，说明其对促进广东省县级政府基本公共服务供给效率起到明显的促进作用，结合财政自主度变量的估计系数以及一般性转移支付的估计系数，我们再一次印证了之前所证明的广东省县级政府对自有财政收入在基本公共服务供给方面的使用效率是相当好的。在对财政支出效率的影响方面，专项转移支付占财政支出比重的估计系数表明，其会严重阻碍财政支出效率的提高，财政转移支付规模的表征变量（财政转移支付占财政收入比重）仅在 10% 的显著性水平上通过了 T 检验，提升财政支出效率的作用不显著，而且为负值；但在这方面，县级政府自有收入反而具有更显著的促进作用。

（2）我们再看人均一般性转移支付、人均专项转移支付、人均税收和人均预算外财政收入 4 个变量，除人均专项转移支付在两类支出的成本函数实证结果中系数相反外，其余系数均为负值。这说明在人均基本公共服务支出作为被解释变量时，人均一般性转移支付、人均税收和人均预算外收入 3 个变量对应的支出增加对提高该县人均基本公共服务支出均呈现出正效率的影响，但人均税收和人均预算外收入仅在10%和5%的水平上通过T值检验，说明其对人均基本公共服务支出效率的影响程度并不是很大，但人均专项转移支付系数为正值，且未能通过显著性检验，进一步证实了前面实证的结果。在人均财政支出作为被解释变量时，人均一般性转移支付虽然有正效率值，但未能通过T值检验，说明随着地方政府得到的一般性转移支付增加对本地财政支出效率影响并不明显，其余3个变量均通过显著性为1%的T值检验，对财政支出效率起着非常明显的正向提升作用。但仍然不能忽视这表明了在广东省县级层面，税收收入和预算外收入增加并不会导致财政支出效率越高，这是因为税收提高后县级政府缺乏动力去利用这些税收资源从而导致财政支出效率低下，这一点和唐齐鸣等（2012）的观点不一致，本研究认为主要是研究对象不同的缘故，即广东省县级政府在使用财政资金支出效率方面做得确实很好。

（3）代表地方经济发展水平的人均GDP变量在两个函数中系数均为正值，而且在第一个函数中该变量还通过了显著性水平为1%的T值检验，说明在广东省人均收入水平高的地区，基本公共服务供给效率和财政支出效率并不一定能得到提高，主要原因是：在广东省县级政府层面，相比该省发达县区，经济发展水平算不上很高，容易出现经济持续高速增长所带来的刺激地方政府盲目扩张政府人员和部门而导致的效率低下。①

（4）人均行政管理支出变量在两个函数中，分别通过了显著性水平为5%和1%的T值检验，而且系数都为负值，这说明随着人均行政管理支出的增加，地方政府基本公共服务供给效率和财政支出效率未降反升，这进一步证实了前述结论。

（5）反映地方财政自主性的财政收入分权变量在函数①当中并未通过显著性检验，说明其对广东省县级政府的基本公共服务支出效率影响不大，即财政自主性的提高并不一定导致政府基本公共服务效率出现明显的提高或降低，这一点和财政支出分权变量的结果一样；而在函数②中，该变量也没有通过显著性水平为10%的T值检验，虽然系数为正值，但并不

---

① 唐齐鸣、王彪：《中国地方政府财政支出效率及影响因素的实证研究》，《金融研究》2012年第2期。

能肯定地说地方政府财政自主性越高，财政支出效率就越低。这和李永友等（2009）、唐齐鸣等（2012）研究结论一致，他们认为财政自主性越低的地区，财政转移支付定向（如科教文卫支出）支出占比越高，这样，地方政府对上级政府的财政支出依赖程度与财政支出效率呈现显著正相关关系。[①] 同时，财政支出分权变量在财政支出效率函数计量结果中通过1%的显著性水平检验，而且系数值为负值，说明其与地方政府财政支出效率正相关，即广东省县级政府自有财政支出占总支出比重越高，财政支出效率越高。

（6）人口密度变量对基本公共服务供给效率的提高确实有显著影响，通过了显著性水平为1%的T值检验，但系数为正值，城市化率则未通过检验；在函数②中二者均未通过显著性检验，也就是说人口密度和城市化率对财政支出效率影响不大，而且人口密度越大城市化率越高，也并不意味着政府提供基本公共服务的效率就越高，与陈诗一等、王德祥等、刘斌研究结论略显不同，他们在研究中证明了财政支出效率与人口密度、城市化率和政府财政支出规模均呈正相关关系[②]。本研究认为，出现这种矛盾的原因在于，首先是陈诗一等（2008）、王德祥等（2009）、李永友等（2009）研究的是人口密度与地方财政支出效率之间的关系，其次是我们将广东省经济发展水平最高的县区从样本中除去，对结果也会造成影响。

（7）时间虚拟变量在两个函数中都未通过显著性水平为1%的T值检验，表明地方财政支出效率在2007年财政支出口径调整后并没有显著变化，即广东省县级基本公共服务支出效率和财政支出效率时间稳定性较强。

综上所述，本部分选取财政转移支付对广东省县级政府基本公共服务供给效率的影响作为研究对象，从实证结果来看，有以下结论值得关注。

第一，较大的财政转移支付规模还是在一定程度上促进了广东省县级

---

① 李永友、沈玉平：《转移支付与地方财政收支决策——基于省级面板数据的实证研究》，《管理世界》2009年第11期。

② 陈诗一、张军：《中国地方政府财政支出效率研究：1978－2005》，《中国社会科学》2008年第4期；王德祥、李建军：《我国税收征管效率及其影响因素——基于随机前沿分析（SFA）技术的实证研究》，《数量经济技术经济研究》2009年第4期。

政府基本公共服务供给水平的提高，但专项转移支付占财政支出的比重越大，基本公共服务供给水平反而越低，起到显著的负面影响，结合一般性转移支付和财政自主度变量对基本公共服务支出影响的回归系数，可以看出，广东省县级政府在基本公共服务供给方面更多地依赖自有财政收入和一般性转移支付。

第二，一般性转移支付促进了广东省县级政府基本公共服务供给，改善了行政管理支出。我们已经看到人均基本公共服务供给对人均一般性转移支付富有弹性，人均一般转移支付每增加 1%，能够带来人均基本公共服务供给 37% 左右水平的增长，还能带来 102.6% 的行政管理支出的增加，但人均行政管理支出的增加又显著改善了人均基本公共服务供给支出的状况，减弱了“粘蝇纸效应”。所以，就提高广东省县级政府基本公共服务供给来说，提高一般性转移支付比重，降低专项转移支付比重是可行的，增加一般性转移支付仍然是能够更好地促进广东省县级政府提高基本公共服务供给水平的途径之一。

第三，专项转移支付可以显著地促进人均经济建设支出的增加，而不是人均基本公共服务支出的增加，可以说是在专项转移支付项目和资金的安排中，安排给基本公共服务支出方面的资金整体占比就不高，但经济建设支出却反过来对基本公共服务支出水平的提高起到明显的促进作用。

第四，就财政转移支付规模和比重等因素对广东省县级政府基本公共服务供给效率影响的趋势性分析可以看出，经济落后地区相比于发达地区获得了更大规模的财政转移支付，但专项转移支付对基本公共服务供给效率的提升具有显著的阻碍作用，而且这些财政转移支付在县级政府的财政收入中也占据了相当的比例，伴随着较大规模的财政转移支付对落后地区的财政总支出效率没有起到正向的促进作用，反而在一定程度上还会阻碍财政支出效率的提高，这种现象在趋势性分析中得到了体现。

第五，从随机前沿成本函数估计的无效率项来看，与基本公共服务支出成本有显著正面影响的相关变量是人均一般性转移支付、人均税收、人均预算外收入、人均行政管理支出和城市化率；而人均 GDP 有显著的负面影响；与财政支出成本效率有显著影响的相关变量是人均专项转移支付、人均税收收入、人均预算外收入、人均行政管理支出。而就参数来说，教育、医疗卫生和城乡社区事务等投入都与地方政府财政支出成本显著相关。

第六，在对2004～2014年广东省四大区域做相关分析之后，我们发现基本公共服务供给效率和财政支出效率均存在明显的空间分布不均衡，而且两种效率值的高低与地区经济发展水平并没有明显的正相关关系，四大区域在基本公共服务供给效率和财政支出效率的排名相同，粤北均居第一，珠三角第二，粤东第三，粤西第四。

就上述对广东省进行的实证分析以及相关结论，本研究认为，财政转移支付对广东省县级政府的基本公共服务供给效率产生上述影响的机制和原因包括以下几个方面：一是我们在选择样本时，除掉了市辖区，而这些市辖区均为广东省发达的标志性地区，如广州、深圳、珠海、东莞、中山等，因此这些被除掉的数据对现有估计结果造成重要影响。二是我们研究的是县级政府层面的财政支出状况，这跟省级层面的实证分析结果有所不同。三是就财政理论上讲，政府行为也存在着考虑本地经济增长和政绩最大化导致的财政竞争加剧，政府会将更多支出用于经济建设，也会由于官员预算最大化的需要，将财政转移支付资金用在行政管理支出方面，但广东省这两个方面的支出对人均基本公共服务支出的影响却都是显著正向的，这确实是一个值得思索的问题。

第五章

实证分析：安徽省县级层面

本章我们沿用前两章对计量模型、变量选取和数据处理等方面的做法，选取安徽省作为研究对象，运用广东省县级政府财政收支面板数据，就财政转移支付对安徽省县级政府基本公共服务供给效率进行实证分析。

第一节　主要变量

表 5 – 1 是对本研究可能需要用到的主要变量从变量名称、观测值个数、平均值、标准差、最小值和最大值等方面所进行的统计描述。表 5 – 2 是对主要变量间数据的相关性进行统计描述。

表 5 – 1　安徽省主要变量

变　　量	观测值	平均值	标准差	最小值	最大值
人均基本公共服务支出（元）	671	1018. 537	875. 3108	89. 33018	7978. 749
人均一般转移支付（元）	671	582. 4727	297. 741	6. 00413	2181. 495
人均专项转移支付（元）	671	451. 5549	346. 2382	19. 61017	2245. 336
人均教育支出（元）	671	421. 8343	289. 4158	49. 03773	2595. 341
人均社会保障和就业服务支出（元）	671	230. 9421	210. 4775	1. 957627	1673. 085
人均医疗卫生支出（元）	671	221. 652	211. 0693	2. 50641	1630. 464
人均城乡社区事务支出（元）	671	144. 1725	275. 462	3. 128788	3182. 117

续表

变　量	观测值	平均值	标准差	最小值	最大值
人均财政收入（元）	671	798.1012	998.6312	31.5283	7628.638
人均税收收入（元）	671	509.7883	649.7829	19.32076	5348.978
人均行政管理支出（元）	671	268.0957	261.5198	22.38636	2701.739
人均经济建设支出（元）	671	438.3076	534.918	3.09322	5310.959
人均 GDP（元）	671	11217.67	7704.282	2230.128	55338.56
万人病床位数（个）	671	48.54703	27.98666	7.567376	160
人口密度（万人/平方公里）	671	0.0454526	0.0254155	0.0077691	0.1259626
城市化率	671	.1313828	.053709	.0049505	.4473684
万人小学生人数	671	685.1969	204.978	124.8953	1379.849
万人中学生人数	671	585.2609	145.3277	232.3333	963.4516
财政支出分权变量	671	0.6986182	0.1834321	0.1994986	0.9845175
财政收入分权变量	671	0.2692312	0.1459976	0.0559625	0.7498232
财政自主度变量	671	−0.37136	0.40523	−1.3783	0.644969
专项转移支付占财政支出比重	671	0.597667	0.194407	0.192472	1.197539
财政转移支付占财政收入比重	671	2.440652	1.680618	0.250743	8.886091
时间虚拟变量 dummy	671	0.4190383	0.4936439	0	1

第二节　敏感性分析

一　面板单位根检验

本部分对面板单位根的检验，采用和前文一样的方法，我们直接报告相关结果，不再用表列出。根据对面板平衡性检验，安徽省部分的数据共包含 61 个截面个体，有 11 期观测值，虽然个体数 N 大于时序数 T，时序特征并不明显，变量应该不会存在单位根，但我们还是对数据的平稳性进行检验。[①]

① 罗植：《中国地方公共服务拥挤性与财政支出结构优化》，《财经科学》2014 年第 5 期。

表 5－2　安徽省主要变量间的相关性

	人均基本公共服务	人均一般转移支付	人均专项转移支付	时间虚拟变量	人均财政收入	人均行政管理支出	人均经济建设支出	人均城乡社区事务支出	人均教育支出	人均社会保障和就业服务支出	人均医疗卫生支出	人均GDP	财政支出分权	财政收入分权	专项转移支付占支出比重	财政转移支付占收入比重	财政自主度
人均基本公共服务	1.0000																
人均一般转移支付	0.8145* 0.0000	1.0000															
人均专项转移支付	0.8756* 0.0000	0.5619* 0.0000	1.0000														
时间虚拟变量	0.9315* 0.0000	0.8997* 0.0000	0.6671* 0.0000	1.0000													
人均财政收入	0.7885* 0.0000	0.5749* 0.0000	0.7480* 0.0000	0.3878* 0.0000	1.0000												
人均行政管理支出	0.7686* 0.0000	0.6184* 0.0000	0.8482* 0.0000	0.4819* 0.0000	0.8635* 0.0000	1.0000											
人均经济建设支出	0.7509* 0.0000	0.7464* 0.0000	0.7685* 0.0000	0.6612* 0.0000	0.6562* 0.0000	0.6893* 0.0000	1.0000										
人均城乡社区事务支出	0.5695* 0.0000	0.4358* 0.0000	0.5239* 0.0000	0.2560* 0.0000	0.8299* 0.0000	0.6315* 0.0000	0.5829* 0.0000	1.0000									
人均教育支出	0.8436* 0.0000	0.7726* 0.0000	0.8224* 0.0000	0.5779* 0.0000	0.8208* 0.0000	0.8631* 0.0000	0.6324* 0.0000	0.5268* 0.0000	1.0000								

续表

	人均基本公共服务	人均一般转移支付	人均专项转移支付	时间虚拟变量	人均财政收入	人均行政管理支出	人均经济建设支出	人均城乡社区事务支出	人均教育支出	人均社会保障和就业服务支出	人均医疗卫生支出	人均GDP	财政支出分权	财政收入分权	专项转移支付占支出比重	财政转移支付占收入比重	财政自主度
人均社会保障和就业服务支出	0.8525* 0.0000	0.8130* 0.0000	0.8812* 0.0000	0.6946* 0.0000	0.7999* 0.0000	0.8470* 0.0000	0.7554* 0.0000	0.6636* 0.0000	0.8292* 0.0000	1.0000							
人均医疗卫生支出	0.8613* 0.0000	0.7679* 0.0000	0.8453* 0.0000	0.6254* 0.0000	0.8404* 0.0000	0.8561* 0.0000	0.7101* 0.0000	0.6175* 0.0000	0.9561* 0.0000	0.9005* 0.0000	1.0000						
人均GDP	0.7073* 0.0000	0.3647* 0.0000	0.5491* 0.0000	0.4693* 0.0000	0.8224* 0.0000	0.6345* 0.0000	0.6025* 0.0000	0.6540* 0.0000	0.6414* 0.0000	0.6213* 0.0000	0.6984* 0.0000	1.0000					
财政支出分权	0.0014 0.9702	0.4024* 0.0000	0.0076 0.0480	0.0240 0.5350	-0.1929* 0.0000	-0.0733 0.0570	0.0321 0.4067	-0.1325* 0.006	-0.0618 0.1097	0.0089 0.8176	-0.0152 0.6949	-0.2326 0.0000	1.0000				
财政收入分权	0.5207* 0.0000	0.1349* 0.0000	0.3125* 0.0000	0.2247* 0.0000	0.7265* 0.0000	0.4850* 0.0000	0.3946* 0.0000	0.5384* 0.0002	0.4877* 0.0000	0.4496* 0.0000	0.4981* 0.0000	0.7787* 0.0000	-0.3183* 0.0000	1.0000			
专项转移支付占支出比重	0.7328* 0.0000	0.3075* 0.0000	0.4635* 0.0000	0.4844* 0.0000	0.6524* 0.0000	0.5368* 0.1036	0.4881* 0.2176	0.4553* 0.0000	-0.6149* 0.0002	0.5903* 0.0000	0.6445* 0.0000	0.7121* 0.0000	0.1777* 0.0000	0.8299* 0.0000	1.0000		
财政转移支付占收入比重	0.4714* 0.0000	0.2282* 0.0000	0.3290* 0.0000	0.1811* 0.0000	0.5636* 0.0000	0.4734* 0.0000	0.4351* 0.0000	0.3645* 0.0000	0.4213* 0.0000	0.3944* 0.0000	0.4236* 0.0000	-0.5848* 0.0000	0.2016* 0.0000	-0.8322* 0.0000	0.7804* 0.0000	1.0000	
财政自主度	-0.5362* 0.0000	-0.3142* 0.0000	-0.3520* 0.0000	-0.2852* 0.0000	0.7131* 0.0000	0.5103* 0.0000	0.4279* 0.0000	0.4975* 0.0000	0.5369* 0.0000	-0.4873* 0.0000	-0.5475* 0.0000	0.7374* 0.0000	-0.2346* 0.0000	0.9421* 0.0000	-0.9232* 0.0000	-0.8903* 0.0000	1.0000

注：* 表示该相关系数在1%水平上显著，该系数下方的值为该显著水平对应的p值。

我们沿用前文选用的 IPS 检验方法对面板单位根进行检验，其中，其他主要变量的 t - bar 值均小于 1% 水平的临界值 - 1.740，故拒绝面板单位根的原假设，而统计量 Z - t - tilde - bar 的 p 值基本趋于 0.0000，同样拒绝原假设。比较特殊的是，人均一般性转移支付在取滞后 3 阶进行 IPS 检验时，统计量 W - t - bar 的 p 值等于 0.0000，显著拒绝含单位根的原假设，不存在单位根；人均财政收入在取滞后 1 阶进行 IPS 检验时，统计量 W - t - bar 的 p 值趋于 0.0000，人口密度和财政支出分权变量三个变量，在做滞后 1 阶进行 IPS 检验时，统计量 W - t - bar 的 p 值等于或趋于 0.0000，回归模型中存在单位根的原假设均在显著性水平上被拒绝。

二　固定效应和随机效应检验

在处理面板数据时，由于模型假设不同，需要首先进行豪斯曼检验来决定采用固定效应还是随机效应检验，通过对人均基本公共服务支出、人均教育支出、人均医疗卫生支出、人均社会保障和就业服务支出、人均城乡社区事务支出、人均经济建设支出和人均行政管理支出六个变量分别作为被解释变量时模型进行分别检验，p 值 = 0.0000，故强烈拒绝原假设“H_0：u_i 与 x_{it},z_{it} 不相关”，所以，原假设中认为不存在系统性差异是站不住脚的，原假设被拒绝，我们认为应该使用固定效应，而非随机效应。

然而传统的豪斯曼检验假定，在 H_0 成立的情况下，有效率的是采用随机效应模型，而为了验证聚类稳健标准误与普通标准误差过大导致的豪斯曼检验失效这一点可能给模型带来的影响，我们使用过度识别检验（overidentification test）来进一步验证，因为随机效应模型与固定效应模型相比，前者多了“个体异质性 u_i 与解释变量不相关”的约束条件，也可视为过度识别条件。我们在 Stata 中运行 xtoverid 命令，得到 $X^2(11)$ 统计量为 121.854，p 值为 0.0000，故强烈拒绝“H_0：$\gamma = 0$”，即拒绝随机效应，认为应该使用固定效应模型。同样原理对人均教育支出、人均医疗卫生支出、人均社会保障和就业服务支出、人均城乡社区事务支出、人均行政管理支出和人均经济建设支出六个变量进行该检验仍然是强烈拒绝原假设，认为应该使用固定效应模型。

三　计量结果分析

表 5－3～表 5－7 为对面板数据选取固定效应模型时，财政转移支付与人均基本公共服务支出总量和分量的敏感性估计的结果。

首先，我们对表 5－3～表 5－7 检验的内容和思路做如下说明。

第一，表 5－3 是对财政转移支付与安徽省县级政府人均基本公共服务支出及相关变量关系的敏感性分析结果，但要注意的是我们在这个表中加入了当人均行政管理支出和人均经济建设支出为被解释变量时的固定效应回归系数，主要目的是检验二者与财政转移支付之间的具体关系表现。

第二，表 5－4～表 5－7 是分别以人均教育支出、人均社会保障和就业服务支出、人均医疗卫生支出、人均城乡社区事务支出为被解释变量，采用固定效应模型，逐次加入变量的方法来分析财政转移支付对各类支出的敏感性，主要模型采用（1－4－2）～（1－4－5）。

第三，对于拟合优度 R^2 的报告与选取问题，我们采用陈强（2014）的观点，即对于固定效应模型，建议使用组内 $R^2$①。因此，我们在下面分析中，给出了组内拟合优度 R^2。而在附录中给出的是随机效应模型，对其而言，组内 R^2、组间 R^2 和整体 R^2 都只是相应的相关系数的平方，而不是模型（1－4－1 的 OLS 的 R^2，因此我们在分析结果中不再给出，但其拟合优度都相当理性。

其次，我们沿用与前文同样的思路，具体分析上述各表中的回归结果。

（1）我们首先分析专项转移支付占财政支出比重和财政转移支付占财政收入比重两个变量，由于这两个变量是表征财政转移支付规模的变量，从表 5－3 中可以看出，两个比重变量与基本公共服务支出呈显著正相关关系，结合财政自主度变量和专项转移支付和一般性转移支付对基本公共服

① 陈强：《高级计量经济学及 Stata 应用》（第二版），高等教育出版社，2014，第 256 页。

表 5-3　财政转移支付对安徽省县级政府人均基本公共服务支出及相关变量影响的敏感性分析

	(1) 人均基本公共服务支出	(2) 人均基本公共服务支出	(3) 人均基本公共服务支出	(4) 人均基本公共服务支出	(5) 人均基本公共服务支出	(6) 人均基本公共服务支出	(7) 人均基本公共服务支出	(8) 人均行政管理支出	(9) 人均经济建设支出
一般性转移支付	0.400*** (9.35)	0.223*** (7.44)	0.131*** (5.57)	0.0716*** (3.59)	0.127*** (7.43)	0.158*** (9.16)	0.137*** (7.89)	0.0872*** (3.33)	0.316*** (4.36)
专项转移支付		0.736*** (26.38)	0.615*** (26.61)	0.294*** (10.72)	0.459*** (18.17)	0.406*** (16.34)	0.393*** (16.17)	0.326*** (9.44)	0.974*** (10.24)
人均税收收入			0.00000194 (1.30)	0.00000512*** (4.03)	0.00000312* (2.37)	0.00000277* (2.26)	0.00000273* (2.28)	-0.0000114*** (-6.49)	0.00000495 (0.98)
人均财政收入			0.00000733*** (7.55)	0.00000378*** (4.44)	0.00000224** (3.04)	0.00000332*** (4.78)	0.00000312*** (4.60)	0.00000640*** (6.39)	-0.00000764** (-2.66)
人均 GDP			-0.000000195*** (-4.43)	-0.000000221*** (-6.00)	-0.000000169*** (-5.03)	-0.000000212*** (-6.59)	-0.000000218*** (-6.79)	0.000000209*** (4.34)	-0.000000188 (-1.38)
人均行政管理支出				0.346*** (10.65)	0.228*** (7.32)	0.143*** (5.30)	0.128*** (4.73)		0.960*** (9.25)
人均经济建设支出				0.0846*** (6.85)	0.0597*** (5.14)	0.0349*** (3.51)	0.0328*** (3.38)	0.108*** (7.69)	
财政收入分权变量					0.105 (0.46)	0.459* (2.14)	0.336** (2.16)	0.593 (1.86)	1.901* (2.15)

续表

	(1) 人均基本公共服务支出	(2) 人均基本公共服务支出	(3) 人均基本公共服务支出	(4) 人均基本公共服务支出	(5) 人均基本公共服务支出	(6) 人均基本公共服务支出	(7) 人均基本公共服务支出	(8) 人均行政管理支出	(9) 人均经济建设支出
财政支出分权变量					-0.169 (-1.17)	-0.424** (-3.12)	-0.394** (-2.96)	-0.617** (-3.07)	2.063*** (3.69)
财政自主度变量					0.559*** (10.73)	0.0385 (0.37)	0.0245** (2..23)	-0.131 (-0.82)	-0.437 (-0.98)
专项转移支付占财政支出比重						1.160*** (8.45)	1.198*** (8.18)	0.969*** (4.41)	1.651** (2.67)
财政转移支付占财政收入比重						0.0379*** (3.40)	0.0452*** (4.12)	0.000625 (0.04)	0.0206 (0.44)
万人病床位数							0.000943* (2.33)	0.00160** (2.90)	0.00144 (0.96)
万人农业人口数							0.00401 (1.88)	-0.0785** (-2.69)	0.0121 (1.52)
城市化率							-0.0792 (-0.74)	-0.216 (-1.47)	0.321 (0.81)

续表

	(1)人均基本公共服务支出	(2)人均基本公共服务支出	(3)人均基本公共服务支出	(4)人均基本公共服务支出	(5)人均基本公共服务支出	(6)人均基本公共服务支出	(7)人均基本公共服务支出	(8)人均行政管理支出	(9)人均经济建设支出
人口密度							-0.667 (-0.76)	-1.505 (-1.24)	1.127 (0.34)
万人小学生人数							-0.00247*** (-3.48)	0.000202 (0.21)	-0.00528* (-2.01)
万人中学生人数							-0.000435*** (-5.66)	-0.0000186 (-0.18)	0.0000417 (0.15)
时间虚拟变量	1.138*** (30.89)	0.173*** (3.89)	0.162*** (4.75)	0.170*** (5.85)	0.132*** (5.36)	0.135*** (5.96)	0.113*** (5.04)	0.0923** (2.71)	-0.570*** (-6.15)
组内 R^2	0.7948	0.9042	0.9434	0.9614	0.9684	0.9776	0.9792	0.9339	0.8758
截距项	3.383*** (13.41)	0.852*** (4.32)	1.928*** (11.82)	1.972*** (11.91)	2.180*** (11.16)	3.004*** (14.80)	3.818*** (13.44)	3.602*** (8.85)	-7.320*** (-6.27)
F 值	1177.18	1906.53	1675.63	1869.99	1999.32	1997.14	1462.09	464.18	231.50
样本观测值	671	671	671	671	671	671	671	671	671

注：1. ***、**、*分别表示回归系数在1%、5%和10%的水平上显著，括号内为t值。

2. 模型选择为固定效应模型。

3. 数据来源：由《中国统计年鉴》《新中国60年统计资料汇编》《中国县市社会经济统计年鉴》《中国财政年鉴》等统计年鉴资料，以及EPS统计数据库和该省财政厅预决算公布数据整理得到。

表 5－4　财政转移支付对安徽省县级政府人均教育支出影响的敏感性分析

	(1) 人均教育支出	(2) 人均教育支出	(3) 人均教育支出	(4) 人均教育支出	(5) 人均教育支出	(6) 人均教育支出	(7) 人均教育支出
一般性转移支付	0.307*** (9.06)	0.191*** (6.89)	0.112*** (4.80)	0.0724*** (3.47)	0.109*** (5.82)	0.125*** (6.29)	0.112*** (5.54)
专项转移支付		0.483*** (18.69)	0.374*** (16.35)	0.134*** (4.67)	0.272*** (9.84)	0.241*** (8.47)	0.233*** (8.18)
人均税收收入			-0.000000828 (-0.56)	0.00000283* (2.12)	0.00000394** (2.72)	0.00000355* (2.53)	0.00000325* (2.33)
人均财政收入			0.00000677*** (7.05)	0.00000303*** (3.39)	0.000000751 (0.93)	0.00000143 (1.79)	0.00000138 (1.74)
人均 GDP			-8.41e-07 (-1.93)	-0.00000127** (-3.29)	-0.00000110** (-3.00)	-0.00000133*** (-3.61)	-0.00000128*** (-3.41)
人均行政管理支出				0.393*** (11.57)	0.256*** (8.03)	0.234*** (7.57)	0.208*** (6.57)
人均经济建设支出				0.0163 (1.26)	-0.0219 (-1.86)	-0.0311** (-2.72)	-0.0336** (-2.96)
财政收入分权变量					1.427*** (7.65)	0.657** (2.61)	0.981*** (4.87)
财政支出分权变量					0.328 (1.88)	0.322 (1.87)	0.321 (1.86)

续表

	(1) 人均教育支出	(2) 人均教育支出	(3) 人均教育支出	(4) 人均教育支出	(5) 人均教育支出	(6) 人均教育支出	(7) 人均教育支出
财政自主度变量					0.640*** (11.21)	0.349** (2.89)	0.236 (1.92)
专项转移支付占财政支出比重						-0.761*** (-4.83)	-0.940*** (-5.49)
财政转移支付占财政收入比重						0.0399** (3.12)	0.0393** (3.07)
万人病床位数							0.00127** (2.75)
万人农业人口数							0.00367 (1.50)
城市化率							-0.144 (-1.18)
人口密度							-1.534 (-1.52)
万人小学生人数							-0.000305*** (-3.76)
万人中学生人数							-0.000129 (-1.47)

续表

	(1) 人均教育支出	(2) 人均教育支出	(3) 人均教育支出	(4) 人均教育支出	(5) 人均教育支出	(6) 人均教育支出	(7) 人均教育支出
时间虚拟变量	0.813*** (27.86)	0.180*** (4.39)	0.171*** (5.05)	0.147*** (4.84)	0.118*** (4.39)	0.120*** (4.62)	0.104*** (3.96)
组内 R^2	0.7642	0.8500	0.8985	0.9223	0.9418	0.9458	0.9478
截距项	3.406*** (17.04)	1.749*** (9.58)	2.677*** (16.58)	2.271*** (13.09)	2.380*** (11.11)	2.930*** (12.57)	3.692*** (11.11)
F 值	985.17	1144.40	889.93	892.33	879.05	800.50	563.87
样本观测值	671	671	671	671	671	671	671

注：1. ***、**、* 分别表示回归系数在 1%、5% 和 10% 的水平上显著，括号内为 t 值。

2. 模型选择为固定效应模型。

3. 数据来源：由《中国统计年鉴》《新中国 60 年统计资料汇编》《中国县市社会经济统计年鉴》《中国财政年鉴》等统计年鉴资料，以及 EPS 统计数据库和该省财政厅预决算公布数据整理得到。

表 5-5　财政转移支付对安徽省县级政府人均社会保障和就业服务支出影响的敏感性分析

	(1) 人均社会保障和就业服务支出	(2) 人均社会保障就业服务支出	(3) 人均社会保障就业服务支出	(4) 人均社会保障就业服务支出	(5) 人均社会保障就业服务支出	(6) 人均社会保障就业服务支出	(7) 人均社会保障就业服务支出
一般性转移支付	0.494*** (6.30)	0.164** (3.04)	0.109* (2.02)	-0.00563 (-0.11)	0.0232 (0.45)	0.0670 (1.23)	0.0743 (1.31)
专项转移支付		1.377*** (27.44)	1.290*** (24.43)	0.722*** (10.54)	0.797*** (10.50)	0.714*** (9.08)	0.707*** (8.87)
人均税收收入			0.0000244 (0.72)	0.0000579 (1.82)	0.0000266 (0.67)	0.0000174 (0.45)	0.0000203 (0.52)
人均财政收入			0.0000206 (0.93)	-0.0000227 (-1.07)	-0.0000237 (-1.07)	-0.0000575 (-0.26)	-0.0000820 (-0.37)
人均 GDP			6.15e-09 (0.06)	2.78e-09 (0.03)	7.24e-08 (0.74)	-4.98e-09 (-0.05)	-1.71e-08 (-0.16)
人均行政管理支出				0.371*** (4.57)	0.296*** (3.39)	0.241** (2.82)	0.263** (2.97)
人均经济建设支出				0.233*** (7.54)	0.218*** (6.78)	0.195*** (6.17)	0.195*** (6.13)
财政收入分权变量					0.708 (1.03)	1.365* (2.01)	1.403* (2.04)
财政支出分权变量					-0.196 (-0.45)	-0.658 (-1.53)	-0.709 (-1.63)
财政自主度变量					0.0992 (0.63)	-0.695* (-2.09)	-0.610 (-1.77)

续表

	(1) 人均社会保障和就业服务支出	(2) 人均社会保障就业服务支出	(3) 人均社会保障就业服务支出	(4) 人均社会保障就业服务支出	(5) 人均社会保障就业服务支出	(6) 人均社会保障就业服务支出	(7) 人均社会保障就业服务支出
专项转移支付占财政支出比重						1.992*** (4.58)	1.833*** (3.82)
财政转移支付占财政收入比重						0.0951** (2.70)	0.101** (2.80)
万人病床位数							-0.00261* (-2.21)
万人农业人口数							0.00500 (0.80)
城市化率							0.0983 (0.31)
人口密度							2.304 (0.89)
万人小学生人数							-0.000231 (-1.12)
万人中学生人数							-0.000245 (-1.09)
时间虚拟变量	1.773*** (26.21)	-0.0313 (-0.39)	-0.0371 (-0.47)	0.0275 (0.38)	0.00380 (0.05)	0.00887 (0.12)	0.0142 (0.19)

续表

	(1) 人均社会保障和就业服务支出	(2) 人均社会保障就业服务支出	(3) 人均社会保障就业服务支出	(4) 人均社会保障就业服务支出	(5) 人均社会保障就业服务支出	(6) 人均社会保障就业服务支出	(7) 人均社会保障就业服务支出
组内 R^2	0.7202	0.8749	0.8805	0.9024	0.9033	0.9091	0.9097
截距项	0.675 (1.46)	-4.058*** (-11.44)	-3.376*** (-9.05)	-2.521*** (-6.09)	-2.622*** (-4.46)	-1.190 (-1.85)	-0.941 (-1.01)
F 值	782.44	1413.13	740.71	694.28	507.67	458.35	312.89
样本观测值	671	671	671	671	671	671	671

注：1. ***、**、* 分别表示回归系数在 1%、5% 和 10% 的水平上显著，括号内为 t 值。

2. 模型选择为固定效应模型。

3. 数据来源：由《中国统计年鉴》《新中国 60 年统计资料汇编》《中国县市社会经济统计年鉴》《中国财政年鉴》等统计年鉴资料，以及 EPS 统计数据库和该省财政厅预决算公布数据整理得到。

表 5-6　财政转移支付对安徽省县级政府人均医疗卫生支出影响的敏感性分析

	(1) 人均医疗卫生支出	(2) 人均医疗卫生支出	(3) 人均医疗卫生支出	(4) 人均医疗卫生支出	(5) 人均医疗卫生支出	(6) 人均医疗卫生支出	(7) 人均医疗卫生支出
一般性转移支付	0.538*** (8.58)	0.278*** (6.34)	0.176*** (4.38)	0.112** (2.92)	0.201*** (5.80)	0.314*** (9.14)	0.244*** (7.24)
专项转移支付		1.085*** (26.57)	0.923*** (23.53)	0.583*** (11.06)	0.862*** (16.81)	0.699*** (14.13)	0.664*** (14.09)
人均税收收入			-0.00000350 (-1.38)	-0.000000191 (-0.08)	-0.00000344 (-1.28)	-0.00000337 (-1.38)	-0.00000226 (-0.98)
人均财政收入			0.00000704*** (4.27)	0.00000333* (2.03)	0.00000363* (2.35)	0.00000360** (2.60)	0.00000430** (3.12)
人均 GDP			0.000000145 (1.93)	0.000000118 (1.67)	0.000000349*** (4.95)	6.76e-08 (1.06)	4.74e-08 (0.71)
人均行政管理支出				0.360*** (5.76)	0.170** (2.76)	0.182** (2.96)	0.215*** (3.89)
人均经济建设支出				0.0914*** (3.85)	0.0457* (1.99)	0.0131 (0.24)	0.0184 (0.90)
财政收入分权变量					3.249*** (9.72)	2.458*** (3.97)	1.618*** (4.97)
财政支出分权变量					-0.0843 (-0.27)	-0.571* (-2.11)	-0.0120 (-0.04)

续表

	(1) 人均医疗 卫生支出	(2) 人均医疗 卫生支出	(3) 人均医疗 卫生支出	(4) 人均医疗 卫生支出	(5) 人均医疗 卫生支出	(6) 人均医疗 卫生支出	(7) 人均医疗 卫生支出
财政自主度变量					0.934*** (8.83)	-0.747*** (-3.57)	-0.619** (-3.03)
专项转移支付占财政支出比重						3.048*** (11.15)	2.430*** (8.55)
财政转移支付占财政收入比重						0.00413 (0.19)	0.0324 (1.52)
万人病床位数							0.00164* (2.19)
万人农业人口数							-0.0320*** (8.11)
城市化率							-0.0427 (-0.22)
人口密度							0.886 (0.54)
万人小学生人数							-0.000473*** (-3.61)
万人中学生人数							-0.000883*** (-6.22)

续表

	(1) 人均医疗 卫生支出	(2) 人均医疗 卫生支出	(3) 人均医疗 卫生支出	(4) 人均医疗 卫生支出	(5) 人均医疗 卫生支出	(6) 人均医疗 卫生支出	(7) 人均医疗 卫生支出
时间虚拟变量	1.727*** (31.94)	0.305*** (4.70)	0.292*** (5.03)	0.301*** (5.39)	0.233*** (4.68)	0.245*** (5.43)	0.174*** (3.98)
组内 R^2	0.7985	0.9067	0.9257	0.9348	0.9502	0.9595	0.9643
截距项	0.408 (1.10)	-3.320*** (-11.50)	-2.077*** (-7.50)	-2.013*** (-6.32)	-1.889*** (-4.76)	0.221 (0.55)	-0.636 (-1.15)
F 值	1204.85	1962.59	1252.28	1077.47	1038.24	1085.73	839.11
样本观测值	671	671	671	671	671	671	671

注：1. ***、**、*分别表示回归系数在 1%、5% 和 10% 的水平上显著，括号内为 t 值。

2. 模型选择为固定效应模型。

3. 数据来源：由《中国统计年鉴》《新中国 60 年统计资料汇编》《中国县市社会经济统计年鉴》《中国财政年鉴》等统计年鉴资料，以及 EPS 统计数据库和该省财政厅预决算公布数据整理得到。

表 5-7　财政转移支付对安徽省县级政府人均城乡社区事务支出影响的敏感性分析

	(1) 人均城乡社区事务支出	(2) 人均城乡社区事务支出	(3) 人均城乡社区事务支出	(4) 人均城乡社区事务支出	(5) 人均城乡社区事务支出	(6) 人均城乡社区事务支出	(7) 人均城乡社区事务支出
一般性转移支付	0.439*** (6.07)	0.308*** (4.38)	0.184** (2.90)	0.162* (2.50)	0.261*** (4.03)	0.278*** (3.94)	0.283*** (3.86)
专项转移支付		0.548*** (8.36)	0.423*** (6.79)	0.347*** (3.90)	0.554*** (5.83)	0.551*** (5.42)	0.562*** (5.48)
人均税收收入			0.0000132** (3.28)	0.0000119** (2.87)	-0.00000141 (-0.31)	0.00000230 (0.46)	0.00000157 (0.31)
人均财政收入			0.0000108*** (4.11)	0.0000117*** (4.22)	0.0000132*** (4.87)	0.0000125*** (4.40)	0.0000119*** (4.15)
人均 GDP			-0.000000841*** (-7.08)	-0.000000809*** (-6.76)	-0.000000619*** (-4.99)	-0.000000702*** (-5.34)	-0.000000656*** (-4.84)
人均行政管理支出				-0.139 (-1.31)	-0.366*** (-3.37)	-0.436*** (-3.96)	-0.472*** (-4.14)
人均经济建设支出				0.0962* (2.40)	0.0722 (1.78)	0.0519 (1.27)	0.0588 (1.44)
财政收入分权变量					1.731* (1.99)	2.047* (2.33)	2.004* (2.27)
财政支出分权变量					-1.722** (-3.14)	-1.889*** (-3.40)	-1.973*** (-3.51)

续表

	(1) 人均城乡社区事务支出	(2) 人均城乡社区事务支出	(3) 人均城乡社区事务支出	(4) 人均城乡社区事务支出	(5) 人均城乡社区事务支出	(6) 人均城乡社区事务支出	(7) 人均城乡社区事务支出
财政自主度变量					0.433* (2.20)	0.156 (0.36)	0.121 (0.27)
专项转移支付占财政支出比重						-0.857 (-1.53)	-1.026 (-1.66)
财政转移支付占财政收入比重						0.0605 (1.33)	0.0600 (1.30)
万人病床位数							-0.00163 (-1.09)
万人农业人口数							-0.00684 (-0.87)
城市化率							-0.455 (-1.15)
人口密度							-3.197 (-0.98)
万人小学生人数							-0.000255 (-0.10)
万人中学生人数							-0.000519 (-1.83)

续表

	(1) 人均城乡社区事务支出	(2) 人均城乡社区事务支出	(3) 人均城乡社区事务支出	(4) 人均城乡社区事务支出	(5) 人均城乡社区事务支出	(6) 人均城乡社区事务支出	(7) 人均城乡社区事务支出
时间虚拟变量	0.845* (1.98)	-1.044* (-2.25)	0.355 (0.81)	1.078* (2.00)	1.128 (1.63)	0.230* (2.48)	0.261** (2.74)
组内 R^2	0.5213	0.5705	0.6650	0.6682	0.6915	0.6944	0.6981
截距项	0.974*** (3.61)	0.440 (1.76)	0.988*** (4.41)	1.076*** (4.45)	1.717* (2.32)	2.345** (2.82)	3.951** (3.29)
F 值	331.09	268.32	199.48	151.29	121.88	104.19	71.80
样本观测值	671	671	671	671	671	671	671

注：1. ***、**、* 分别表示回归系数在1%、5%和10%的水平上显著，括号内为t值。

2. 模型选择为固定效应模型。

3. 数据来源：由《中国统计年鉴》《新中国60年统计资料汇编》《中国县市社会经济统计年鉴》《中国财政年鉴》等统计年鉴资料，以及EPS统计数据库和该省财政厅预决算公布数据整理得到。

务支出的回归结果，我们可以看出，县级政府财政收入和财政支出中财政转移支付规模越大对县级政府改善基本公共服务支出水平越高，专项转移支付更是效果显著，“粘蝇纸效应”明显；而相对应的，县级政府自有财政收入占财政总支出（其中减去专项转移支付）的比重越高（即财政自主度越高）则基本公共服务支出水平越低，这说明，就安徽省县级政府（不包含经济发展水平较好的市辖区）来说，县级政府提供基本公共服务对财政转移支付尤其是专项转移支付依赖性非常强，这一方面是因为这些样本县经济发展落后，政府因自有财政收入较少而无法有效提供基本公共服务，此时来自上级政府的财政转移支付更值得依赖；另一方面，专项转移支付在财政支出中占的比重越大越能促进基本公共服务的提供，其实这理解起来也不是很难，虽然专项转移支付大都是“戴帽下达”或要求配套下达，但这些看似构成县级政府“财政负担”的规定，在偏远落后的安徽省县级政府提供基本公共服务看来，应该没有造成负担，即县级政府自有财政收入不能匹配其承担基本公共服务支出的“硬”约束形成了县级政府对专项转移支付的需求。当然，有一点也不能忽视，即专项转移支付对安徽省县级政府基本公共服务支出各分变量的影响均显著。

（2）就人均一般性转移支付和人均专项转移支付对被解释变量的影响存在着三种现象。

一是无论加入哪种变量以及怎么加入变量，人均基本公共服务支出对两种财政转移支付均表现出显著的正相关关系，而且均在1%的水平上显著，但随着变量个数增加，敏感性系数值在逐渐减小。就敏感性系数来说，专项转移支付相比于一般性转移支付要大得多，即就安徽省县级政府层面来说，专项转移支付对基本公共服务供给的影响相比于一般性转移支付更为显著。

二是在以人均教育支出作为被解释变量时，人均教育支出随财政转移支付增加而增加，相比于一般性转移支付，专项转移支付似乎更能够促进教育支出的增加；在对人均社会保障和就业服务支出的影响方面，专项转移支付发挥了更大的作用；在以人均医疗卫生支出作为被解释变量时，仍然是专项转移支付系数显著大于一般性转移支付敏感性系数；在以人均城乡社区事务支出作为被解释变量进行回归时，情况与云南省和广东省有所不同，在同为显著影响的前提下，专项比一般带来的影响要更大一些。总结一下，在四种基本公共服务供给支出中，有两点非常值得注意：一是两类财政转移支付在人均社会保障和就业服务支出方面的使用效率差异最大；二是两种财政转移支付在对人均城乡社区事务支出方面影响的敏感性系数值差别最小，而且影响均为正显著性，这说明安徽省在城乡社区事务支出方面管理较为规范，也说明财政转移支付资金在协调与平衡地方基本公共服务供给方面确实发挥着实际的作用。

三是专项转移支付的增加可以显著增加政府行政管理支出，这是由于政府设置了一些专项转移支付资金用于行政管理支出方面，这些行政管理支出包括了公检法等方面的支出。相比较来讲，人均一般性转移支付的增加可以显著增加政府行政管理支出，而且系数相比于基本公共服务方面的支出要大，说明存在着“粘蝇纸效应”。

四是两种财政转移支付对人均经济建设支出的影响均为正向显著性的，而且专项转移支付比一般性转移支付对经济建设支出影响更为显著，这一方面说明安徽省地理位置毗邻中国经济发展速度最快的长三角地区，承接东部产业转移的功能和区位优势明显，县级政府确实存在着为了税收竞争等目的而将财政转移支付资金的使用偏向于经济建设支出，如基础设施建设等；另一方面也说明上级政府考虑安徽省县级层面基本情况，会多安排一些专项转移支付用于地方经济建设支出，在进行专项转移支付在进行资金和项目安排时，也更多地考虑到了经济建设支出这方面，因此我们不能够说专项转移支付资金被人为地从基本公共服务支出转移到经济建设支出上去了。

（3）人均行政管理支出变量，除了对人均城乡事务支出是负的显著性影响外，对其他被解释变量均呈现出显著的正面影响，即行政管理支出的增加极大地促进了人均基本公共服务支出的增加，这一点和广东省特别像，主要的解释是：安徽省作为承接长三角产业转移的前沿阵地，其行政管理支出的增加主要是提高了政府工作效率，从而提高了基本公共服务资金使用的绩效。这种解释也可以用于对人均经济建设支出变量上面。

（4）人均税收收入、人均财政收入和人均 GDP 对基本公共服务供给支出总量和分量的影响基本呈现出显著的状态，但敏感性系数较小，从系数的绝对值来看，安徽省的情况跟云南和广东非常相似。这基本可以说明，人均税收收入、人均财政收入和人均 GDP 代表了地方政府的财力水平，财力增强自然会增加其对各种服务的供给能力，安徽省县级政府在财政收入增加后，还是会适当地将其财力倾向于提高基本公共服务供给水平。从这点说，安徽省和云南省情况类似，但与广东省存在着差别。

（5）就财政分权变量的估计结果来看，财政收入分权变量和财政自主度变量都对基本公共服务的总量和分量有显著的正影响，即就安徽省县级政府来说，收入分权程度越高，地方政府获得的收入越多，其基本公共服务供给状况就越好；而支出分权变量与相关变量间的关系却不显著，而且系数基本都是负值，这意味着安徽省县级政府在提供基本公共服务方面并不需要过高的财政支出分配权力，我们也可以猜想安徽省县级政府在财政资金使用制度方面的规范性应该是相当高的。因此，我们也可以从安徽省的实证结果中看出，解决财权事权不匹配，收入分权程度的提高是非常必要的。

（6）从其他几个变量的回归结果来看，城市化率的高低对安徽省县级政府的基本公共服务供给来说，似乎跟云南省和广东省的情况一致，影响并不明显；万人病床位数变量与人均教育和医疗卫生支出两个变量正相关，与人均社会保障和就业服务支出变量负相关；万人小学生人数和万人中学生人数对人均基本公共服务支出有显著负面影响，但敏感性系数的绝对值较小，这其中的原因在于：中小学教育基本处于义务教育阶段，这个阶段所需要的财政资金主要是由中央财政负担，地方政府负担相对要小一些。

上述计量结果，也能够说明我们在之前考虑控制变量选取的时候所做的取舍是正确的，虽然其中个别变量回归结果不显著，但对模型主要变量的显著性水平并未产生太大影响，而且出于样本容量的考虑，我们还是认为应该保留它们作为本研究设定模型的控制变量。同时，需要特别说明的是，在将模型设定为随机效应模型时，计量结果的显著性和变化倾向与固定效应模型基本保持一致，这再次说明本研究在使用固定效应模型的方法选择上是合理的、正确的。

第三节 趋势性分析

参照前文研究方法，我们在分析财政转移支付对安徽省县级政府基本公共服务供给效率和财政支出效率影响的 SFA 估计结果之前，将 FRONTIER4.1 软件得到的安徽省 61 个样本县的基本公共服务支出效率和财政支出效率的值和各县 GDP、财政转移支付占财政收入比重、财政转移支付总额（规模）5 个变量自 2004～2014 年 11 年的数值加权平均，做出每个变量 61 个县的折线图，并添加趋势线，得到图 5－1，其中 GDP 和财政转移支付总额（规模）两个变量的数值均做了 CPI 和人均化平滑处理，减少数据波动给结果带来的影响，各县的排序是以 GDP 数值降序排列，这 5 个变

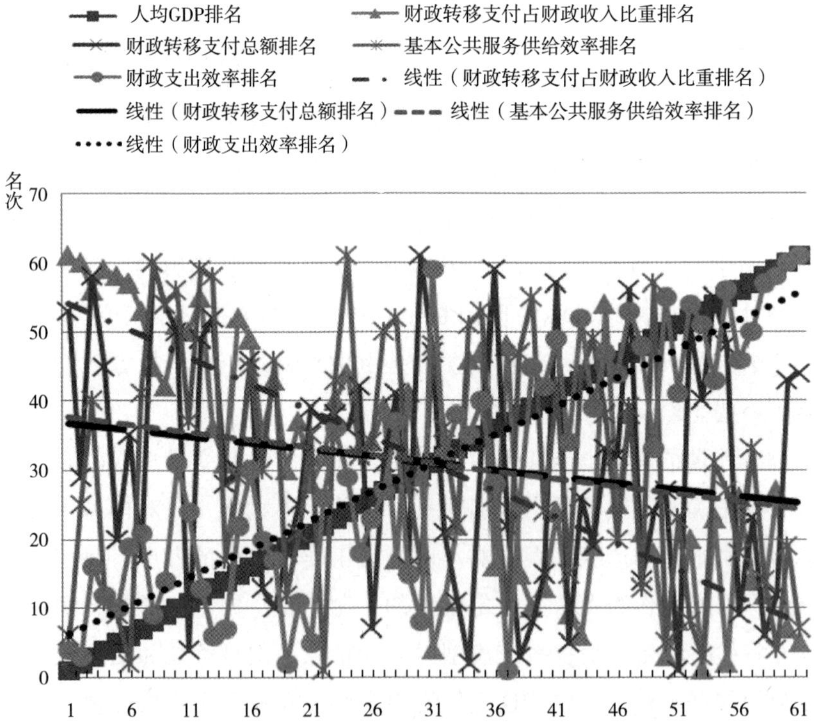

图 5－1　财政转移支付规模和比重等因素对安徽省县级政府基本公共服务供给效率影响的趋势性分析

量的数值和相关变量的情况统计表详见附录20。从图5-1中趋势线可以看出，经济落后县区（以GDP表征）确实可以获得更多的来自上级政府财政转移支付，财政转移支付占财政收入比重排名较为靠前，说明经济落后县区对财政转移支付的依赖性确实很强，这一点和广东、云南两省情况相同。同时，从图中可以看出，这种较大的财政转移支付规模和比重给这些经济落后的县区带来了基本公共服务供给效率的提高，这一点和广东省不同，但却和云南省相似，即较大规模的财政转移支付给安徽省经济落后县区带来基本公共服务供给效率的提升；然而，财政转移支付在财政支出效率和基本公共服务供给效率方面的表现并不相同，增加的财政转移支付对经济发达地区财政支出效率起到正向促进作用，但对落后地区的财政总支出效率没有起到正向的促进作用，反而在一定程度上还会阻碍财政支出效率的提高，这一点和云南省情况类似。这些趋势性的现象也可以较好地印证前述对安徽省县级政府基本公共服务支出的实证分析结果，但具体结论还有待于通过对基本公共服务供给效率和财政支出效率的SFA的结果进行分析之后，再次进行确认。

我们按照前述处理办法，按照安徽人习惯的划分方法将安徽省划分为淮河以北地区（简称为淮北地区）、淮河以南长江以北地区（简称江淮地区）和长江以南地区（简称江南地区）三个区域[①]。当然，这种划分区域的方法基本上也能够体现地域间经济发展水平的差异，比如江淮地区位于安徽省中部，合肥城市群区域，经济发展水平和基础设施建设水平都处于全省前列，但三个区域中的江南地区更毗邻长三角经济区，经济发展水平更高，详见图5-2。同时，将区域内各样本县加总求均值本来就会导致效率损失或数值代表性下降，所以本部分在分析时采取的不是绝对的判断，而只是合理的推测。具体结果如表5-8所示。同时，为了便于各区域间基本公共服务供给效率的比较分析，我们也给出了各区域基本公共服务供给效率、财政支出效率和人均GDP自2004~2014年每年平均值逐年变化趋势图，如图5-2~图5-4所示。

---

① 其中，江南地区包括池州、铜陵、宣城、黄山四个地级市；淮北地区包括亳州、宿州、淮北和阜阳四个地级市；江淮地区包括淮南、蚌埠、滁州、六安、合肥、马鞍山、安庆、芜湖八个地级市。

表 5-8　安徽省各区域基本公共服务供给效率排名

片　区	财政转移支付占财政收入比重	排名	人均GDP	排名	财政转移支付规模	排名	基本公共服务供给效率	排名	财政支出效率	排名
淮北地区	0.719	1	6041.707	3	1023.146	2	1.125	1	1.515	3
江淮地区	0.569	2	12170.22	2	1082.582	1	1.083	3	2.039	2
江南地区	0.554	3	13710.58	1	926.213	3	1.087	2	2.772	1

注：以上数据均是由安徽省各区域样本县 2004～2014 年 11 年数据加权平均以后得到。

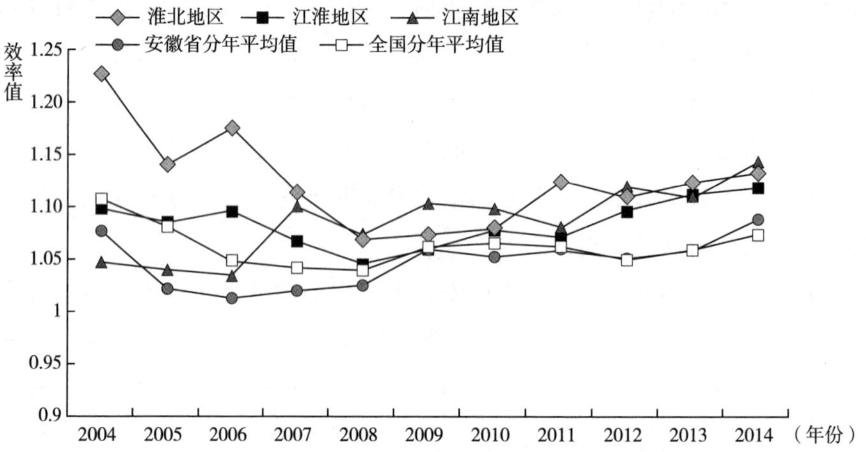

图 5-2　安徽省各区域基本公共服务供给效率 2004～2014 年各年平均值变化趋势

从表 5-8 安徽省各区域基本公共服务供给效率和排名可以看出，基本公共服务供给效率平均值由高到低的排序为淮北地区、江南地区、江淮地区；财政支出效率平均值由高到低的排序为江南地区、江淮地区、淮北地区。结合图 5-4 的 GDP 水平高低，我们可以看到，经济发展水平与财政支出效率正相关，基本公共服务支出效率则与经济发展水平基本呈现出负相关关系，这和云南、广东两省表现出来的趋势和特点基本相同，即经济实力最强的江南地区财政支出效率最高，而基本公共服务支出效率则不是最高的，而且基本公共服务供给效率排名靠前的县基本为安徽省相对贫困的县（如皖西北地区为安徽省较为贫困的地区），基本公共服务供给水平本来就偏低，

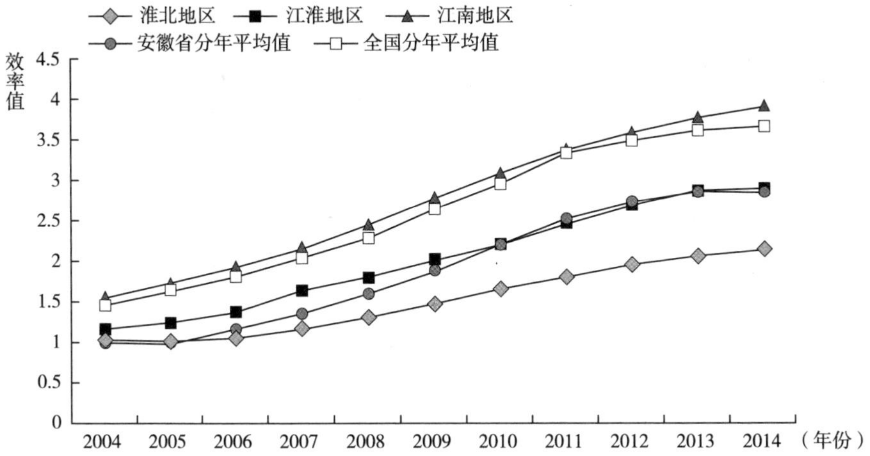

图 5－3　安徽省各区域财政支出效率 2004～2014 年各年平均值变化趋势

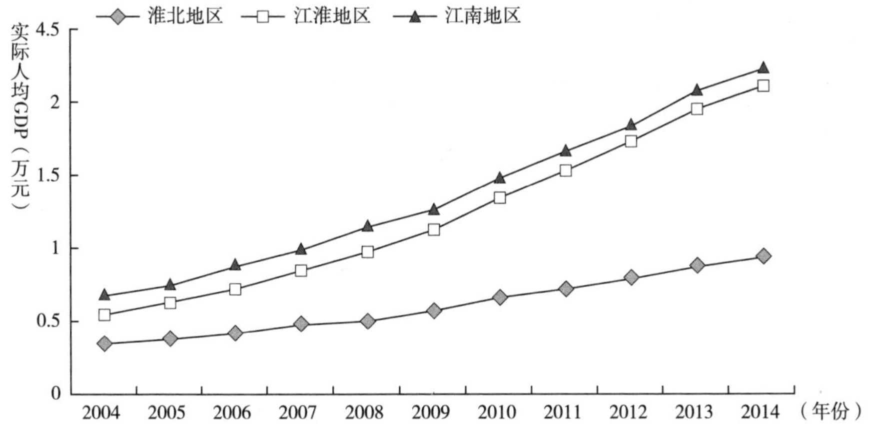

图 5－4　安徽省各区域实际人均 GDP 2004～2014 年各年年均值变动趋势

得到中央和上级政府的财政转移支付后，用该资金提升基本公共服务供给效率也在情理之中。但不容忽视的一点是，安徽省样本县基本公共服务供给效率的平均值低于广东和云南两省，但财政支出效率值却高于云南省。

同时，为了更清晰地展示基本公共服务供给效率的空间分布的特征差异和演变趋势，并对上表中 4 个区域的效率值排名进行验证，我们做出了安徽省三大区域基本公共服务供给效率和财政支出效率 2004～2014 年各年效率平均值逐年变化趋势，如图 5－2、图 5－3 所示和三大区域实际人均

GDP 2004 ~ 2014 年各年均值变动趋势，如图 5 - 4 所示。从图中可以看出，三大区域的财政支出效率值在 2005 年和 2006 年短暂的下降之后，在 2007 年有一个明显的向上趋势，表明 2007 年的财政支出统计口径调整确实提高了各地方政府支出效率。而基本公共服务供给效率值变化趋势不如财政支出效率明显，区域间差别相对较小，说明安徽省县级政府在基本公共服务支出方面的实际行为、支出方向和力度方面应该是得到了较好的统筹，安徽省整体基本公共服务供给效率变化趋势和全国水平变化趋势基本一致，但财政支出效率低于全国平均值。同时，我们发现各区域的实际人均 GDP 的增长并没有带来基本公共服务供给效率值的增加，但带来了财政支出效率值发生趋势性变化，这也可以从前文中无效率项的人均 GDP 的系数在函数①中显著为正值，在函数②中为负值并且通过显著性检验这两点表现看得出来，这对前文研究结果也是一个解释。

第四节　随机前沿分析（SFA）的估计结果及分析结论

该部分我们仍然使用 FRONTIER4. 1 软件对效率问题进行研究，首先对表 5 - 9 中给出的估计结果进行分析，函数①是基本公共服务支出成本函数，变差率 $\gamma = 0.501451$，该数据表明成本无效率项影响较大。同时，得到单边似然统计 $LR = 871.17509$，大于显著性水平为 1% 的 mixed x^2 临界值 5. 412，说明 γ 的零假设被拒绝，说明成本无效率项 U 在安徽省县级政府财政基本公共服务供给中的影响是存在的。而财政支出成本函数设置为函数②，变差率 $\gamma = 1$，该数据表明成本无效率项确实会产生影响。同时，得到单边似然统计 $LR = 656.4626$，大于显著性水平为 1% 的 mixedx^2 临界值 5. 412，说明 γ 的零假设被拒绝，说明成本无效率项 U 在安徽省县级政府财政支出的影响中是存在的。之所以出现这两种情况，主要的原因就在于成本支出项的变量选取不同，因为人均教育支出、人均社会保障和就业服务支出、人均医疗卫生支出及人均城乡社区支出四个变量本来就是基本公共服务的主要内容，不过这并不影响我们的分析。

表 5 −9　安徽省县级政府财政支出和基本公共服务支出效率的 SFA 最大似然估计结果

（1）基本公共服务支出成本函数	符号	系数	标准误差	T 值	（2）财政支出成本函数	符号	系数	标准误差	T 值
截距项	b_0	1.501325	0.041188	36.450894	截距项	b_0	6.319743	0.134727	46.907842
人均教育支出	b_1	0.511583	0.010792	47.403959	人均教育支出	b_1	0.231692	0.024538	9.442124
人均社会保障和就业服务支出	b_2	0.177022	0.005675	31.195963	人均社会保障和就业服务支出	b_2	0.044055	0.010859	4.056957
人均医疗卫生支出	b_3	0.158428	0.008120	19.511814	人均医疗卫生支出	b_3	0.111413	0.017536	6.353268
人均城乡社区支出	b_4	0.124633	0.003403	36.626055	人均城乡社区支出	b_4	0.047034	0.007785	6.041381
以下为无效率项中各变量估计结果					以下为无效率项中各变量估计结果				
截距项	d_0	0.095154	0.139481	0.682202	截距项	d_0	3.685325	0.244704	15.060317
人均一般性转移支付	d_1	−0.002531	0.006715	−0.376878	人均一般性转移支付	d_1	−0.049678	0.013008	−3.819130
人均专项转移支付	d_2	−0.815266	0.223587	−3.646299	人均专项转移支付	d_2	−0.076072	0.015749	−4.830365
人均税收收入	d_3	−0.015133	0.011319	−1.336976	人均税收收入	d_3	−0.137680	0.015713	−8.762325
人均预算外财政收入	d_4	−0.000044	0.000038	−1.168397	人均预算外财政收入	d_4	0.000100	0.000045	2.193612
人均 GDP	d_5	0.018134	0.020253	0.895348	人均 GDP	d_5	−0.003484	0.024322	−0.183250
人均行政管理支出	d_6	−0.016698	0.012961	−1.288368	人均行政管理支出	d_6	−0.175396	0.018005	−9.741305
财政收入分权变量	d_7	−0.056627	0.024987	−2.266292	财政收入分权变量	d_7	−0.066538	0.034952	−1.903662
财政支出分权变量	d_8	0.063016	0.064348	0.979296	财政支出分权变量	d_8	−2.788130	0.081751	−0.341052
财政自主度变量	d_9	0.222020	0.127784	1.737465	财政自主度变量	d_9	0.486330	0.192567	2.525506
专项转移支付占财政支出比重	d_{10}	−0.028907	0.021961	−3.316277	专项转移支付占财政支出比重	d_{10}	0.036607	0.038887	2.941378

续表

（1）基本公共服务支出成本函数	符号	系数	标准误差	T 值	（2）财政支出成本函数	符号	系数	标准误差	T 值
财政转移支付占财政收入比重	d_{11}	-0.082096	0.046805	-2.753973	财政转移支付占财政收入比重	d_{11}	-0.010168	0.076571	-2.132792
人口密度	d_{12}	-0.000538	0.000276	-1.946236	人口密度	d_{12}	-0.605602	0.275889	-2.195095
城市化率	d_{13}	0.010946	0.010204	1.072698	城市化率	d_{13}	0.078816	0.098653	0.798924
时间虚拟变量	d_{14}	-0.000538	0.000276	-1.946236	时间虚拟变量	d_{14}	-0.001473	0.000407	-3.616741
变异数参数	$s^2 = s_V^2 + s_U^2$	0.004028	0.000219	18.430308	变异数参数	$s^2 = s_V^2 + s_U^2$	0.010191	0.000614	16.599068
	$g = s_U^2 / (s_V^2 + s_U^2)$	0.501451	0.039484	391.312487		$g = s_U^2 / (s_V^2 + s_U^2)$	0.857483	0.000051	19476.366
单边似然比检验统计量	LR	871.17509			单边似然比检验统计量	LR	656.4626		

由表5－9可以看出，不管是对人均基本公共服务支出成本还是人均财政支出成本，产出系数在4个1%的水平上显著为正值，四个变量对两个支出成本确实有显著影响。

在无效率函数项中，我们对每个变量的实证结果进行分析。

（1）我们仍然是首先分析表征财政转移支付规模的两个变量：专项转移支付占财政支出和财政转移支付占财政收入的比例，从估计结果来看，在函数①中两个变量的系数均为负值，说明二者对安徽省县级政府基本公共服务供给效率的影响均为正相关关系，而且两个变量均通过了显著性水平为1%的T检验，这一方面说明了之前我们实证分析的结论是正确的，即县级政府财政收入和财政支出中财政转移支付规模越大对该县改善基本公共服务供给水平起到的效果越好；另一方面，结合财政自主度变量，该变量对改善县级政府基本公共服务供给效率虽不显著，但仍然呈现出负相关关系，这说明县级政府自有财政收入占财政总支出（其中减去专项转移支付）的比重越高（即财政自主度越高）则基本公共服务供给效率越低。同时，我们观察两个变量在函数②中的表现，财政转移支付占财政收入比重与其在函数①中的表现基本一致，对安徽省县级政府财政支出效率的影响通过了5%的显著性水平检验，起到了显著的促进作用，但专项转移支付占财政支出比重这一变量对财政支出效率的影响却显著为正值，说明专项转移支付占财政支出比重越大，该县财政支出效率越低，这与该函数中一般性转移支付变量的估计系数可以形成很好的呼应，这说明，在安徽省县级政府层面，专项转移支付更多地安排在了基本公共服务支出方面，财政转移支付的总量与财政支出效率也是明显的同向促进关系。这些结论都证明了之前我们通过趋势性分析所得出的结论。

（2）人均一般性转移支付、人均专项转移支付、人均税收和人均预算外财政收入四个变量，除人均预算收入在两类支出的成本函数实证结果中系数相反外，其余系数均为负值。这说明在人均基本公共服务支出作为被解释变量时，人均一般性转移支付、人均税收和人均预算外收入三个变量对应的支出增加对提高该县人均基本公共服务支出均呈现出正效率的影响，但三者均未通过T值的显著性检验，说明其对人均基本公共服务支出效率没有什么特别的影响，但人均专项转移支付系数为负值，且通过1%

水平上的显著性检验，进一步证实了前面实证的结果，即专项转移支付对基本公共服务供给效率产生了非常大的影响。在人均财政支出作为被解释变量时，人均一般性转移支付、人均专项转移支付和人均税收三个变量均通过了1%水平上的显著性检验，预算外财政收入通过了5%水平的显著性检验，但系数为正值，说明在对财政支出效率的影响方面，人均一般性转移支付、人均专项转移支付和人均税收收入均能起到正面影响，但预算外收入却起到相反的影响，这说明在安徽省县级政府层面，预算外收入增加会导致县级政府缺乏动力去利用这些税收资源从而导致财政支出效率低下，这一点和唐齐鸣（2012）观点一致。

（3）代表地方经济发展水平的人均 GDP 变量在两个函数中系数一正一负，在函数①中未通过显著性检验，而在函数②中则通过了显著性水平为10%的T检验，说明在安徽省人均收入水平高的地区，基本公共服务供给效率并不一定能得到提高，但财政支出效率会得到提高。造成这种现象的主要原因是：与广东省发达的县域经济相比较，安徽省县域经济发展水平算不上很高，容易出现经济持续高速增长所带来的刺激地方政府盲目扩张政府人员和部门而导致的效率低下。①

（4）人均行政管理支出变量在两个函数中，分别通过了显著性水平为5%和1%的T值检验，而且系数都为负值，这说明随着人均行政管理支出的增加，地方政府基本公共服务供给效率和财政支出效率未降反升，这进一步证实了前述结论。

（5）反映地方财政自主性的财政收入分权变量在函数①当中通过5%的显著性检验，而在函数②中，该变量通过了显著性水平为10%的T值检验，即财政收入自主性的提高会导致政府基本公共服务效率和财政支出效率出现明显的提高。这和李永友（2009）、唐齐鸣等（2012）研究结论并不一致，他们认为财政自主性越低的地区，财政转移支付定向（如教科文卫支出）支出占比越高，这样，地方政府对上级政府的财政支出依赖程度与财政支出效率呈现显著正相关关系，从而提高了地方政府财政支出效率

---

① 唐齐鸣、王彪：《中国地方政府财政支出效率及影响因素的实证研究》，《金融研究》2012年第2期。

得到提高。财政支出分权变量系数值均未通过显著性检验，说明其对基本公共服务支出效率和财政支出效率的影响可以忽略，即地方政府支出分权程度的提升并不能改善基本公共服务供给效率。

（6）人口密度变量对基本公共服务供给效率的提高确实有显著影响，通过了显著性水平为10%的T值检验，而且系数为负值，而城市化率则未通过检验；在函数②中人口密度通过了5%的显著性水平检验，城市化率仍未通过，也就是说就财政支出效率而言，人口密度和城市化率两个变量对其影响较小，就基本公共服务支出而言，人口密度变量是正影响变量，城市化率高并不意味着政府提供基本公共服务的效率就越高，与陈诗一等（2008）、王德祥等（2009）、刘斌（2012）研究结论略显不同，他们在研究中证明了财政支出效率与人口密度、城市化率和政府财政支出规模均呈正相关关系[①]。本研究认为，出现这种矛盾的原因在于，首先是陈诗一等（2008）、王德祥等（2009）、李永友等（2009）研究的是人口密度与地方财政支出效率之间的关系，其次是我们将安徽省经济发展水平最高的县区从样本中除去，对结果也会造成影响。

（7）时间虚拟变量在两个函数中都未通过显著性水平为1%的T值检验，表明地方财政支出效率在2007年财政支出口径调整后并没有显著变化，即安徽省县级基本公共服务支出效率和财政支出效率时间稳定性较强。

综上所述，本部分选取财政转移支付对安徽省县级政府基本公共服务供给效率的影响作为研究目标，从实证结果来看，有以下结论值得关注。

第一，就计量结果来说，安徽省县级政府自有收入占财政总支出（扣除专项转移支付）比重越大，即县级政府财政自主度越大，基本公共服务供给水平越低，而财政转移支付规模越大，专项转移支付占比越多，基本公共服务供给水平则越高。

第二，专项转移支付相比于一般性转移支付对安徽省县级政府提供基本公共服务影响更大，明显促进了基本公共服务供给，改善了行政管理支

① 陈诗一、张军：《中国地方政府财政支出效率研究：1978－2005》，《中国社会科学》2008年第4期；王德祥、李建军：《我国税收征管效率及其影响因素——基于随机前沿分析（SFA）技术的实证研究》，《数量经济技术经济研究》2009年第4期。

出和经济建设支出。我们已经看到人均基本公共服务供给对专项转移支付富有弹性，人均专项转移支付每增加1%，能够带来人均基本公共服务供给39%以上的增长，一般性转移支付的“粘蝇纸效应”相对较小，敏感性系数也不显著，再加上专项转移支付带来的人均行政管理支出的增加又显著改善了人均基本公共服务供给支出的状况，减弱了“粘蝇纸效应”。所以，就提高安徽省县级政府基本公共服务供给来说，提高专项转移支付比重是可行的，专项转移支付仍然是能够更好地促进安徽省县级政府提高基本公共服务供给水平的途径之一。

第三，地方政府财力的增强还是可以较好地促进基本公共服务支出水平的改善的，提高财政收入分权程度还是可以作为解决当前地方政府在提供基本公共服务中所面临的财权事权不匹配的问题的重要方法之一。

第四，就财政转移支付规模和比重等变量的实证分析结果而言，经济落后地区相比于发达地区获得了更大规模的财政转移支付，而且这些财政转移支付在县级政府的财政收入也占据了相当的比例，伴随着大规模财政转移支付和比重提升的是这些落后地区的基本公共服务供给水平的改善和供给效率的提升，尤其是专项转移支付对基本公共服务供给效率的提升作用明显，这种趋势性的现象得到了实证检验结果的证明。

第五，从随机前沿成本函数估计的无效率项来看，与基本公共服务支出成本有显著正面影响的相关变量是人均专项转移支付、财政收入分权变量、城市化率，而人均GDP对基本公共服务供给效率有着负面影响，但不显著；与财政支出成本效率有显著影响的相关变量是人均一般性转移支付、人均专项转移支付、人均税收收入、人均预算外收入、人均GDP、人均行政管理支出、财政收入分权变量和人口密度，除了人均预算外财政收入对财政支出效率为负面影响以外，其他都形成了显著的正影响。

第六，在对2004~2014年安徽省三大区域做了相关分析之后，我们发现，安徽省各区域间基本公共服务支出效率差异并不是特别明显，而财政支出效率均存在明显差异，各区域的实际人均GDP的增长并没有带来基本公共服务供给效率值的增加，但带来了财政支出效率值发生趋势性变化。

就上述对安徽省进行的实证分析以及结论，本研究认为，财政转移支付对安徽省县级政府的基本公共服务供给效率产生上述影响的机制和原因包括以下几个方面：一是安徽省接收财政转移支付越多的县级政府，它们的经济越落后，没有充足的财力去提供基本公共服务，在基本公共服务供给“硬约束”下，这些县区只能选择依赖上级政府的财政转移支付，即使专项转移支付包含了一些配套条款，但其对提高县级政府基本公共服务供给水平却大有裨益。这一点和云南省情况较为相似，但跟广东省情况并不相同。二是我们也不能忽视另外一个方面，即近年来全国层面，包括安徽省各级政府也加大了在提供基本公共服务方面的支出力度，支出金额增速较快，但供给水平的改善状况似乎并不理想，这其中涉及资金的使用效率问题，转移支付资金使用效率偏低是主要原因，这一点和云南省情况较为相似，广东省各县的资金使用效率平均水平要高一些，这点也较好地回应了本研究之前对云南省进行分析时所得的结论。

第六章

比较分析、主要结论和政策建议

至此，我们已经运用所选取的财政收支面板数据分别就财政转移支付对云南、广东和安徽三省县级政府基本公共服务供给效率的影响做了实证分析，结合实证分析结果，我们从以下几个方面进行总结性评述，并提炼出本研究对相关问题的理解和主要观点，基于这些分析结论给出政策建议，并归纳出需进一步研究的问题。

第一节　比较分析

前文三至五章我们分别构建了财政转移支付，主要是一般性转移支付和专项转移支付及其他控制变量对政府基本公共服务支出影响的基本模型（1－4－1）～（1－4－5）以及这些变量对政府基本公共服务支出效率和财政支出效率影响的 SFA 模型（1－5－3）～（1－5－4），对全国省级层面云南、广东及安徽三省县级政府层面进行了实证分析，并对各省经济社会发展水平存在显著差异的各区域之间进行了统计和比较分析，但我们无法通过对各省的实证分析结果数值进行影响程度大小的比较，为此我们将在云南省实证分析模型的基础上设置一般性转移支付与广东省的交互项（$GD \cdot \ln GelTransper_{it}$）、一般性转移支付与安徽省的交互项（$AH \cdot \ln GelTransper_{it}$）、专项转移支付与广东省的交互项（$GD \cdot \ln SpeTransper_{it}$）以及专项转移支付与安徽省的交互项（$AH \cdot \ln SpeTransper_{it}$）四个虚拟变量，控制相关因素对一般性转移支付和专项转移支付在不同省份的表现差异所产生的影响，进而对不同方程参数之间的差异进行统计检验，同理，我们分别设置人均行政管理支出与广东省的交互项（ $GD \cdot \ln ad\min_{it}$ ）、人均行政管理支出与安徽省的交互项（ $AH \cdot \ln ad\min_{it}$ ）、人均经济建设支出与广东省交互项（ $GD \cdot \mathrm{lnecoexpenditure}_{it}$ ）和人均经济建设支出与安徽省交互项（ $AH \cdot \mathrm{lnecoexpenditure}_{it}$ ）。为此，我们综合样本进行回归，将基本模型（1－4－1）～（1－4－5）扩展为下述模型（6－1）～（6－7），关于人均行政管理支出和经济建设支出与广东省和安徽省的交互项模型（6－1－1）～（6－1－5），可见附录21。

$$
\begin{aligned}
lnBasicSerper_{it} = {} & \alpha_0 + \alpha_1 \ln GelTransper_{it} + \alpha_2 \ln SpeTransper_{it} + \delta_1 GD \cdot \ln GelTransper_{it} \\
& + \delta_2 AH \cdot \ln GelTransper_{it} + \delta_3 GD \cdot \ln SpeTransper_{it} \\
& + \delta_4 AH \cdot \ln SpeTransper_{it} + \beta X_{it} + \varepsilon_{it}
\end{aligned} \tag{6-1}
$$

$$
\begin{aligned}
lnEduper_{it} = {} & \alpha_0 + \alpha_1 \ln GelTransper_{it} + \alpha_2 \ln SpeTransper_{it} + \delta_1 GD \cdot \ln GelTransper_{it} \\
& + \delta_2 AH \cdot \ln GelTransper_{it} + \delta_3 GD \cdot \ln SpeTransper_{it} \\
& + \delta_4 AH \cdot \ln SpeTransper_{it} + \beta X_{it} + \varepsilon_{it}
\end{aligned} \tag{6-2}
$$

$$
\begin{aligned}
lnSecurityper_{it} = {} & \alpha_0 + \alpha_1 \ln GelTransper_{it} + \alpha_2 \ln SpeTransper_{it} + \delta_1 GD \cdot \ln GelTransper_{it} \\
& + \delta_2 AH \cdot \ln GelTransper_{it} + \delta_3 GD \cdot \ln SpeTransper_{it} \\
& + \delta_4 AH \cdot \ln SpeTransper_{it} + \beta X_{it} + \varepsilon_{it}
\end{aligned} \tag{6-3}
$$

$$
\begin{aligned}
lnMedcialper_{it} = {} & \alpha_0 + \alpha_1 \ln GelTransper_{it} + \alpha_2 \ln SpeTransper_{it} + \delta_1 GD \cdot \ln GelTransper_{it} \\
& + \delta_2 AH \cdot \ln GelTransper_{it} + \delta_3 GD \cdot \ln SpeTransper_{it} \\
& + \delta_4 AH \cdot \ln SpeTransper_{it} + \beta X_{it} + \varepsilon_{it}
\end{aligned} \tag{6-4}
$$

$$
\begin{aligned}
lnCxshequ_{it} = {} & \alpha_0 + \alpha_1 \ln GelTransper_{it} + \alpha_2 \ln SpeTransper_{it} + \delta_1 GD \cdot \ln GelTransper_{it} \\
& + \delta_2 AH \cdot \ln GelTransper_{it} + \delta_3 GD \cdot \ln SpeTransper_{it} \\
& + \delta_4 AH \cdot \ln SpeTransper_{it} + \beta X_{it} + \varepsilon_{it}
\end{aligned} \tag{6-5}
$$

$$
\begin{aligned}
l n\mathrm{admin}_{it} = {} & \alpha_0 + \alpha_1 \ln GelTransper_{it} + \alpha_2 \ln SpeTransper_{it} + \delta_1 GD \cdot \ln GelTransper_{it} \\
& + \delta_2 AH \cdot \ln GelTransper_{it} + \delta_3 GD \cdot \ln SpeTransper_{it} \\
& + \delta_4 AH \cdot \ln SpeTransper_{it} + \beta X_{i,t-1} + \varepsilon_{it}
\end{aligned} \tag{6-6}
$$

$$
\begin{aligned}
l n\mathrm{ecoexpenditure}_{it} = {} & \alpha_0 + \alpha_1 \ln GelTransper_{it} + \alpha_2 \ln SpeTransper_{it} + \delta_1 GD \cdot \ln GelTransper_{it} \\
& + \delta_2 AH \cdot \ln GelTransper_{it} + \delta_3 GD \cdot \ln SpeTransper_{it} \\
& + \delta_4 AH \cdot \ln SpeTransper_{it} + \beta X_{i,t-1} + \varepsilon_{it}
\end{aligned} \tag{6-7}
$$

其中：（6－1）～（6－7）回归方程中的因变量分别表示云南省县级

政府人均基本公共服务支出、人均教育支出、社会保障和就业服务支出、城乡社区事务支出、行政管理支出和经济建设支出，数据选取和处理方法与第一章保持一致。基于上述扩展模型，我们可以得到两类财政转移支付对基本公共服务支出总量和各分量的敏感性回归结果，见表 6－1；同时，得到人均行政管理支出和经济建设支出对基本公共服务支出总量和各分量的敏感性回归结果，见表 6－2。

在扩展模型中，我们关注的是一般性转移支付和专项转移支付、人均行政管理支出和经济建设支出对基本公共服务支出总量及各分量的影响大小在三省域之间存在的差别，并对影响大小进行省域间的横向比较。

从表 6－1 中的四个交互项的回归结果可以看出，

（1）就两种转移支付对人均基本公共服务支出的影响来看，一方面表现为一般性转移支付对安徽省的影响程度小于云南省，而对广东省的影响程度大于云南省，即一般性转移支付对广东省县级政府基本公共服务支出的影响要大于对云南省的影响，对云南省的影响又要大于安徽省；另一方面表现为专项转移支付对安徽省的影响要强于云南省，对云南省的影响又要强于广东省，这和我们在前面对分省所做的实证分析结果一致。说明就两种转移支付对基本公共服务供给的影响来说，在经济社会较为发达的广东省，县级政府提供基本公共服务更多地依赖于一般性转移支付，而在中西部地区则更多地依赖于专项转移支付，云南省与安徽省在使用专项转移支付提供基本公共服务方面的效果基本一致。对于产生这些情况的主要原因，可参见我们在广东省和安徽省部分所做的分析，在此不再赘述，下文均做此处理。

（2）就两种转移支付对三省的基本公共服务支出的各分量支出的影响来看，其对人均教育支出、人均社会保障和就业服务支出以及对人均医疗卫生支出影响程度均呈现出一般性转移支付对广东省三类支出的影响大于云南省，云南省大于安徽省；专项转移支付对安徽省三类支出的影响大于云南省，云南省大于广东省，这再次体现了上述第（1）点的影响趋势，也与前文实证分析结果形成了良好的呼应。

（3）就两种转移支付对三省的人均行政管理支出和经济建设支出的影响来看，一般性转移支付对广东省行政管理支出的影响程度要大于云

表 6－1　扩展模型回归结果 1

	(1) 人均基本公共服务支出	(2) 人均教育支出	(3) 人均社会保障和就业服务支出	(4) 人均医疗卫生支出	(5) 人均城乡社区事务支出	(6) 人均行政管理支出	(7) 人均经济建设支出
一般性转移支付	0.555*** (14.88)	0.220*** (5.87)	2.568*** (16.27)	0.906*** (14.41)	0.429*** (3.87)	0.0896*** (3.69)	0.252*** (4.07)
专项转移支付	0.0416* (2.15)	0.103*** (5.27)	-0.503*** (-6.14)	0.187*** (5.73)	0.196*** (3.40)	0.0279 (0.98)	0.396*** (5.53)
一般性转移支付与广东省的交互项	0.450*** (12.23)	0.164*** (4.46)	1.987*** (13.64)	0.613*** (9.12)	0.144** (3.08)	1.005*** (20.64)	-0.0975 (-0.68)
一般性转移支付与安徽省的交互项	-0.436*** (-11.38)	-0.113** (-2.94)	-2.588*** (-15.95)	-0.676*** (-10.47)	-0.181 (-1.59)	-1.005*** (-20.64)	0.135 (0.95)
专项转移支付与广东省的交互项	-0.322*** (-13.11)	-0.217*** (-8.93)	-1.334*** (-13.86)	-0.281*** (-6.32)	0.0129 (0.20)	-0.0279 (0.98)	0.400*** (5.60)
专项转移支付与安徽省的交互项	0.290*** (13.29)	0.111*** (5.03)	0.894*** (9.67)	0.484*** (13.15)	0.215*** (3.31)	0.332*** (10.79)	0.538*** (6.69)
人均税收收入	0.00000473 (1.69)	0.00000658* (2.34)	0.00000102 (0.86)	0.000000172 (0.36)	0.000000328 (0.40)	0.000000680 (1.66)	0.000000827 (0.79)
人均财政收入	0.00000171*** (5.58)	0.00000104*** (3.37)	-0.00000228 (-1.76)	0.00000115* (2.22)	0.00000777*** (8.54)	0.00000290*** (6.54)	-0.00000300** (-2.62)
人均 GDP	-5.55e-08*** (-3.31)	-2.64e-08 (-1.57)	0.000000101 (1.43)	4.79e-08 (1.69)	-0.000000279*** (-5.60)	-4.98e-08* (-2.02)	-3.84e-08 (-0.61)

续表

	(1) 人均基本公共服务支出	(2) 人均教育支出	(3) 人均社会保障和就业服务支出	(4) 人均医疗卫生支出	(5) 人均城乡社区事务支出	(6) 人均行政管理支出	(7) 人均经济建设支出
人均行政管理支出	0.269*** (14.03)	0.232*** (12.02)	0.876*** (10.80)	0.170*** (5.26)	−0.264*** (−4.63)		0.595*** (8.52)
人均经济建设支出	0.0385*** (5.12)	−0.00521 (−0.69)	0.166*** (5.22)	0.0197 (1.56)	0.0392 (1.75)	0.0917*** (8.52)	
财政收入分权变量	1.035*** (8.82)	0.332** (2.82)	1.676*** (13.37)	0.456* (2.31)	2.493*** (7.15)	−0.247 (−1.43)	0.874* (1.99)
财政支出分权变量	−0.340** (−3.09)	−0.0936 (−0.84)	0.885 (1.9)	−0.728*** (−3.92)	−1.302*** (−3.97)	−0.149 (−0.92)	1.043* (2.53)
财政自主度变量	−0.0126 (−0.19)	0.175** (2.68)	−0.325 (−1.18)	−0.174 (−1.59)	−0.25 (−1.30)	−0.0183 (−0.19)	0.225 (0.92)
专项转移支付占支出比重	0.598*** (6.75)	0.533*** (6.00)	0.0653 (0.17)	1.520*** (10.19)	0.983*** (3.73)	0.691*** (5.37)	0.713* (2.16)
财政转移支付占收入比重	0.0261** (2.95)	0.0282** (3.17)	0.037 (0.99)	0.0115 (0.77)	0.0343 (1.3)	0.0152 (1.17)	0.0206 (0.62)
万人病床位数	0.000824* (2.46)	0.00121*** (3.6)	−0.00429** (−3.03)	0.00178** (3.16)	−0.000198 (−0.20)	0.00179*** (3.65)	0.000368 (0.29)
城市化率	0.0984 (1.42)	−0.0909 (−1.30)	1.067*** (3.63)	0.464*** (3.97)	−0.512* (−2.48)	0.213* (2.09)	−0.146 (−0.56)

续表

	(1) 人均基本公共服务支出	(2) 人均教育支出	(3) 人均社会保障和就业服务支出	(4) 人均医疗卫生支出	(5) 人均城乡社区事务支出	(6) 人均行政管理支出	(7) 人均经济建设支出
人口密度	-0.824 (-1.14)	-2.121** (-2.93)	6.786* (2.23)	1.683 (1.39)	-3.818 (-1.79)	-0.637 (-0.60)	-0.407 (-0.15)
万人小学生人数	-0.000122** (-3.15)	-0.000104** (-2.67)	-0.0000921 (-0.56)	-0.00240*** (-3.67)	-0.000162 (-1.41)	0.0000535 (0.94)	-0.000158 (-1.08)
万人中学生人数	0.0000377 (0.86)	0.000156*** (3.52)	0.000438* (2.35)	-0.0000184 (-0.25)	-0.000179 (-1.37)	-0.0000929 (-1.44)	0.000342* (2.08)
时间虚拟变量	0.176*** (12.18)	0.136*** (9.37)	0.373*** (6.12)	0.208*** (8.55)	0.216*** (5.05)	0.0678** (3.21)	-0.0584 (-1.08)
组内 R^2	0.9672	0.9397	0.8591	0.9557	0.7082	0.9165	0.8177
截距项	1.647*** (8.25)	2.907*** (14.49)	-10.93*** (-12.94)	-1.504*** (-4.47)	1.819** (3.07)	0.687* (2.35)	-3.498*** (-4.72)
F 值	1768.89	932.78	365.12	1292.90	145.39	691.35	282.44
样本观测值	1407	1407	1407	1407	1407	1407	1407

注：1. ***、**、* 分别表示回归系数在 1%、5% 和 10% 的水平上显著，括号内为 t 值。

2. 模型选择为固定效应模型。

3. 数据来源：由《中国统计年鉴》《新中国 60 年统计资料汇编》《中国县市社会经济统计年鉴》《中国财政年鉴》等统计年鉴资料，以及 EPS 统计数据库和该省财政厅预决算公布数据整理得到。

表 6－2　扩展模型回归结果 2

	(1) 人均基本公共服务支出	(2) 人均教育支出	(3) 人均社会保障和就业服务支出	(4) 人均医疗卫生支出	(5) 人均城乡社区事务支出
一般性转移支付	0.167*** (9.78)	0.124*** (7.64)	0.245*** (3.42)	0.309*** (10.74)	0.264*** (5.54)
专项转移支付	0.190*** (11.66)	0.152*** (9.81)	0.00124 (0.02)	0.428*** (15.51)	0.321*** (7.03)
人均行政管理支出与广东省的交互项	0.421*** (20.53)	0.235*** (12.06)	1.936*** (22.49)	0.361*** (10.42)	-0.169** (-2.94)
人均行政管理支出与安徽省的交互项	0.316*** (12.72)	0.304*** (12.86)	0.809*** (7.75)	0.315*** (7.50)	-0.291*** (-4.18)
人均经济建设支出与广东省的交互项	0.0409*** (5.32)	0.00774 (0.64)	0.0225*** (3.42)	-0.00229 (-0.11)	0.0513*** (6.14)
人均经济建设支出与安徽省的交互项	0.0814*** (8.29)	-0.00837 (-0.90)	0.341*** (8.27)	0.0659*** (3.97)	0.0904** (3.29)
人均税收收入	-0.000000123 (-0.41)	0.000000570* (1.99)	-0.00000214 (-1.69)	-0.000000682 (-1.34)	-0.000000276 (-0.33)
人均财政收入	0.00000146*** (4.50)	0.00000100** (3.25)	-0.00000411** (-3.02)	0.000000798 (1.46)	0.00000773*** (8.53)
人均 GDP	-4.13e-08* (-2.29)	-3.00e-08 (-1.75)	0.000000208** (2.75)	6.11e-08* (2.01)	-0.000000263*** (-5.22)

续表

	(1) 人均基本公共服务支出	(2) 人均教育支出	(3) 人均社会保障和就业服务支出	(4) 人均医疗卫生支出	(5) 人均城乡社区事务支出
人均行政管理支出	0.252*** (11.03)	0.202*** (10.02)	0.566*** (7.80)	0.105*** (4.28)	-0.223*** (-3.62)
人均经济建设支出	0.0183*** (4.02)	-0.00221 (-0.59)	0.142*** (4.23)	0.0124 (1.35)	0.0341 (1.44)
财政收入分权变量	1.254*** (9.84)	0.352** (2.90)	3.124*** (5.83)	0.758*** (3.52)	2.685*** (7.53)
财政支出分权变量	-0.524*** (-4.43)	-0.100 (-0.89)	-0.0631 (-0.13)	-0.961*** (-4.80)	-1.503*** (-4.54)
财政自主度变量	-0.0790 (-1.15)	0.144* (2.21)	-0.473 (-1.64)	-0.293* (-2.52)	-0.324 (-1.69)
专项转移支付占支出比重	0.649*** (6.95)	0.554*** (6.24)	0.0641 (0.16)	1.609*** (10.20)	-1.089*** (-4.17)
财政转移支付占收入比重	0.0249** (2.63)	0.0272** (3.03)	0.0366 (0.92)	0.00895 (0.56)	0.0353 (1.34)
万人病床位数	0.000624 (1.74)	0.00106** (3.13)	-0.00516*** (-3.43)	0.00138* (2.28)	0.0000177 (0.02)
城市化率	0.0691 (0.92)	-0.0606 (-0.85)	0.708* (2.25)	0.464*** (3.67)	-0.564** (-2.69)

续表

	(1) 人均基本公共服务支出	(2) 人均教育支出	(3) 人均社会保障和就业服务支出	(4) 人均医疗卫生支出	(5) 人均城乡社区事务支出
人口密度	-1.001 (-1.31)	-2.129** (-2.92)	5.740 (1.78)	1.463 (1.13)	-3.908 (-1.82)
万人小学生人数	-0.0000787 (-1.95)	-0.0000991** (-2.59)	-0.0000424 (-0.25)	-0.000180** (-2.64)	-0.0000604 (-0.54)
万人中学生人数	0.0000712 (1.52)	0.000161*** (3.62)	0.000673*** (3.43)	0.0000292 (0.37)	-0.000166 (-1.27)
时间虚拟变量	0.229*** (15.08)	0.151*** (10.45)	0.582*** (9.13)	0.289*** (11.29)	0.249*** (5.87)
组内 R^2	0.9629	0.9388	0.8426	0.9495	0.7068
截距项	2.078*** (9.96)	2.934*** (14.78)	-8.033*** (-9.16)	-0.956** (-2.71)	1.951*** (3.34)
F 值	1553.53	918.99	320.71	1127.14	144.38
样本观测值	1407	1407	1407	1407	1407

注：1. ***、**、*分别表示回归系数在1%、5%和10%的水平上显著，括号内为t值。

2. 模型选择为固定效应模型。

3. 数据来源：由《中国统计年鉴》《新中国60年统计资料汇编》《中国县市社会经济统计年鉴》《中国财政年鉴》等统计年鉴资料，以及EPS统计数据库和该省财政厅预决算公布数据整理得到。

南省，其对云南省的影响要大于对安徽省的影响，但正如我们在对广东省的实证分析部分所说的那样，一般性转移支付确实与广东省县级政府在行政管理支出方面的增加呈现出更为显著的正相关关系，但这种增加所产生的“粘蝇纸效应”带来的负面效应并不明显，反而会促进县级政府基本公共服务供给支出的增加和供给效率的提高。在两种转移支付对人均经济建设支出的影响方面，一般性转移支付带来的影响不显著，无法比较，但专项转移支付对广东和安徽两省人均经济建设支出的影响均显著强于云南省，这和之前的分析结果基本吻合，也就是说广东和安徽两省县级政府获得的用于经济建设的专项转移支付资金要明显多于云南省，这一点也和实际情况吻合，如安徽和广东的交通等基础设施均明显好于云南省。

从表6-2中可以看出，就人均行政管理支出和人均经济建设支出对三省县级政府基本公共服务供给支出影响而言，我们不难从设置的四个交互项代表的虚拟变量的计量结果看出，人均行政管理支出和经济建设支出对广东省和安徽省的影响均显著强于云南省，该结论再次印证了我们在广东省和安徽省实证分析部分所得到的结果。而通过人均教育支出、社会保障和就业服务支出、医疗卫生支出和城乡社区事务支出四个分量求出的关于四个交互项的回归结果，我们也不难发现，人均行政管理支出和经济建设支出对三个省份的四个基本公共服务支出分量的影响趋势与差异也符合我们之前的假设和分析结论。

结合前述理论假设和对云南、广东、安徽三省运用基本模型和扩展模型分别进行的实证分析，本研究从以下几个方面进行比较分析和总结，并简要归纳产生相关现象和问题的主要原因。

（1）就财政转移支付规模和比重等因素对三省县级政府基本公共服务支出结构和供给效率的影响方面来说，我们发现：对经济欠发达地区的县级政府来说，如云南省和安徽省，其财政收入对财政转移支付的依赖性一般比较大，较大规模的转移支付往往能够更好地促进该地区进行基本公共服务的供给，改善了供给效率，尤其是专项转移支付对这些县级政府提供基本公共服务帮助更大。而自有财政收入所表征的财政自主度变量对这些地区的基本公共服务供给效率则起到负面影响，本研究认为主要原因在于这些地区缺乏稳定而丰富的财政收入来源，财力匮乏，面对上级政府考核中属于“硬变量”的基本公共服务，自有财力显得“力不从心”，依赖上级政府的财政转移支付似乎成了一种“习惯”。

就实证分析结果而言，我们也不难发现，对经济发展水平相对较高地区的县级政府而言，如广东省，财政转移支付规模和比重，尤其是专项转移支付所发挥的作用就不像云南和安徽那么积极而显著了，这主要是缘于县级政府自有财力较为强大，不乏优质丰富的税源，再加上广东省历来就是我国改革开放的前沿和各种政策的试验区，所以广东省县级政府在基本公共服务供给方面显得很“自觉”，财政转移支付的规模虽然也发挥着重要的正面影响，但更偏重于财政转移支付中的一般性转移支付以及税收返还所形成的自有财力部分，基本公共服务供给效率和财政支出效率均高于云南和安徽两省。基于此研究结果，我们认为，在改革财政转移支付制度时，在普遍提升一般性转移支付比重的同时，应加大针对西部落后地区的专项转移支付比重。

（2）就两类财政转移支付对三省县级政府基本公共服务支出结构、供给效率以及对财政支出效率的影响的差异来说，本研究将财政转移支付包括一般性转移支付和专项转移支付，分别做了两种财政转移支付对基本公共服务支出总量和四个分量关于支出结构和支出效率影响的实证分析。从结果来看，两种财政转移支付对县级政府基本公共服务供给的影响存在着明显的区域性差异，但在一个省域范围内，当我们将样本县划分为不同区域进行比较分析的时候，同一种财政转移支付对基本公共服务支出结构和供给效率的影响基本是一致的，主要的原因是省际不同县之间经济发展水平不同，加上政策不同，都会导致即使是同样规模和构成比例一致的财政转移支付资金在基本公共服务供给效率方面的表现也大为不同，而在同一省域范围内，由于我们排除了市辖区，而样本县之间的经济发展水平差距并不是特别明显，转移支付政策基本一致，所以，财政转移支付资金在基本公共服务供给方面的表现也趋于一致。总的来看，有以下两点应引起注意。

一是从实证分析结果中，我们发现就对县级政府提供基本公共服务的影响而言，专项转移支付和一般性转移支付的作用因各地经济发展水平不同而存在着显著差别。在经济较为发达的东部地区，如广东省，一般性转移支付相比于专项转移支付更能促进县级政府基本公共服务供给水平和供给效率的提高；而在经济欠发达的中西部地区，如安徽省和云南省，专项转移支付对于县级政府提供基本公共服务的促进作用更为明显，显著性程度超过了一般性转移支付。结合本研究第二章的相关分析，我们就更能够看到，财政转移支付对基本公共服务供给效率和财政支出效率的影响，跟一般性转移支付和专项转移支付在三个省份乃至全国其他省份所起的作用大小不同有着重要关系。

2015 年国务院相关文件①中明确提出要增加一般性转移支付比重，降低专项转移支付比重，各省份根据该意见也迅速制定了省级及以下转移支付的相关实施意见，即中央对地方的拨款和地方上级对下级的拨款将明确增加没有用途限制的一般性转移支付比例。该意见的出发点就是要增强地方财政自主性，减少专项转移支付带来的负面影响，如限制地方政府“集中力量办大事”“跑部进钱”等。但本研究通过分析后认为，是否需要提高一般性转移支付比重要根据各地区经济发展实际情况以及两种财政转移支付在各地区所产生的实际效果不同来决定，尤其是省级及以下层面，不能搞一刀切。在贫困民族地区，专项转移支付已经被证明能够发挥重要的作用，就不能因为要提高一般性转移支付而减少专项转移支付的比重，云南省两个效率值均处于全国前列即为最好的例证。

二是从两类财政转移支付对基本公共服务各分量的影响来看，基本表现和其对基本公共服务总量影响的表现一致，即在经济较为发达的地区，一般性转移支付发挥更为重要的作用；而在经济欠发达的中西部地区，专项转移支付仍然发挥着更为重要的作用。但就对基本公共服务各分量的影响来说，中西部地区的教育发展、社会保障和就业服务、医疗卫生等方面还是需要各级政府加大专项资金的扶持力度，而不是降低；东部地区，虽然一般性转移支付在这些基本公共服务的提供中发挥了更重要的作用，但专项转移支付的影响仍然是积极和显著的，所以适当安排专项转移支付资金是合理而且合适的。

（3）就基本公共服务供给方面的财政转移支付资金的使用效率与上下

① 详见 2015 年国务院公布的《关于改革和完善中央对地方转移支付制度的意见》。

级政府间的财政分权关系来说，分权的必要性及其实际表现存在着区域化差异，这会带来同样的财政转移支付制度和办法在不同地区间实施的效果大为不同。如前所述，分权是目前世界大国治理当中普遍遵循的规则之一，我国也不例外，分权也是不同层级政府间协调关系的重要制度安排之一。本研究选取财政收入分权变量、财政支出分权变量和财政自主度变量这三个变量来表征财政分权程度，并作为分析基本公共服务供给效率的重要控制变量。

从三个省份的财政收入分权的计量结果，我们发现：收入分权程度的提高在三省的表现并不相同，其与安徽省县级政府提高基本公共服务供给水平和提高供给效率间均为正相关关系，即安徽省县级政府在获得更多的财政收入后会显著改善地方基本公共服务供给状况，也会促进基本公共服务资金的使用效率；财政收入分权程度对广东省县级政府提高基本公共服务供给水平和供给资金的使用效率没有显著影响，对云南省县级政府改善基本公共服务供给有负面影响，对其资金使用效率影响较小。其中原因正如我们在前文所说，发达地区县级政府财政收入水平本来就高，其基本公共服务供给效率受收入分权程度影响并不大，云南省作为经济欠发达地区，县区之间经济发展水平，尤其税源差异较大，所以，即使上级政府给予了县级政府一定的收入自主权，县级政府恐怕也很难得到更多的财政收入，得到这部分收入后也不一定会将其用于提供基本公共服务，或许还会被挪作他用。

从三个省份的财政支出分权的计量结果，我们发现：财政支出分权程度与云南、广东和安徽三省县级政府基本公共服务供给效率呈负相关关系，但没有通过显著性检验，说明这种负相关关系并不显著，即存在着这么一种情况，在三个省份县级政府层面，本级财政支出自主性越高，对上级政府依赖程度越低，则本级基本公共服务支出效率可能会越低，但就广东省的情况来说，财政支出分权程度越高，财政支出效率就越高。

因此，就对两个财政分权衡量变量的计量结果看，分权程度的提高对地方政府基本公共服务供给效率的影响并不一定就是正面的，而是具有明显的区域差别。

（4）对本研究所使用的控制变量在三省的实证分析中的具体结果进行比较分析。

首先，比较值得注意的是行政管理支出和经济建设支出的增加，一般来说，它们有助于县级政府提高基本公共服务供给效率，但其对基本公共服务供给效率的影响也同样存在着明显的区域差异。从理论上讲，一般性转移支付有时会被地方政府人为地挪用到行政管理支出方面，形成“粘蝇纸效应”，从而造成财政资源浪费。但通过对东中西部三省份县级层面数据的实证分析，我们发现，在中东部地区，行政管理支出的增加确实可以促进基本公共服务供给水平的改善，这主要的原因包括：一是我们研究的样本数据时间跨度较大；二是各地区行政管理的规范性存在着区域差异，一般来说，中东部地区政府行政管理制度规范性相比于西部地区要好，行政管理支出的增加主要是提高了政府工作效率，从而提高了基本公共服务资金使用的效率。另外，经济建设支出的增加可以显著促进广东和安徽两省县级政府基本公共服务供给水平的提高，这其中最可能的逻辑是：经济建设支出可以极大地改善地方基础设施面貌，增强地方税收竞争能力，吸引优质税源，增加地方财政自有收入，进而一定程度上可以促进地方基本公共服务供给能力的提升。但在云南省，这两项支出的增加对县级基本公共服务供给水平的改善起到了显著的负面影响。

其次，人口密度和城市化率对三省县级政府基本公共服务支出结构影响的敏感性并不显著，对基本公共服务供给效率的影响基本表现为弱显著性，仅仅在10%的水平上显著，在对安徽省的效率分析中不显著，其中的原因正如我们在前面所说，主要是与我们的研究样本中剔除了市辖区有关，即大部分样本县没有市辖区一样的人口密度和城市化率水平，也很难实现基本公共服务的规模化供给。

当然，要使得财政转移支付乃至经济建设和行政管理等支出的增加能够带来县级基本公共服务供给效率和供给水平的提升，前提条件是市场交易成本要足够低，或者是不发生，如政府官员的寻租行为必须得到有效遏制、政府的行政管理能力要提高等。这就需要我们构建一系列机制，如委托代理和激励约束机制等，以减少基本公共服务供给行为中委托人（上级政府）和代理人（下级政府）、供给方（各级政府）和需求方（辖区居民）存在的逆向选择和道德风险等行为会给基本公共服务供给效率带来的损失。

第二节　主要结论

在分权体制下，财政转移支付对我国地方政府基本公共服务供给效率的影响问题一直都是备受关注的重大理论与现实问题。本研究围绕这一问题，通过对国内外相关学者研究成果的梳理和研究，以全国省级层面、云南省、广东省和安徽省这三个分别位于西部、东部和中部地区省份为例，运用2004～2014年全国省级层面和三省县级层面财政收支面板数据，进行财政转移支付对县级政府基本公共服务供给行为和供给效率影响的实证研究和比较分析；在效率分析中，我们一方面运用随机前沿分析（SFA）方法，另一方面是为了更清晰地展示各相关变量对基本公共服务供给效率的影响，我们设置了财政支出效率函数与其进行比较研究。通过前文的相关研究和比较分析，可以得出如下的主要结论。

（1）财政转移支付及其规模大小对县级政府基本公共服务的供给效率会产生正向影响，但影响的程度因地区经济发达程度不同而存在差异。尤其是专项转移支付的规模和比重在不同地区县级政府基本公共服务供给效率中的影响显著不同。当我们改革与制定财政转移支付制度与政策时，在普遍提升一般性转移支付比重的同时，加大对西部后进地区专项转移支付的比重。

（2）一般性转移支付和专项转移支付对三省县级政府基本公共服务供给行为和供给效率的影响存在着区域差异，对财政总体支出效率的影响也存在差异。对三个省份的实证研究结果以及将这些结果与全国省级层面的实证研究结果相比较，我们发现，在经济较为发达的东部地区，一般性转移支付相比于专项转移支付更能促进县级政府基本公共服务供给水平的改善和供给效率的提高；在经济欠发达的中西部地区，专项转移支付对于县级政府提供基本公共服务的促进作用更为明显。而以基本公共服务支出的四个组成部分（教育支出、社会保障和就业服务支出、医疗卫生支出和城乡社区事务支出）分别作为被解释变量进行的实证分析结果同样表明，在经济较为发达的地区，一般性转移支付则发挥更为重要的作用；而在经济欠发达的中西部地区，专项转移支付发挥着更为重要的作用。因此，本研究认为，是否需要提高一般性转移支付比重应根据各地区经济发展实际情况以及两种财政转移支付在各地区所产生的实际效果不同来决定，尤其是省级及以下层面，不能搞一刀切。在贫困民族地区，如果专项转移支付能够发挥重要的作用，就不能以牺牲专项转移支付规模和比重作为代价换取一般性转移支付的增加。

（3）进一步证实了财政分权对于大国治理的必要性和重要性，分权是一国不同层级政府间协调关系的重要制度安排之一，重要目标是对政府和市场的边界进行划分，就其对基本公共服务供给行为及供给效率的影响而言，存在着较为明显的区域差别；同时，我们通过实证分析，也在一定程度上证实了财政分权与地区经济发达程度和居民收入水平并没有必然和直接的联系。而财权按照一定的税收原则选择适度下放确实有其必要性，同时作为配合政策，事权要有一定的上收，这样可以避免财政转移支付在使用过程中对地方政府行为造成的扭曲和资金使用效率的损失。

（4）行政管理支出和经济建设支出的增加在有些地区会有助于县级政府提供基本公共服务，通过对东中西部三省份县级层面数据的实证分析，我们发现，在中东部地区，行政管理和经济建设支出的增加确实可以促进基本公共服务供给水平的改善，而云南省经济建设支出的增加与县级政府基本公共服务供给水平的改善呈现出负相关关系。总之，区域间经济发展的不均衡会使得两种财政转移支付资金使用的效果大为不同。

（5）从制度运行和实施机制的角度讲，基本公共服务的委托人（上级政府）和代理人（下级政府）、供给方（各级政府）和需求方（辖区居民）之间良好的激励约束的委托代理机制，对提高财政转移支付资金在基本公共服务供给方面使用效率发挥着重要的作用。

第三节 政策建议

基于前述实证分析的结论，针对全国省级层面以及东中西部三省县级政府在基本公共服务支出结构和供给效率方面存在的问题，本研究提出以下政策建议。

一 进一步改革财政体制，改善转移支付的制度和政策，改进并规范县级政府基本公共服务供给行为，提高供给效率

（1）中央财政应该主要负责提供全国层面的基本公共服务产品，如教育、社会保障等；对受益范围较为本地化的基本公共服务则应该由地方财政负责提供；具有外溢性的基本公共服务，根据受益范围，由上级政府按照外溢性的范围进行相关的财政转移支付和财政补助。同时，中央要鼓励地方政府对其需要负责提供的基本公共服务进行制度创新，应赋予地方政府更多的自主权。

（2）省级政府要制定适合各省份省情的财政转移支付制度，制定合适的财政转移支付资金的支出项目和配置比例。

目前基本公共服务供给政策中针对财政转移支付制度，比较主流的声音是给予地方政府更多的一般性转移支付，增加地方政府支出灵活性和自主性，同时降低专项转移支付占比，该政策倾向的主要考虑是一般性转移支付使用的限制条件较少，可以在较大程度上赋予地方政府尤其是贫困地区政府的财政资金使用的灵活性，提高资金使用效率，而专项转移支付资金具有专款专用的性质，不能挪作他用，而且一般都要求地方政府根据上级下达的金额进行一定的配比后方可获得该笔资金，这种要求对于很多贫困地区来说就构成了负担，专项转移支付成为贫困地区政府眼中的“鸡肋”。但本研究通过相关实证分析后认为，不能因为这种不同方式转移支付本身存在的规定就认定两者在财政体制改革中就应该实行一升一降，因为就目前来说，财政转移支付存在的更为实际的问题：一是分配项目过多，部分财政转移支付项目设置交叉重复，资金分散，造成管理繁琐，在一般性转移支付和专项转移支付项目之间存在界限不清的问题，而从地方申报的项目中大量财政转移支付不符合本地区实际需要；二是在测算过程和最终分配情况不够公开透明的情况下，部分地区经济欠发达，如果盲目照搬在发达地区已经实施的一般性转移支付和专项转移支付一升一降的做

法明显是不妥的。

(3) 构建以县为承接基础的财政转移支付制度，完善县乡财政奖补政策，健全对困难县乡的财政转移支付分配机制，按各县乡农业人口比重来制定和细化分配方案。

以县为承接基础的财政转移支付制度具备坚实的财政理论基础，也是国外发达国家在推进政府职能转型和有效提高基本公共服务供给水平方面的一贯做法，我国县级政府是实现基本公共服务均等化目标的直接责任主体，同时也是财政收支行为的执行主体。以云南省为例，云南省在构建财政转移支付制度时，可以选择限制地市级政府在财政转移支付方面的直接管理职能，通过构建以县为承接基础、中央到省到县的财政转移支付制度(即省财政直管县模式)，这是云南省可以借鉴和选择的一条改革道路。同时，云南省还应该继续保持和推进现行的财政奖补政策，在保证“六奖一补”政策落到实处的同时，结合各县区间基本公共服务供给水平和供给效率存在显著差异的现实，可以考虑针对已经有效使用财政转移支付资金提供基本公共服务的那些偏远落后和高寒山区所在的县乡设置专项奖补项目，由财政转移支付委员会负责日常监督和检查，同时健全对其他困难县乡的财政转移支付机制。比如，通过前文对基本公共服务供给效率的随机前沿分析，我们发现城市化率对云南省基本公共服务供给效率的影响基本上是负面的，是缺乏效率的，但现实中，各级政府在大力推动城镇化建设。既然如此，那么在以城镇化建设推动基本公共服务供给方面，云南省应该要十分注重十八届三中全会中关于城市化的相关规定，建立财政转移支付同农业转移人口市民化数量相挂钩的机制，适时推进省内人口流动监测制度建设，进一步改革户籍制度，实行按常住人口“标准人”公式化分配基本公共服务资金，探索和研究省域内基本公共服务随人走的可行性，最终建立符合云南经济发展实际而又适应农业转移人口市民化的财政转移支付制度。

(4) 构建以县为承接基础的财政转移支付制度，完善县乡财政奖补政策，健全对困难县乡的财政转移支付分配机制，考虑各县乡农业人口比重来制定和细化分配方案。

以县为承接基础的财政转移支付制度具备坚实的财政理论基础，也是国外发达国家在推进政府职能转型和有效提高基本公共服务供给水平方面的一贯做法，我国县级政府是实现基本公共服务均等化目标的直接责任主体，同时也是财政收支行为的执行主体。我们仍然以云南省为例，云南省在构建财政转移支付制度时，可以选择限制地市一级政府在财政转移支付方面的直接管理职能，通过构建以县为承接基础、中央到省到县的财政转移支付制度，这是云南省可以借鉴和选择的一条改革道路。同时，云南省还应该继续保持和推进现行的财政奖补政策，在保证“六奖一补”政策落到实处的同时，结合各县区间基本公共服务供给水平和供给效率存在显著差异的现实，可以考虑针对已经有效使用财政转移支付资金提供基本公共服务的那些偏远落后和高寒山区所在县乡设置专项奖补项目，由财政转移支付委员会负责日常监督和检查，同时健全对其他困难县乡的财政转移支付机制。比如，通过前文对基本公共服务供给效率的随机前沿分析，我们发现城市化率对云南省基本公共服务供给效率的影响基本上是负面的，是缺乏效率的，因此，在以城镇化建设推动基本公共服务供给方面，云南省应十分注重十八届三中全会中关于城市化的相关规定，建立财政转移支付同农业转移人口市民化数量相挂钩的机制，适时推进省内人口流动监测制度建设，进一步改革户籍制度，实行按常住人口“标准人”公式化分配基本公共服务资金，探索和研究省域内基本公共服务随人走的可行性，最终建立既符合云南经济社会发展实际又适应农业转移人口市民化的财政转移支付制度。

二 构建并完善以委托代理机制为主的机制体系，激励、监督和约束县级政府基本公共服务供给行为，提高财政转移支付资金的使用效率

运用微观的机制设计理论来解决基本公共服务供给效率偏低的问题，主要是要解决居民的基本公共服务供给需求表达路径不畅、基本公共服务供给总量不足和外溢性公共产品补偿和供给机制不健全等问题。

（1）进一步明确县级政府基本公共服务范围。

就传统经济理论而言，市场配置资源的效率要远远高于政府，在西方

国家的基本公共服务供给中，也普遍注重通过市场向社会公众提供基本公共服务。但我国经济发展和基本公共服务供给水平的区域性差异较大，尤其是经济欠发达地区的地方政府财力较弱而导致的基本公共服务供给不足，同时考虑到基本公共服务事关公众福利和社会利益，具有非常强的社会属性，如果政府根据相关经济理论而盲目选择退出基本公共服务供给领域，那么带来的福利损失大于政府退出所带来的成本结余，而基本公共服务的缺失也会制约当地经济发展。同时，决定基本公共服务由谁提供时，相关政策也应因地制宜，应当根据经济发展水平进行决策。如在广东等东部经济发达地区，由市场来提供基本公共服务在一定程度上是可取的，这缘于县区级政府经济实力较强和人们良好的合作意识等一系列条件，这些条件可以保证一旦县级政府无法提供充足的基本公共服务时，它是可以选择由市场来提供不足的部分的；与此相反的是，中西部地区，如云南省，各县区经济发展水平普遍不高，市场参与度偏低，市场机制不够健全，依靠市场的力量还不足以保证其能提供本地所需求的基本公共服务量，政府参与基本公共服务的供给就显得极为迫切了，事实上，这些地区也是在如此行事，并且效果相对较好。

总之，在确定政府和市场的边界时，在经济发达地区，由政府提供的基本公共服务种类可以少一些，可以提供那些由政府提供比市场提供更有效率的公共服务产品，如公共安全和行政管理制度的制定和执行等，而对能够为市场带来利益的项目，市场中企业有着充足的供给意愿，政府应当相信市场中私人企业供给主体的“经济人”理性和市场中内含的竞争和效率因素，转变政府职能，打破行政垄断，政府介入的深度和范围适当偏小；而在经济落后地区，由政府提供的基本公共服务种类理应更多一些，政府介入范围也应当扩大一些。

（2）完善基本公共服务需求表达机制和基本公共服务的多维供给机制。

我国基本公共服务供给模式是传统的自上而下的决策机制，较少考虑当地居民多元化、差异化和个性化的基本公共服务需求，这主要是由于缺乏多元化的需求表达渠道，居民的多样性偏好不能顺畅地传达到政府基本公共服务供给的决策部门，而政府基本公共服务供给决策部门存在着公共资源稀缺和追求资源配置的帕累托最优目标的双重约束，不能够很好地做出符合实际需要的基本公共服务供给模式。如果要完善基本公共服务需求表达机制和基本公共服务多维供给机制，这些部门就需要做到：一是健全村委会（居委会）、乡镇到县市的居民“用手投票”和“用脚投票”的需求表达机制，按照事先议定程序和规则，监督和约束居民真实表达自己的基本公共服务需求意愿，然后将居民对基本公共服务的个体需求整合并转换为公共需求，将集体决策上升为政治决策的过程。以云南省为例，继续推进云南省实行的农村“一事一议”制度的落实与范围的扩大，将涉及农民切实利益的基本公共服务决策都纳入该制度覆盖的范围，加以决策。同时，推行政府供给为主导、社会组织和私人企业共同参与的多维供给模式，形成合理的政府出资规模和社会募集资金规模。

（3）建立县域间外溢性基本公共服务合作、补偿和惩罚机制。

当县域之间存在具有外溢性基本公共服务的需求和供给时，如果两个县先后提供两种基本公共服务，而且它们的行为之间不再具有相互独立性，而是存在相关性，即存在一方不提供成本也能够享受收益的情况，搭便车现象就发生了。为了防止出现这种现象，就需要构建一种机制来保证双方事前互相承诺提供该外溢性基本公共服务，不管这种承诺是直接提供同样外溢性公共产品还是间接提供，都有利于解决免费搭便车问题。同时，省一级政府还应该提供补偿和惩罚机制，即对提供外溢性基本公共服务的县级政府进行补偿，对承诺提供而未提供的一方进行相应的惩罚，从而实现公共资源优化配置以及缩小县域之间的基本公共服务供给水平差距。这样就可以在一定程度上激励县级政府增大基本公共服务支出以及提高供给效率。

（4）建立基本公共服务需求方和供给方的委托代理机制和监督与信息反馈机制，进一步拓宽基本公共服务的政府供给模式，规范并强化供给方的基本公共服务供给行为。

后续的经济学家们运用机制设计理论，从占有策略均衡、贝叶斯均衡模型方面设计机制，如通过能够使外部成本内部化的税收或补贴机制，努力让参与者显示自己真实的意愿和需求偏好[①]。具体来说，一方面要通过

---

① D. Fudenberg, J. Tirole, *Game Theory* (Cambridge, USA: MIT Press, 1991), pp. 145 - 158.

偏好表达机制约束居民偏好表达的客观和正确，奖真罚伪；另一方面在政府政绩和财政绩效考核中加入基本公共服务供给努力的变量，奖勤罚懒。通过明确监管主体、落实监管工作和明确奖惩机制，及时反馈信息，增强机制设计的合理度和有效性。

三 构建层次清晰的法律制度，监督和反腐机制，以加强对财政转移支付资金在分配、使用和事后的绩效评估等全过程的监管

较为科学、规范的中央对省级财政转移支付制度应该是从 1995 年国家出台的《过渡期财政转移支付办法》开始的，它是对分税制的修正补充机制，该机制设计的基础是兼顾地方政府间的财政能力差别和基本公共服务均等化的目标，基于此均衡目的，财政转移支付的目标定位就是通过平衡地方财政收支能力以实现各地基本公共服务供给的均等化，所以要提高基本公共服务供给效率，就是要对平衡地方财政能力起关键作用的财政转移支付制度进行改革和完善。

首先，要借助于新《预算法》和《关于改革和完善中央对地方转移支付制度的意见》等法规的实施，加快制定或完善省级及以下政府层面的财政转移支付法律法规，建立健全地方财政转移支付管理机构。遵循《2008 年中央对地方一般性转移支付办法》、新《预算法》以及各省份已有的关于转移支付的实施与管理办法等文件，各省都要加快针对省以下各级政府，尤其是针对县级政府的财政转移支付制度和实施机制的立法工作。其次，在相关立法中，应着重加强对财政转移支付行为的全过程管理，尤其是在资金分配、管理和绩效评估方面，要及时建立起一整套的程序法，建立省级层面、专业化的专门委员会负责所有对省以下政府的财政转移支付事宜。在财政转移支付资金使用后的绩效评估工作中，要在综合考察各县经济发展实情的基础上，构建切实可行的统计数据和相关变量体系，认真组织实施财政转移支付资金使用效率等方面的绩效评估，并适当邀请非政府的第三方组织参与绩效评估全过程，避免评估流于形式。

具体来说，一是我们要从对资金分配的监管来加强对转移的分配与使

用，最好能够将具体的分配方案以制度法规形式确定下来，避免“跑部进钱”和“领导拍脑”随机决定项目等损害资金使用效率的行为的发生，其中非常关键的是要在制定具体制度规定时，应着重考虑专项转移支付适当向落后地区倾斜。二是对转移支付资金使用方向等的监管，要根据全国和各地区实际情况，侧重监管容易发生寻租行为的支出领域，如公用基础设施等领域，而对寻租行为发生概率较小的支出领域则可以适当放宽限制，如针对少数民族教育领域的精准扶贫等专项转移支付项目。三是对转移支付资金使用后的绩效评估的监管，初次评估可以交由政府相关职能或监管部门去做，但还需要委托省外的第三方机构进行资金使用绩效的再评估，对于再评估结果与初次评估不符的，一定要由更上一级政府部门组织该领域和相关领域专家进行最终决策，而为了避免绩效评估流于形式，上述评估过程和结果务必全程公开，接受公众监督。

第四节　需进一步研究的问题

本研究整体构想是想考察财政转移支付对县级政府基本公共服务供给效率的影响，通过基本理论分析和基于委托代理理论模型的分析，我们提出了四个待检验的理论假设，在此基础上构建了财政转移支付对县级基本公共服务支出结构和供给效率影响的计量模型，以全国省级层面及云南、广东和安徽三省为例进行了实证分析，并就实证结果进行了比较分析与总结，提出了政策建议。虽然已经做了大量的研究，但本研究工作还存在一些不足，这也是需要进一步探讨的问题。

（1）本研究所用样本数据的时间跨度虽然是 11 年，但限于各省份数据统计情况和公布情况有所不同，实在难以收集全国县级层面的相关财政收支数据。所以，只能选取了全国省级层面作为一个样本以及东部、中部和西部各一个省份作为样本，共 4 个样本来做比较研究，计量结果难免会有不尽如人意之处，如果可以用全国县级层面的数据做分析，比较分析结果和相关结论的可靠程度肯定会有提高。

（2）在对财政转移支付数据的处理上，由于财政部并没有明确公布省级层面各类财政转移支付数据，省级以下的财政转移支付数据虽然财政厅的预决算报告中均有列出，但更多的是包含在财力性转移支付项目当中，而且很多省份将此类数据列为保密级别，所以想准确区分实际上是相当困难的。同时，上级政府（含中央政府）每年对下级政府（含省级政府）的财政转移支付中均包含大量的财政拨款，所以财政转移支付的作用一般被认为是非线性的，加上各个县区资源禀赋和经济发展情况不同，所以，财政转移支付的方式不同也会造成资金具体的使用方向、方法和效率均不相同，对县级政府基本公共服务供给行为的作用机制也不相同，这些问题都需要在进一步的研究中进行更为细致而深入地思考。

（3）在计量方法上，本研究对控制变量的选取上还做不到特别完善，如政府部门（官员）的寻租行为会对基本公共服务供给造成影响，表征寻租行为的变量应该要加入计量模型进行分析，但本研究并未做该处理，原因是：就县级层面来说，想要准确收集到该变量所需的数据非常困难，目前国内学者基于省级层面数据对这一问题的实证分析比较常见，最具代表性的如傅勇（2010）①、范子英（2013）② 等。但本研究认为，寻租行为对财政转移支付资金在基本公共服务供给方面的使用效率所产生的负面影响却是不言而喻的，本研究也相信，随着未来县级层面的财政及相关数据被详细地分类整理与公布，这一问题应该会得到很好的解决。

---

① 傅勇：《财政分权、政府治理与非经济性公共物品供给》，《经济研究》2010 年第 8 期。

② 范子英：《转移支付、基础设施投资与腐败》，《经济社会体制比较》2013 年第 2 期。

附　录

附录1　2004～2014年全国省级层面基本公共服务供给效率值汇总表

序号	省份	区域	2004年	2005年	2006年	2007年	2008年	2009年
1	北京市	东部	1.0379	1.0467	1.0424	1.0619	1.0505	1.1018
2	天津市	东部	1.3335	1.2531	1.1880	1.1423	1.1125	1.1653
3	河北省	东部	1.0268	1.0121	1.0107	1.0156	1.0194	1.0331
4	山西省	中部	1.1695	1.1015	1.0187	1.0155	1.0151	1.0233
5	内蒙古	西部	1.0255	1.0176	1.0146	1.0256	1.0265	1.0535
6	辽宁省	东部	1.0565	1.0411	1.0299	1.0309	1.0337	1.0738
7	吉林省	中部	1.1925	1.0756	1.0566	1.0221	1.0165	1.0553
8	黑龙江	中部	1.1491	1.0839	1.0213	1.0188	1.0121	1.0629
9	上海市	东部	1.1011	1.1052	1.0814	1.0918	1.1084	1.1703
10	江苏省	东部	1.0449	1.0578	1.0608	1.0521	1.0681	1.0773
11	浙江省	东部	1.1306	1.1467	1.1281	1.1113	1.1035	1.1228
12	安徽省	中部	1.0784	1.0218	1.0131	1.0195	1.0249	1.0609
13	福建省	东部	1.0137	1.0201	1.0183	1.0221	1.0260	1.0321
14	江西省	中部	1.1055	1.0968	1.0482	1.0305	1.0301	1.0592
15	山东省	东部	1.0133	1.0189	1.0208	1.0219	1.0248	1.0320
16	河南省	中部	1.0373	1.0204	1.0141	1.0148	1.0289	1.0543
17	湖北省	中部	1.1845	1.1062	1.0502	1.0299	1.0254	1.0513
18	湖南省	中部	1.0640	1.0181	1.0097	1.0159	1.0147	1.0428
19	广东省	东部	1.0830	1.0886	1.0286	1.0314	1.0386	1.0437
20	广　西	西部	1.1160	1.1115	1.0203	1.0195	1.0317	1.0313
21	海南省	东部	1.0995	1.0416	1.0356	1.0198	1.0199	1.0319
22	重庆市	西部	1.1137	1.0305	1.0140	1.0236	1.0405	1.0666
23	四川省	西部	1.0531	1.0318	1.0165	1.0230	1.0406	1.0576
24	贵州省	西部	1.0732	1.1138	1.1027	1.0784	1.0483	1.0903
25	云南省	西部	1.1785	1.1696	1.1202	1.0606	1.0509	1.0851
26	西　藏	西部	1.1640	1.1587	1.1452	1.1130	1.0326	1.0300
27	陕西省	西部	1.1540	1.1265	1.0191	1.0162	1.0183	1.0337
28	甘肃省	西部	1.3444	1.2541	1.0141	1.0371	1.0235	1.0628

续表

序号	省份	区域	2004 年	2005 年	2006 年	2007 年	2008 年	2009 年
29	青海省	西部	1.0920	1.0775	1.0987	1.1114	1.0625	1.0852
30	宁　夏	西部	1.1094	1.0558	1.0338	1.0126	1.0243	1.0301
31	新　疆	西部	1.0111	1.0105	1.0123	1.0240	1.0229	1.0205
全国分年加权平均			1.1083	1.0811	1.0480	1.0424	1.0386	1.0626
序号	省份	区域	2010	2011	2012	2013	2014	各年加总平均
1	北京市	东部	1.0512	1.0422	1.0340	1.0475	1.0492	1.0514
2	天津市	东部	1.1880	1.2162	1.2072	1.2095	1.2304	1.2042
3	河北省	东部	1.0565	1.0535	1.0407	1.0490	1.0676	1.0350
4	山西省	中部	1.0227	1.0254	1.0165	1.0211	1.0417	1.0428
5	内蒙古	西部	1.0316	1.0410	1.0396	1.0704	1.0898	1.0396
6	辽宁省	东部	1.0541	1.0279	1.0174	1.0724	1.1186	1.0506
7	吉林省	中部	1.0360	1.0319	1.0167	1.0282	1.0485	1.0527
8	黑龙江	中部	1.0355	1.0333	1.0140	1.0238	1.0435	1.0453
9	上海市	东部	1.0796	1.0671	1.0553	1.0722	1.1014	1.0940
10	江苏省	东部	1.0870	1.0790	1.0726	1.0783	1.1027	1.0710
11	浙江省	东部	1.1061	1.0797	1.0654	1.0621	1.0801	1.1033
12	安徽省	中部	1.0529	1.0609	1.0519	1.0565	1.0866	1.0479
13	福建省	东部	1.0380	1.0536	1.0599	1.0479	1.0794	1.0374
14	江西省	中部	1.0589	1.0577	1.0337	1.0428	1.0684	1.0574
15	山东省	东部	1.0339	1.0393	1.0409	1.0396	1.0569	1.0311
16	河南省	中部	1.0626	1.0707	1.0547	1.0478	1.0608	1.0424
17	湖北省	中部	1.0623	1.0565	1.0349	1.0461	1.0474	1.0632
18	湖南省	中部	1.0432	1.0464	1.0287	1.0339	1.0557	1.0339
19	广东省	东部	1.0544	1.0656	1.0716	1.0789	1.1045	1.0626
20	广　西	西部	1.0627	1.1071	1.0783	1.0644	1.0772	1.0655
21	海南省	东部	1.0164	1.0321	1.0279	1.0271	1.0426	1.0359
22	重庆市	西部	1.0736	1.1017	1.0698	1.1015	1.1093	1.0677
23	四川省	西部	1.0588	1.0690	1.0391	1.0497	1.0653	1.0458
24	贵州省	西部	1.1094	1.1184	1.0893	1.0875	1.1379	1.0954
25	云南省	西部	1.0815	1.0687	1.0526	1.0558	1.0732	1.0906
26	西　藏	西部	1.0951	1.0478	1.0217	1.0193	1.0143	1.0765
27	陕西省	西部	1.0341	1.0330	1.0228	1.0167	1.0346	1.0463
28	甘肃省	西部	1.0609	1.0823	1.0477	1.0779	1.0943	1.0999
29	青海省	西部	1.1448	1.0637	1.0172	1.0611	1.0455	1.0781
30	宁　夏	西部	1.1184	1.0561	1.0749	1.1125	1.0731	1.0637
31	新　疆	西部	1.0281	1.0341	1.0227	1.0237	1.0337	1.0221
全国分年加权平均			1.0658	1.0633	1.0490	1.0589	1.0753	

数据来源：由《中国统计年鉴》《新中国 60 年统计资料汇编》《中国县市社会经济统计年鉴》《中国财政年鉴》等统计年鉴资料，以及 EPS 统计数据库和该省财政厅预决算公布数据整理得到。

附录 2　2004～2014 年全国省级层面财政支出效率值汇总表

序号	省份	区域	2004 年	2005 年	2006 年	2007 年	2008 年	2009 年
1	北京市	东部	2.928	3.139	3.528	3.867	3.866	4.412
2	天津市	东部	2.392	2.503	2.720	2.904	3.172	3.722
3	河北省	东部	1.000	1.086	1.228	1.420	1.553	1.776
4	山西省	中部	1.119	1.426	1.813	1.857	2.018	2.239
5	内蒙古	西部	1.638	1.858	2.032	2.441	2.833	3.323
6	辽宁省	东部	1.235	1.748	1.989	2.250	2.436	2.840
7	吉林省	中部	1.411	1.635	1.725	1.873	2.171	2.502
8	黑龙江	中部	1.365	1.467	1.664	1.807	2.083	2.314
9	上海市	东部	3.747	4.022	4.035	4.044	4.485	4.958
10	江苏省	东部	1.000	1.455	1.681	1.892	2.211	2.549
11	浙江省	东部	1.517	1.668	1.773	1.925	2.163	2.538
12	安徽省	中部	1.000	1.000	1.142	1.358	1.585	1.883
13	福建省	东部	1.233	1.296	1.469	1.609	1.806	2.122
14	江西省	中部	1.000	1.051	1.203	1.390	1.605	1.914
15	山东省	东部	1.000	1.063	1.341	1.547	1.654	1.873
16	河南省	中部	1.000	1.000	1.105	1.335	1.408	1.643
17	湖北省	中部	1.000	1.033	1.328	1.455	1.624	1.890
18	湖南省	中部	1.000	1.043	1.211	1.386	1.550	1.795
19	广东省	东部	1.429	1.704	1.720	1.806	2.244	2.678
20	广　西	西部	1.000	1.055	1.155	1.361	1.540	1.773
21	海南省	东部	1.336	1.431	1.480	1.903	1.993	2.190
22	重庆市	西部	1.183	1.350	1.511	1.711	1.971	2.267
23	四川省	西部	1.000	1.001	1.167	1.410	1.995	2.213
24	贵州省	西部	1.001	1.152	1.263	1.440	1.645	2.013
25	云南省	西部	1.208	1.321	1.429	1.607	1.817	2.177
26	西　藏	西部	3.335	4.164	3.945	4.724	5.659	6.306
27	陕西省	西部	1.083	1.282	1.550	1.763	2.012	2.377
28	甘肃省	西部	1.166	1.297	1.425	1.608	1.965	2.252
29	青海省	西部	1.864	2.062	2.319	2.557	2.765	3.316
30	宁　夏	西部	1.628	1.879	2.054	2.206	2.486	2.914
31	新　疆	西部	1.580	1.777	2.078	2.122	2.358	2.656
全国分年加权平均			1.464	1.644	1.809	2.019	2.280	2.627

续表

序号	省份	区域	2010 年	2011 年	2012 年	2013 年	2014 年	各年加总平均
1	北京市	东部	4.710	4.767	5.054	5.347	5.409	4.275
2	天津市	东部	3.928	4.419	4.621	4.875	5.039	3.663
3	河北省	东部	1.998	2.274	2.393	2.445	2.438	1.783
4	山西省	中部	2.504	2.777	2.963	3.056	3.001	2.252
5	内蒙古	西部	3.643	4.252	4.472	4.499	4.466	3.223
6	辽宁省	东部	3.107	3.439	3.618	3.898	3.699	2.751
7	吉林省	中部	2.795	3.184	3.335	3.470	3.460	2.506
8	黑龙江	中部	2.595	2.915	3.022	3.066	2.970	2.297
9	上海市	东部	5.130	5.375	5.362	5.404	5.393	4.723
10	江苏省	东部	2.793	3.183	3.253	3.398	3.450	2.442
11	浙江省	东部	2.763	2.960	3.016	3.251	3.296	2.443
12	安徽省	中部	2.217	2.525	2.766	2.841	2.856	1.925
13	福建省	东部	2.350	2.722	2.928	3.169	3.175	2.171
14	江西省	中部	2.187	2.581	2.801	3.015	3.149	1.991
15	山东省	东部	2.195	2.397	2.580	2.716	2.746	1.919
16	河南省	中部	1.848	2.083	2.235	2.321	2.377	1.669
17	湖北省	中部	2.124	2.492	2.607	2.806	2.917	1.934
18	湖南省	中部	2.021	2.380	2.544	2.661	2.693	1.844
19	广东省	东部	3.007	3.530	3.727	3.854	3.958	2.641
20	广　西	西部	2.129	2.429	2.606	2.633	2.641	1.847
21	海南省	东部	2.521	2.813	2.829	2.975	2.979	2.278
22	重庆市	西部	2.737	3.546	3.722	3.536	3.579	2.465
23	四川省	西部	2.488	2.530	2.693	2.822	2.911	2.021
24	贵州省	西部	2.285	2.836	3.107	3.215	3.448	2.128
25	云南省	西部	2.358	2.748	2.960	3.185	3.236	2.186
26	西　藏	西部	6.835	7.739	7.852	8.047	8.357	6.088
27	陕西省	西部	2.661	3.171	3.244	3.324	3.409	2.353
28	甘肃省	西部	2.490	2.736	2.885	3.035	3.132	2.181
29	青海省	西部	4.170	4.814	5.119	5.156	5.174	3.574
30	宁　夏	西部	3.421	3.765	4.170	4.171	4.301	3.000
31	新　疆	西部	3.036	3.585	3.855	4.000	4.077	2.829
全国分年加权平均			2.937	3.321	3.495	3.619	3.669	

数据来源：由《中国统计年鉴》《新中国60年统计资料汇编》《中国县市社会经济统计年鉴》《中国财政年鉴》等统计年鉴资料，以及EPS统计数据库和该省财政厅预决算公布数据整理得到。

附录 3　财政转移支付对云南省县级政府人均基本公共服务支出及相关变量影响敏感性分析

	(1) 人均基本公共服务支出	(2) 人均基本公共服务支出	(3) 人均基本公共服务支出	(4) 人均基本公共服务支出	(5) 人均基本公共服务支出	(6) 人均基本公共服务支出	(7) 人均基本公共服务支出	(8) 人均行政管理支出	(9) 人均经济建设支出
一般性转移支付	0. 484 *** (40. 82)	0. 213 *** (13. 21)	0. 164 *** (11. 67)	0. 103 *** (7. 54)	0. 105 *** (7. 04)	0. 335 *** (16. 59)	0. 349 *** (16. 89)	0. 433 *** (13. 36)	0. 484 *** (33. 13)
专项转移支付		0. 353 *** (21. 57)	0. 255 *** (17. 09)	0. 143 *** (9. 03)	0. 128 *** (5. 67)	0. 316 *** (13. 53)	0. 326 *** (13. 74)	0. 357 *** (9. 44)	0. 534 *** (31. 41)
人均税收收入			0. 126 *** (7. 04)	0. 0883 *** (5. 22)	0. 109 *** (6. 51)	0. 0868 *** (6. 23)	0. 0882 *** (6. 19)	0. 100 *** (4. 12)	-0. 0161 (-1. 14)
人均财政收入			0. 0572 ** (3. 06)	-0. 0105 (-0. 52)	0. 114 *** (4. 45)	0. 413 *** (14. 89)	0. 410 *** (14. 79)	0. 198 *** (4. 43)	0. 308 *** (12. 27)
人均 GDP			0. 0700 ** (3. 03)	0. 0242 (1. 11)	0. 0136 (0. 63)	0. 0115 (0. 65)	0. 0177 (0. 97)	0. 0582 (1. 76)	0. 00470 (0. 25)
人均行政管理支出				0. 118 *** (6. 97)	0. 102 *** (6. 03)	-0. 0137 (-0. 94)	-0. 0314 (-1. 94)		-0. 181 *** (-11. 62)
人均经济建设支出				0. 199 *** (13. 13)	0. 118 *** (5. 70)	-0. 385 *** (-13. 10)	-0. 391 *** (-13. 23)	-0. 541 *** (-11. 47)	
财政收入分权变量					-0. 585 *** (-8. 19)	-0. 828 *** (-11. 70)	-0. 807 *** (-11. 37)	-0. 0880 (-0. 77)	-0. 175 ** (-2. 59)

续表

	(1) 人均基本公共服务支出	(2) 人均基本公共服务支出	(3) 人均基本公共服务支出	(4) 人均基本公共服务支出	(5) 人均基本公共服务支出	(6) 人均基本公共服务支出	(7) 人均基本公共服务支出	(8) 人均行政管理支出	(9) 人均经济建设支出
财政支出分权变量					0.272** (2.97)	0.262*** (3.66)	0.216** (3.01)	0.655*** (4.31)	0.481*** (6.09)
财政自主度变量					0.0440 (1.83)	-0.178*** (-6.53)	-0.183*** (-6.70)	-0.0895* (-2.03)	-0.173*** (-6.74)
专项转移支付占财政支出比重						1.870*** (17.79)	1.925*** (18.19)	1.617*** (9.63)	2.731*** (41.95)
转移支付占财政收入比重						0.0504*** (16.75)	0.0498*** (16.39)	0.0268*** (5.25)	0.0330*** (11.60)
万人病床位数							-0.000163 (-0.40)	0.00199** (2.84)	0.00109** (2.70)
万人农业人口数							-0.000599 (-1.49)	-0.0104*** (-11.10)	-0.00174*** (-3.67)
城市化率							0.0695 (1.22)	-0.172 (-1.59)	-0.254*** (-4.30)
人口密度							-1.181 (-1.39)	-3.938* (-1.98)	0.839 (0.85)

续表

	(1) 人均基本公共服务支出	(2) 人均基本公共服务支出	(3) 人均基本公共服务支出	(4) 人均基本公共服务支出	(5) 人均基本公共服务支出	(6) 人均基本公共服务支出	(7) 人均基本公共服务支出	(8) 人均行政管理支出	(9) 人均经济建设支出
万人小学生人数							0.0000908*** (3.69)	0.000215*** (4.76)	0.0000469 (1.84)
万人中学生人数							0.0000243 (0.08)	-0.000509 (-0.99)	0.0000283 (0.94)
时间虚拟变量	0.557*** (28.73)	0.364*** (19.14)	0.365*** (22.23)	0.419*** (26.47)	0.275*** (12.20)	0.110*** (5.25)	0.117*** (5.52)	-0.0689* (-1.98)	0.557*** (28.73)
组内 R^2	0.9384	0.9544	0.9659	0.9699	0.9721	0.9799	0.9804	0.8770	0.9889
截距项	3.353*** (48.32)	2.908*** (46.44)	2.223*** (17.26)	2.237*** (17.90)	2.299*** (15.89)	3.100*** (24.80)	3.043*** (22.50)	2.488*** (10.66)	0.921*** (6.82)
样本观测值	1210	1210	1210	1210	1210	1210	1210	1210	1210

注：1. ***、**、* 分别表示回归系数在 1%、5% 和 10% 的水平上显著，括号内为 t 值。

2. 模型选择为固定效应模型。

3. 数据来源：由《中国统计年鉴》《新中国 60 年统计资料汇编》《中国县市社会经济统计年鉴》《中国财政年鉴》等统计年鉴资料，以及 EPS 统计数据库和该省财政厅预决算公布数据整理得到。

附录 4　财政转移支付对云南省县级政府人均教育支出影响的敏感性分析

	(1) 人均教育支出	(2) 人均教育支出	(3) 人均教育支出	(4) 人均教育支出	(5) 人均教育支出	(5) 人均教育支出	(6) 人均教育支出
一般性转移支付	0.447*** (37.16)	0.181*** (11.22)	0.130*** (8.99)	0.0899*** (6.09)	0.113*** (7.02)	0.387*** (16.16)	0.397*** (16.85)
专项转移支付		0.349*** (21.30)	0.249*** (16.20)	0.171*** (10.21)	0.203*** (8.38)	0.431*** (15.79)	0.437*** (16.33)
人均税收收入			0.136*** (7.36)	0.120*** (6.51)	0.131*** (7.13)	0.106*** (6.36)	0.128*** (7.75)
人均财政收入			0.0434* (2.26)	-0.0279 (-1.27)	0.0535 (1.93)	0.213*** (6.70)	0.220*** (7.10)
人均 GDP			0.0675** (2.77)	0.0379 (1.54)	0.0215 (0.87)	0.00444 (0.20)	0.0120 (0.55)
人均行政管理支出				0.0184 (0.94)	0.00303 (0.15)	-0.0943*** (-5.12)	-0.0934*** (-4.86)
人均经济建设支出				0.172*** (10.52)	0.0795*** (3.51)	-0.387*** (-11.21)	-0.403*** (-11.94)
财政收入分权变量					-0.450*** (-5.91)	-0.404*** (-4.99)	-0.386*** (-4.90)
财政支出分权变量					0.120 (1.08)	0.0608 (0.62)	-0.117 (-1.25)

续表

	(1) 人均教育支出	(2) 人均教育支出	(3) 人均教育支出	(4) 人均教育支出	(5) 人均教育支出	(5) 人均教育支出	(6) 人均教育支出
财政自主度变量					0. 103 *** (4. 02)	-0. 172 *** (-5. 52)	-0. 195 *** (-6. 40)
专项转移支付占财政支出比重						1. 938 *** (15. 88)	2. 050 *** (17. 19)
转移支付占财政收入比重						0. 0262 *** (7. 33)	0. 0284 *** (8. 12)
万人病床位数							0. 000392 (0. 83)
万人农业人口数							0. 00143 * (2. 54)
城市化率							-0. 143 * (-2. 06)
人口密度							-3. 693 ** (-3. 17)
万人小学生人数							0. 000223 *** (7. 50)
万人中学生人数							-0. 0000833 * (-2. 37)

续表

	(1) 人均教育支出	(2) 人均教育支出	(3) 人均教育支出	(4) 人均教育支出	(5) 人均教育支出	(5) 人均教育支出	(6) 人均教育支出
时间虚拟变量	0.210*** (10.63)	0.0158 (0.83)	0.0284 (1.69)	0.0742*** (4.43)	-0.0455 (-1.87)	-0.141*** (-5.82)	-0.143*** (-6.01)
组内 R^2	0.8796	0.9143	0.9346	0.9398	0.9423	0.9534	0.9553
截距项	3.059*** (44.07)	2.606*** (41.47)	1.992*** (14.70)	2.174*** (15.40)	2.336*** (14.15)	3.234*** (20.54)	3.055*** (19.01)
样本观测值	1210	1210	1210	1210	1210	1210	1210

注：1. ***、**、* 分别表示回归系数在 1%、5% 和 10% 的水平上显著，括号内为 t 值。

2. 模型选择为固定效应模型。

3. 数据来源：由《中国统计年鉴》《新中国 60 年统计资料汇编》《中国县市社会经济统计年鉴》《中国财政年鉴》等统计年鉴资料，以及 EPS 统计数据库和该省财政厅预决算公布数据整理得到。

附录 5　财政转移支付对云南省县级政府人均社会保障和就业服务支出影响的敏感性分析

	(1) 人均社会保障和就业服务支出	(2) 人均社会保障和就业服务支出	(3) 人均社会保障和就业服务支出	(4) 人均社会保障和就业服务支出	(5) 人均社会保障和就业服务支出	(6) 人均社会保障和就业服务支出	(7) 人均社会保障和就业服务支出
一般性转移支付	0.499*** (16.83)	0.146** (3.27)	0.139** (3.19)	0.0566 (1.23)	0.0494 (0.96)	0.144 (1.80)	0.121 (1.47)
专项转移支付		0.456*** (10.29)	0.366*** (8.07)	0.215*** (4.03)	0.244** (3.09)	0.323*** (3.45)	0.228* (2.39)
人均税收收入			0.170** (3.21)	0.157** (2.88)	0.167** (3.04)	0.138* (2.56)	0.174** (3.16)
人均财政收入			-0.00717 (-0.13)	-0.134* (-2.01)	-0.0587 (-0.68)	0.369** (3.22)	0.372** (3.29)
人均 GDP			0.0537 (0.83)	0.0659 (0.98)	0.0924 (1.37)	0.100 (1.54)	0.0770 (1.14)
人均行政管理支出				0.113* (2.23)	0.0977 (1.95)	-0.0237 (-0.44)	-0.0872 (-1.43)
人均经济建设支出				0.236*** (4.66)	0.133 (1.92)	-0.261* (-2.24)	-0.226 (-1.94)
财政收入分权变量					-0.351 (-1.40)	-0.967** (-3.28)	-1.036*** (-3.54)
财政支出分权变量					0.870*** (3.51)	0.973*** (4.09)	1.142*** (4.76)
财政自主度变量					0.0697 (0.82)	0.00425 (0.04)	0.0261 (0.23)

续表

	（1）人均社会保障和就业服务支出	（2）人均社会保障和就业服务支出	（3）人均社会保障和就业服务支出	（4）人均社会保障和就业服务支出	（5）人均社会保障和就业服务支出	（6）人均社会保障和就业服务支出	（7）人均社会保障和就业服务支出
专项转移支付占财政支出比重						－1.105** （－2.59）	－0.844* （－1.98）
转移支付占财政收入比重						0.0646*** （5.45）	0.0707*** （5.93）
万人病床位数							0.000969 （0.62）
万人农业人口数							－0.00112 （－0.87）
城市化率							－0.0290 （－0.14）
人口密度							－2.406 （－0.87）
万人小学生人数							－0.000483*** （－5.35）
万人中学生人数							0.0000512 （0.41）
时间虚拟变量	2.873*** （58.86）	2.628*** （49.79）	2.589*** （50.29）	2.682*** （49.77）	2.567*** （33.14）	2.344*** （27.35）	2.392*** （27.74）
组内 R^2	0.9465	0.9489	0.9501	0.9508	0.9512	0.9524	0.9538

续表

	(1) 人均社会保障和就业服务支出	(2) 人均社会保障和就业服务支出	(3) 人均社会保障和就业服务支出	(4) 人均社会保障和就业服务支出	(5) 人均社会保障和就业服务支出	(6) 人均社会保障和就业服务支出	(7) 人均社会保障和就业服务支出
截距项	-0.293 (-1.73)	-0.854*** (-5.01)	-1.534*** (-4.13)	-1.671*** (-4.30)	-2.238*** (-5.08)	-1.787*** (-3.88)	-0.774 (-1.51)
样本观测值	1210	1210	1210	1210	1210	1210	1210

注：1. ***、**、*分别表示回归系数在1%、5%和10%的水平上显著，括号内为t值。

2. 模型选择为固定效应模型。

3. 数据来源：由《中国统计年鉴》《新中国60年统计资料汇编》《中国县市社会经济统计年鉴》《中国财政年鉴》等统计年鉴资料，以及EPS统计数据库和该省财政厅预决算公布数据整理得到。

附录 6　财政转移支付对云南省县级政府人均医疗卫生支出影响的敏感性分析

	(1) 人均医疗卫生支出	(2) 人均医疗卫生支出	(3) 人均医疗卫生支出	(4) 人均医疗卫生支出	(5) 人均医疗卫生支出	(6) 人均医疗卫生支出	(7) 人均医疗卫生支出
一般性转移支付	0.688*** (32.22)	0.274*** (9.14)	0.243*** (8.40)	0.172*** (5.74)	0.212*** (6.53)	0.770*** (16.25)	0.768*** (15.76)
专项转移支付		0.538*** (17.89)	0.432*** (14.09)	0.306*** (8.83)	0.411*** (8.28)	0.875*** (15.91)	0.891*** (15.88)
人均税收收入			0.141*** (3.85)	0.0964** (2.64)	0.123*** (3.40)	0.0615 (1.89)	0.0450 (1.35)
人均财政收入			-0.00131 (-0.03)	-0.104* (-2.35)	0.0620 (1.12)	0.365*** (5.55)	0.359*** (5.45)
人均 GDP			0.117* (2.50)	0.112* (2.41)	0.114* (2.47)	0.0996* (2.44)	0.131** (3.13)
人均行政管理支出				0.209*** (5.84)	0.166*** (4.71)	-0.0357 (-1.06)	-0.00871 (-0.23)
人均经济建设支出				0.183*** (5.55)	-0.0668 (-1.49)	-1.006*** (-14.56)	-0.996*** (-14.34)
财政收入分权变量					-0.931*** (-5.93)	-0.765*** (-4.55)	-0.747*** (-4.41)
财政支出分权变量					0.989*** (5.33)	0.906*** (5.64)	0.758*** (4.77)

续表

	(1) 人均医疗 卫生支出	(2) 人均医疗 卫生支出	(3) 人均医疗 卫生支出	(4) 人均医疗 卫生支出	(5) 人均医疗 卫生支出	(6) 人均医疗 卫生支出	(7) 人均医疗 卫生支出
财政自主度变量					0.260*** (4.90)	0.328*** (5.04)	0.329*** (5.03)
专项转移支付占财政支出比重						3.966*** (15.96)	4.017*** (16.03)
转移支付占财政收入比重						0.0475*** (6.72)	0.0455*** (6.38)
万人病床位数							-0.00196* (-2.08)
万人农业人口数							0.00203* (2.33)
城市化率							0.175 (1.34)
人口密度							-2.748 (-1.48)
万人小学生人数							0.000105 (1.85)
万人中学生人数							0.0000345 (0.47)

续表

	(1) 人均医疗 卫生支出	(2) 人均医疗 卫生支出	(3) 人均医疗 卫生支出	(4) 人均医疗 卫生支出	(5) 人均医疗 卫生支出	(6) 人均医疗 卫生支出	(7) 人均医疗 卫生支出
时间虚拟变量	0.443*** (12.62)	0.152*** (4.30)	0.151*** (4.46)	0.210*** (6.05)	-0.0639 (-1.30)	-0.234*** (-4.73)	-0.236*** (-4.69)
组内 R^2	0.8600	0.8879	0.8990	0.9042	0.9105	0.9248	0.9262
截距项	0.441*** (3.61)	-0.228* (-1.99)	-1.118*** (-4.27)	-1.455*** (-5.45)	-1.732*** (-5.70)	-0.00872 (-0.03)	-0.431 (-1.38)
样本观测值	1210	1210	1210	1210	1210	1210	1210

注：1. ***、**、*分别表示回归系数在1%、5%和10%的水平上显著，括号内为t值。

2. 模型选择为固定效应模型。

3. 数据来源：由《中国统计年鉴》《新中国60年统计资料汇编》《中国县市社会经济统计年鉴》《中国财政年鉴》等统计年鉴资料，以及EPS统计数据库和该省财政厅预决算公布数据整理得到。

附录 7　财政转移支付对云南省县级政府人均城乡社区支出影响的敏感性分析

	(1) 人均城乡 社区支出	(2) 人均城乡 社区支出	(3) 人均城乡 社区支出	(4) 人均城乡 社区支出	(5) 人均城乡 社区支出	(5) 人均城乡 社区支出	(6) 人均城乡 社区支出
一般性转移支付	0.248*** (10.01)	0.0809* (2.04)	-0.0108 (-0.27)	-0.106* (-2.50)	-0.112* (-2.36)	-0.413*** (-5.38)	-0.345*** (-4.48)
专项转移支付		0.222*** (5.48)	0.110* (2.57)	0.0324 (0.67)	-0.0172 (-0.24)	-0.276** (-3.15)	-0.257** (-2.94)
人均税收收入			0.0215 (0.42)	-0.0670 (-1.27)	-0.0597 (-1.11)	-0.0277 (-0.52)	-0.0188 (-0.35)
人均财政收入			0.195*** (3.69)	0.239*** (3.80)	0.256** (3.16)	0.442*** (4.31)	0.430*** (4.24)
人均 GDP			0.124 (1.78)	0.00160 (0.02)	-0.0291 (-0.41)	0.00108 (0.02)	-0.0202 (-0.28)
人均行政管理支出				0.375*** (6.75)	0.400*** (7.12)	0.439*** (7.54)	0.302*** (4.80)
人均经济建设支出				0.117* (2.50)	0.173** (2.62)	0.444*** (4.00)	0.393*** (3.56)
财政收入分权变量					-0.0951 (-0.43)	-0.786** (-3.01)	-0.756** (-2.93)
财政支出分权变量					-0.713* (-2.28)	-0.605* (-1.98)	-0.233 (-0.75)

续表

	(1) 人均城乡 社区支出	(2) 人均城乡 社区支出	(3) 人均城乡 社区支出	(4) 人均城乡 社区支出	(5) 人均城乡 社区支出	(5) 人均城乡 社区支出	(6) 人均城乡 社区支出
财政自主度变量					-0.0440 (-0.58)	0.297** (2.95)	0.304** (3.06)
专项转移支付占财政支出比重						1.623*** (4.13)	1.572*** (4.03)
转移支付占财政收入比重						0.0364** (3.18)	0.0341** (2.98)
万人病床位数							0.00146 (0.95)
万人农业人口数							-0.0119*** (-6.44)
城市化率							-0.209 (-0.92)
人口密度							9.183* (2.40)
万人小学生人数							-0.0000846 (-0.87)
万人中学生人数							0.000112 (0.97)

续表

	(1) 人均城乡 社区支出	(2) 人均城乡 社区支出	(3) 人均城乡 社区支出	(4) 人均城乡 社区支出	(5) 人均城乡 社区支出	(5) 人均城乡 社区支出	(6) 人均城乡 社区支出
时间虚拟变量	-0.0583 (-1.44)	-0.183*** (-3.91)	-0.170*** (-3.68)	-0.192*** (-3.99)	-0.186** (-2.61)	-0.275*** (-3.52)	-0.245** (-3.15)
组内 R^2	0.2088	0.2177	0.2452	0.2440	0.2469	0.2515	0.2635
截距项	2.774*** (18.42)	2.480*** (15.80)	1.395*** (3.64)	0.892* (2.23)	1.446** (3.05)	0.642 (1.29)	1.363** (2.59)
样本观测值	1210	1210	1210	1210	1210	1210	1210

注：1. ***、**、*分别表示回归系数在1%、5%和10%的水平上显著，括号内为t值。

2. 模型选择为固定效应模型。

3. 数据来源：由《中国统计年鉴》《新中国60年统计资料汇编》《中国县市社会经济统计年鉴》《中国财政年鉴》等统计年鉴资料，以及EPS统计数据库和该省财政厅预决算公布数据整理得到。

附录 8 财政转移支付对广东省县级政府人均基本公共服务支出及相关变量影响的敏感性分析

	(1) 人均基本公共服务支出	(2) 人均基本公共服务支出	(3) 人均基本公共服务支出	(4) 人均基本公共服务支出	(5) 人均基本公共服务支出	(6) 人均基本公共服务支出	(7) 人均基本公共服务支出	(8) 人均行政管理支出	(9) 人均经济建设支出
一般性转移支付	0.838*** (22.99)	0.379*** (11.52)	0.518*** (16.67)	0.141*** (5.60)	0.186*** (6.78)	0.191*** (6.94)	0.183*** (6.61)	0.619*** (15.87)	0.199** (2.68)
专项转移支付		0.302*** (12.37)	0.172*** (7.29)	0.0505** (3.16)	0.0579*** (3.58)	0.0541** (3.29)	0.0551** (3.09)	0.0864** (2.74)	0.401*** (6.81)
人均税收收入			0.00000174*** (4.43)	0.000000259 (1.02)	0.000000347 (1.37)	0.000000284 (1.11)	0.000000587* (2.29)	0.00000192*** (4.25)	0.00000164 (1.85)
人均财政收入			0.00000203*** (4.75)	-0.000000149 (-0.53)	-0.000000206 (-0.71)	-5.34e-08 (-0.17)	4.15e-08 (0.14)	0.00000213*** (3.96)	-0.00000259* (-2.52)
人均 GDP			-1.46e-08 (-0.59)	4.43e-08** (2.76)	4.64e-08** (2.90)	4.10e-08* (2.49)	2.22e-08 (1.29)	-4.50e-08 (-1.49)	4.55e-08 (0.81)
人均行政管理支出				0.548*** (28.77)	0.522*** (24.81)	0.521*** (24.75)	0.517*** (24.13)		0.334*** (4.91)
人均经济建设支出				0.0382*** (3.53)	0.0332** (3.06)	0.0331** (3.05)	0.0332** (3.12)	0.0858*** (4.55)	
财政收入分权变量					-0.0782 (-0.43)	-0.0910 (-0.48)	-0.00312 (-0.02)	0.168 (0.50)	0.490 (0.87)

续表

	(1)人均基本公共服务支出	(2)人均基本公共服务支出	(3)人均基本公共服务支出	(4)人均基本公共服务支出	(5)人均基本公共服务支出	(6)人均基本公共服务支出	(7)人均基本公共服务支出	(8)人均行政管理支出	(9)人均经济建设支出
财政支出分权变量					-0.300* (-2.53)	-0.382** (-2.95)	-0.377** (-2.95)	0.0205 (0.10)	0.221 (0.70)
财政自主度变量					0.106** (3.02)	0.0326 (0.49)	-0.00576 (-0.09)	0.592*** (5.13)	0.353 (1.59)
专项转移支付占财政支出比重						-0.152 (-1.65)	-0.226* (-2.37)	0.0197 (0.12)	-0.311 (-0.97)
财政转移支付占财政收入比重						0.000375 (0.00)	-0.00509 (-0.04)	0.00742 (0.35)	0.0177 (0.46)
万人病床位数							-0.00101 (-1.32)	0.00193 (1.44)	-0.00623 (-0.26)
万人农业人口数							0.00112 (1.82)	-0.00334*** (-3.47)	-0.00232 (-1.58)
城市化率							0.172* (2.33)	0.296* (2.41)	-0.299 (-1.40)
人口密度							-1.553* (-2.10)	-0.0269 (-0.02)	-1.224 (-0.80)

续表

	(1) 人均基本公共服务支出	(2) 人均基本公共服务支出	(3) 人均基本公共服务支出	(4) 人均基本公共服务支出	(5) 人均基本公共服务支出	(6) 人均基本公共服务支出	(7) 人均基本公共服务支出	(8) 人均行政管理支出	(9) 人均经济建设支出
万人小学生人数							-0.000118** (-3.03)	-0.000120 (-1.77)	0.0000450 (0.37)
万人中学生人数							0.000211*** (4.28)	-0.0000998 (-1.14)	0.000105 (0.62)
时间虚拟变量	0.539*** (24.39)	0.581*** (25.38)	0.463*** (20.88)	0.286*** (18.61)	0.272*** (17.23)	0.270*** (17.11)	0.241*** (14.21)	0.139*** (4.65)	0.272*** (4.64)
组内 R^2	0.9060	0.8894	0.9137	0.9605	0.9610	0.9613	0.9633	0.8920	0.6664
截距项	1.268*** (6.22)	2.251*** (12.35)	2.087*** (12.56)	2.052*** (18.40)	2.247*** (10.20)	2.378*** (9.62)	2.356*** (8.52)	0.657 (1.38)	-0.127 (-0.15)
样本观测值	737	737	737	737	737	737	737	737	737

注：1. ***、**、* 分别表示回归系数在 1%、5% 和 10% 的水平上显著，括号内为 t 值。

2. 模型选择为固定效应模型。

3. 数据来源：由《中国统计年鉴》《新中国 60 年统计资料汇编》《中国县市社会经济统计年鉴》《中国财政年鉴》等统计年鉴资料，以及 EPS 统计数据库和该省财政厅预决算公布数据整理得到。

附录 9　财政转移支付对广东省县级政府人均教育支出影响的敏感性分析

	(1) 人均教育支出	(2) 人均教育支出	(3) 人均教育支出	(4) 人均教育支出	(5) 人均教育支出	(6) 人均教育支出	(7) 人均教育支出
一般性转移支付	0.513***	0.211***	0.336***	0.0521*	0.126***	0.137***	0.126***
	(16.09)	(7.69)	(13.17)	(2.11)	(4.77)	(5.21)	(4.77)
专项转移支付		0.291***	0.176***	0.102***	0.113***	0.106***	0.105***
		(14.66)	(9.34)	(6.60)	(7.42)	(6.94)	(6.34)
人均税收收入			0.00000151***	0.000000540*	0.000000731**	0.000000592*	0.000000779**
			(4.89)	(2.22)	(3.09)	(2.50)	(3.26)
人均财政收入			0.00000175***	0.000000395	7.42e-08	0.000000397	0.000000404
			(5.18)	(1.46)	(0.27)	(1.38)	(1.41)
人均 GDP			-1.20e-08	2.18e-08	2.86e-08	1.69e-08	4.90e-09
			(-0.61)	(1.41)	(1.89)	(1.10)	(0.30)
人均行政管理支出				0.361***	0.308***	0.307***	0.308***
				(19.57)	(15.51)	(15.59)	(15.32)
人均经济建设支出				0.0333**	0.0235*	0.0233*	0.0226*
				(3.21)	(2.31)	(2.32)	(2.28)
财政收入分权变量					-0.514**	-0.505**	-0.407*
					(-2.94)	(-2.82)	(-2.16)
财政支出分权变量					-0.243*	-0.459***	-0.432***
					(-2.13)	(-3.71)	(-3.52)

续表

	(1) 人均教育支出	(2) 人均教育支出	(3) 人均教育支出	(4) 人均教育支出	(5) 人均教育支出	(6) 人均教育支出	(7) 人均教育支出
财政自主度变量					0.234*** (7.10)	0.0834 (1.34)	0.0505 (0.81)
专项转移支付占财政支出比重						-0.366*** (-4.28)	-0.419*** (-4.70)
财政转移支付占财政收入比重						0.0102 (0.89)	0.00904 (0.79)
万人病床位数							0.000403 (0.56)
万人农业人口数							0.000936 (1.57)
城市化率							0.0780 (1.11)
人口密度							-1.514* (-2.08)
万人小学生人数							-0.0000689 (-1.88)
万人中学生人数							0.000205*** (4.44)

续表

	(1) 人均教育支出	(2) 人均教育支出	(3) 人均教育支出	(4) 人均教育支出	(5) 人均教育支出	(6) 人均教育支出	(7) 人均教育支出
时间虚拟变量	0.440*** (22.47)	0.413*** (22.09)	0.311*** (17.62)	0.200*** (13.51)	0.186*** (12.53)	0.181*** (12.38)	0.162*** (10.24)
组内 R^2	0.8502	0.8607	0.8957	0.9315	0.9369	0.9386	0.9410
截距项	2.604*** (14.65)	2.787*** (18.42)	2.635*** (19.28)	2.740*** (25.19)	3.303*** (15.77)	3.578*** (15.42)	3.458*** (13.26)
样本观测值	737	737	737	737	737	737	737

注：1. ***、**、* 分别表示回归系数在 1%、5% 和 10% 的水平上显著，括号内为 t 值。

2. 模型选择为固定效应模型。

3. 数据来源：由《中国统计年鉴》《新中国 60 年统计资料汇编》《中国县市社会经济统计年鉴》《中国财政年鉴》等统计年鉴资料，以及 EPS 统计数据库和该省财政厅预决算公布数据整理得到。

附录 10　财政转移支付对广东省县级政府人均社会保障和就业服务支出影响的敏感性分析

	(1) 人均社会保障和就业服务支出	(2) 人均社会保障和就业服务支出	(3) 人均社会保障和就业服务支出	(4) 人均社会保障和就业服务支出	(5) 人均社会保障和就业服务支出	(6) 人均社会保障和就业服务支出	(7) 人均社会保障和就业服务支出
一般性转移支付	0.999*** (10.07)	0.570*** (6.38)	0.743*** (7.68)	0.318*** (3.65)	0.178 (1.55)	0.205 (1.77)	0.101 (0.92)
专项转移支付		0.262** (3.10)	0.0837 (0.95)	-0.507*** (-6.04)	-0.520*** (-5.84)	-0.469*** (-5.22)	-0.417*** (-4.33)
人均税收收入			0.00000430* (2.53)	0.000000462 (0.32)	-0.000000616 (-0.43)	4.20e-08 (0.03)	0.00000131 (0.92)
人均财政收入			0.00000472** (2.68)	-0.00000383* (-2.47)	-0.00000240 (-1.52)	-0.00000453** (-2.71)	-0.00000319 (-1.95)
人均 GDP			-0.000000164 (-1.87)	0.000000216** (2.80)	0.000000181* (2.31)	0.000000267*** (3.30)	6.63e-08 (0.77)
人均行政管理支出				1.519*** (16.63)	1.742*** (16.32)	1.748*** (16.46)	1.740*** (16.09)
人均经济建设支出				0.0440 (0.71)	0.0737 (1.19)	0.0766 (1.25)	0.0964 (1.61)
财政收入分权变量					2.719*** (3.46)	2.858*** (3.58)	1.789* (2.20)
财政支出分权变量					-0.454 (-1.02)	0.0422 (0.09)	0.0958 (0.22)

续表

	(1) 人均社会保障和就业服务支出	(2) 人均社会保障和就业服务支出	(3) 人均社会保障和就业服务支出	(4) 人均社会保障和就业服务支出	(5) 人均社会保障和就业服务支出	(6) 人均社会保障和就业服务支出	(7) 人均社会保障和就业服务支出
财政自主度变量					-0.651*** (-3.53)	0.368 (1.04)	0.347 (0.99)
专项转移支付占财政支出比重						1.874*** (3.80)	1.874*** (3.67)
财政转移支付占财政收入比重						0.0554 (0.93)	0.0298 (0.52)
万人病床位数							-0.00487 (-1.33)
万人农业人口数							0.00997*** (4.83)
城市化率							1.678*** (5.16)
人口密度							-6.954*** (-3.41)
万人小学生人数							-0.000653*** (-3.55)
万人中学生人数							0.000755** (2.83)

续表

	(1) 人均社会保障和就业服务支出	(2) 人均社会保障和就业服务支出	(3) 人均社会保障和就业服务支出	(4) 人均社会保障和就业服务支出	(5) 人均社会保障和就业服务支出	(6) 人均社会保障和就业服务支出	(7) 人均社会保障和就业服务支出
时间虚拟变量	1.852*** (24.20)	1.902*** (23.34)	1.695*** (18.44)	1.084*** (12.81)	1.005*** (11.48)	1.015*** (11.66)	0.827*** (8.57)
组内 R^2	0.7289	0.7015	0.7049	0.8116	0.8153	0.8213	0.8265
截距项	-2.518*** (-4.60)	-1.499** (-2.86)	-1.586** (-3.04)	-3.606*** (-7.90)	-6.302*** (-6.18)	-8.113*** (-7.13)	-7.094*** (-5.55)
样本观测值	737	737	737	737	737	737	737

注：1. ***、**、* 分别表示回归系数在 1%、5% 和 10% 的水平上显著，括号内为 t 值。

2. 模型选择为固定效应模型。

3. 数据来源：由《中国统计年鉴》《新中国 60 年统计资料汇编》《中国县市社会经济统计年鉴》《中国财政年鉴》等统计年鉴资料，以及 EPS 统计数据库和该省财政厅预决算公布数据整理得到。

附录 11　财政转移支付对广东省县级政府人均医疗卫生支出影响的敏感性分析

	(1) 人均医疗 卫生支出	(2) 人均医疗 卫生支出	(3) 人均医疗 卫生支出	(4) 人均医疗 卫生支出	(5) 人均医疗 卫生支出	(6) 人均医疗 卫生支出	(7) 人均医疗 卫生支出
一般性转移支付	1.053*** (20.11)	0.485*** (11.23)	0.672*** (16.25)	0.244*** (6.71)	0.435*** (10.87)	0.456*** (11.41)	0.434*** (11.19)
专项转移支付		0.530*** (16.15)	0.365*** (11.38)	0.211*** (8.15)	0.252*** (10.07)	0.233*** (9.30)	0.205*** (7.83)
人均税收收入			0.00000197*** (3.66)	0.000000289 (0.69)	0.000000619 (1.57)	0.000000308 (0.79)	0.000000950* (2.52)
人均财政收入			0.00000182** (3.11)	-0.000000717 (-1.55)	-0.00000116** (-2.59)	-0.000000410 (-0.87)	-9.64e-08 (-0.21)
人均 GDP			7.12e-08* (2.14)	0.000000144*** (5.65)	0.000000149*** (6.10)	0.000000124*** (5.03)	6.94e-08** (2.75)
人均行政管理支出				0.614*** (20.48)	0.476*** (14.87)	0.471*** (14.94)	0.444*** (14.26)
人均经济建设支出				0.0670*** (3.75)	0.0408* (2.41)	0.0401* (2.42)	0.0425** (2.70)
财政收入分权变量					-0.0515 (-0.19)	-0.168 (-0.60)	0.0927 (0.33)
财政支出分权变量					-0.498** (-2.90)	-0.849*** (-4.58)	-0.919*** (-5.15)

续表

	(1) 人均医疗 卫生支出	(2) 人均医疗 卫生支出	(3) 人均医疗 卫生支出	(4) 人均医疗 卫生支出	(5) 人均医疗 卫生支出	(6) 人均医疗 卫生支出	(7) 人均医疗 卫生支出
财政自主度变量					0.473*** (8.73)	0.109 (1.07)	0.0499 (0.51)
专项转移支付占财政支出比重						-0.704*** (-5.06)	-0.750*** (-5.39)
财政转移支付占财政收入比重						-0.0110 (-0.59)	-0.00236 (-0.13)
万人病床位数							0.000521 (0.47)
万人农业人口数							-0.000141 (-0.17)
城市化率							0.249* (2.37)
人口密度							0.697 (0.70)
万人小学生人数							-0.000352*** (-6.21)
万人中学生人数							0.000435*** (5.99)

续表

	(1) 人均医疗 卫生支出	(2) 人均医疗 卫生支出	(3) 人均医疗 卫生支出	(4) 人均医疗 卫生支出	(5) 人均医疗 卫生支出	(6) 人均医疗 卫生支出	(7) 人均医疗 卫生支出
时间虚拟变量	0.775*** (23.69)	0.735*** (23.95)	0.569*** (18.78)	0.359*** (14.29)	0.308*** (12.57)	0.299*** (12.43)	0.222*** (8.88)
组内 R^2	0.8806	0.8869	0.9107	0.9423	0.9505	0.9527	0.9576
截距项	-1.910*** (-6.57)	-1.479*** (-6.15)	-1.779*** (-8.06)	-1.828*** (-10.89)	-1.741*** (-5.28)	-1.053** (-2.87)	-0.837* (-2.09)
样本观测值	737	737	737	737	737	737	737

注：1. ***、**、* 分别表示回归系数在 1%、5% 和 10% 的水平上显著，括号内为 t 值。

2. 模型选择为固定效应模型。

3. 数据来源：由《中国统计年鉴》《新中国 60 年统计资料汇编》《中国县市社会经济统计年鉴》《中国财政年鉴》等统计年鉴资料，以及 EPS 统计数据库和该省财政厅预决算公布数据整理得到。

附录 12 财政转移支付对广东省县级政府人均城乡社区支出影响的敏感性分析

	(1) 人均城乡 社区支出	(2) 人均城乡 社区支出	(3) 人均城乡 社区支出	(4) 人均城乡 社区支出	(5) 人均城乡 社区支出	(6) 人均城乡 社区支出	(7) 人均城乡 社区支出
一般性转移支付	0.403*** (8.62)	0.211*** (4.69)	0.242*** (6.07)	0.162** (2.96)	0.172** (3.12)	0.250*** (4.58)	0.169** (3.13)
专项转移支付		0.325*** (12.39)	0.205*** (8.13)	0.183*** (7.10)	0.196*** (7.57)	0.170*** (6.69)	0.104*** (3.93)
人均税收收入			0.000000789* (2.02)	0.000000598 (1.51)	0.000000635 (1.61)	0.000000195 (0.51)	-1.75e-08 (-0.05)
人均财政收入			0.00000353*** (8.09)	0.00000344*** (7.69)	0.00000349*** (7.60)	0.00000480*** (9.97)	0.00000463*** (10.08)
人均 GDP			-5.86e-08* (-2.17)	-5.68e-08* (-2.10)	-4.92e-08 (-1.82)	-9.18e-08*** (-3.43)	-6.91e-08** (-2.62)
人均行政管理支出				0.0377 (1.10)	0.00659 (0.18)	-0.0134 (-0.38)	-0.00522 (-0.15)
人均经济建设支出				0.0521** (3.09)	0.0431* (2.54)	0.0422** (2.58)	0.0365* (2.35)
财政收入分权变量					0.680* (2.04)	0.459 (1.36)	0.514 (1.56)
财政支出分权变量					-0.303 (-1.32)	-1.089*** (-4.39)	-1.013*** (-4.26)

续表

	(1) 人均城乡 社区支出	(2) 人均城乡 社区支出	(3) 人均城乡 社区支出	(4) 人均城乡 社区支出	(5) 人均城乡 社区支出	(6) 人均城乡 社区支出	(7) 人均城乡 社区支出
财政自主度变量					0.0955 (1.67)	-0.514*** (-4.81)	-0.440*** (-4.27)
专项转移支付占财政支出比重						1.081*** (7.38)	0.872*** (5.93)
财政转移支付占财政收入比重						-0.0227 (-1.16)	-0.0121 (-0.64)
万人病床位数							0.00163 (1.39)
万人农业人口数							-0.00296* (-2.19)
城市化率							-0.520*** (-3.67)
人口密度							-5.230** (-2.83)
万人小学生人数							-0.000263*** (-4.32)
万人中学生人数							-0.000179* (-2.44)

续表

	(1) 人均城乡 社区支出	(2) 人均城乡 社区支出	(3) 人均城乡 社区支出	(4) 人均城乡 社区支出	(5) 人均城乡 社区支出	(6) 人均城乡 社区支出	(7) 人均城乡 社区支出
时间虚拟变量	0.430*** (15.63)	0.331*** (12.53)	0.255*** (10.72)	0.231*** (9.34)	0.215*** (8.54)	0.199*** (8.17)	0.202*** (8.14)
组内 R^2	0.7024	0.7527	0.8114	0.8140	0.8193	0.8349	0.8526
截距项	1.185*** (4.40)	0.594* (2.40)	0.992*** (4.44)	1.111*** (4.81)	0.799* (2.00)	1.892*** (4.47)	3.272*** (7.21)
样本观测值	737	737	737	737	737	737	737

注：1. ***、**、*分别表示回归系数在1%、5%和10%的水平上显著，括号内为t值。

2. 模型选择为固定效应模型。

3. 数据来源：由《中国统计年鉴》《新中国60年统计资料汇编》《中国县市社会经济统计年鉴》《中国财政年鉴》等统计年鉴资料，以及EPS统计数据库和该省财政厅预决算公布数据整理得到。

附录 13　财政转移支付对安徽省县级政府人均基本公共服务支出及相关变量影响的敏感性分析

	(1) 人均基本公共服务支出	(2) 人均基本公共服务支出	(3) 人均基本公共服务支出	(4) 人均基本公共服务支出	(5) 人均基本公共服务支出	(6) 人均基本公共服务支出	(7) 人均基本公共服务支出	(8) 人均行政管理支出	(9) 人均经济建设支出
一般性转移支付	0.422*** (10.85)	0.205*** (7.31)	0.140*** (6.74)	0.0778*** (4.30)	0.113*** (6.87)	0.153*** (9.27)	0.144*** (8.62)	0.0913*** (3.65)	0.279*** (5.22)
专项转移支付		0.701*** (27.07)	0.584*** (30.05)	0.272*** (10.72)	0.401*** (16.48)	0.373*** (15.90)	0.383*** (16.25)	0.361*** (11.03)	0.777*** (10.67)
人均税收收入			0.00000158 (1.10)	0.00000346** (2.85)	0.00000464*** (3.55)	0.00000399*** (3.32)	0.00000379** (3.23)	-0.00000990*** (-5.72)	0.000000453 (0.10)
人均财政收入			0.00000790*** (8.25)	0.00000452*** (5.37)	0.00000226** (3.01)	0.00000318*** (4.55)	0.00000316*** (4.66)	0.00000653*** (6.58)	-0.00000156 (-0.56)
人均 GDP			-0.000000205*** (-5.61)	-0.000000170*** (-5.39)	-0.000000155*** (-4.86)	-0.000000202*** (-6.64)	-0.000000230*** (-7.50)	0.000000140** (3.04)	-9.83e-08 (-0.96)
人均行政管理支出				0.289*** (10.32)	0.150*** (5.44)	0.135*** (5.30)	0.151*** (5.82)		0.340*** (4.08)
人均经济建设支出				0.0993*** (8.63)	0.0669*** (6.52)	0.0405*** (4.18)	0.0311** (3.22)	0.102*** (7.28)	
财政收入分权变量					-0.694*** (-3.31)	-0.118 (-0.59)	0.0576** (3.63)	0.369 (1.24)	2.012** (2.90)

续表

	(1) 人均基本公共服务支出	(2) 人均基本公共服务支出	(3) 人均基本公共服务支出	(4) 人均基本公共服务支出	(5) 人均基本公共服务支出	(6) 人均基本公共服务支出	(7) 人均基本公共服务支出	(8) 人均行政管理支出	(9) 人均经济建设支出
财政支出分权变量					0.0373 (0.45)	-0.0425** (-3.53)	-0.0828** (-3.06)	-0.228** (-2.89)	0.0462* (2.33)
财政自主度变量					0.623*** (11.79)	0.0741 (0.71)	0.0412 (0.40)	0.00450 (0.03)	-1.646*** (-4.30)
专项转移支付占财政支出比重						1.206*** (8.96)	1.092*** (7.84)	0.724*** (3.47)	4.302*** (8.64)
财政转移支付占财政收入比重						0.0376*** (3.54)	0.0388*** (3.67)	0.00404 (0.25)	0.0261 (0.78)
万人病床位数							0.00134*** (3.74)	0.00184*** (3.45)	0.00395** (2.96)
万人农业人口数							0.00158** (2.84)	-0.00496*** (-5.96)	0.00564*** (4.81)
城市化率							-0.00197 (-0.02)	-0.126 (-0.87)	-0.0258 (-0.07)

续表

	(1) 人均基本公共服务支出	(2) 人均基本公共服务支出	(3) 人均基本公共服务支出	(4) 人均基本公共服务支出	(5) 人均基本公共服务支出	(6) 人均基本公共服务支出	(7) 人均基本公共服务支出	(8) 人均行政管理支出	(9) 人均经济建设支出
人口密度							0.401 (0.67)	-1.001 (-1.10)	0.576 (0.45)
万人小学生人数							-0.000329 (-0.54)	0.000145 (1.56)	-0.000186 (-0.91)
万人中学生人数							-0.000217** (-3.26)	0.000733 (0.73)	0.000392 (1.73)
时间虚拟变量	1.126*** (31.67)	0.233*** (5.67)	0.193*** (6.19)	0.212*** (8.03)	0.193*** (8.32)	0.166*** (7.74)	0.118*** (5.27)	0.0615 (1.82)	-0.132 (-1.52)
组内 R^2	0.7947	0.9039	0.9432	0.9609	0.9723	0.9767	0.9784	0.9321	0.8593
截距项	3.253*** (13.95)	1.128*** (6.29)	2.021*** (15.15)	2.224*** (17.32)	2.613*** (16.61)	3.108*** (19.16)	3.011*** (14.77)	2.523*** (8.59)	-1.724** (-2.89)
样本观测值	671	671	671	671	671	671	671	671	671

注：1. ***、**、* 分别表示回归系数在 1%、5% 和 10% 的水平上显著，括号内为 t 值。

2. 模型选择为固定效应模型。

3. 数据来源：由《中国统计年鉴》《新中国 60 年统计资料汇编》《中国县市社会经济统计年鉴》《中国财政年鉴》等统计年鉴资料，以及 EPS 统计数据库和该省财政厅预决算公布数据整理得到。

附录 14　财政转移支付对安徽省县级政府人均教育支出影响的敏感性分析

	(1) 人均教育支出	(2) 人均教育支出	(3) 人均教育支出	(4) 人均教育支出	(5) 人均教育支出	(6) 人均教育支出	(7) 人均教育支出
一般性转移支付	0.329*** (10.44)	0.189*** (7.22)	0.130*** (5.95)	0.0799*** (4.05)	0.108*** (5.96)	0.128*** (6.73)	0.122*** (6.22)
专项转移支付		0.473*** (19.56)	0.382*** (18.53)	0.134*** (4.88)	0.247*** (9.23)	0.227*** (8.37)	0.231*** (8.30)
人均税收收入			-0.000000973 (-0.68)	0.00000177 (1.37)	0.00000425** (2.99)	0.00000380** (2.77)	0.00000380** (2.76)
人均财政收入			0.00000699*** (7.34)	0.00000334*** (3.78)	0.000000977 (1.21)	0.00000155* (1.96)	0.00000164* (2.07)
人均 GDP			-9.80e-08* (-2.51)	-8.69e-08* (-2.49)	-9.71e-08** (-2.76)	-0.000000124*** (-3.54)	-0.000000143*** (-3.95)
人均行政管理支出				0.366*** (11.82)	0.242*** (7.95)	0.228*** (7.77)	0.231*** (7.57)
人均经济建设支出				0.0195 (1.58)	-0.0114 (-1.01)	-0.0275* (-2.49)	-0.0345** (-3.05)
财政收入分权变量					1.007*** (4.29)	0.654** (2.83)	0.607** (2.60)
财政支出分权变量					0.208 (1.95)	0.136 (1.29)	0.116 (1.16)

续表

	(1) 人均教育支出	(2) 人均教育支出	(3) 人均教育支出	(4) 人均教育支出	(5) 人均教育支出	(6) 人均教育支出	(7) 人均教育支出
财政自主度变量					0.658*** (11.58)	0.354** (2.99)	0.304* (2.52)
专项转移支付占财政支出比重						-0.794*** (-5.18)	-0.809*** (-4.94)
财政转移支付占财政收入比重						0.0414*** (3.37)	0.0397** (3.18)
万人病床位数							0.00122** (2.90)
万人农业人口数							0.00164* (2.32)
城市化率							-0.0781 (-0.70)
人口密度							-0.632 (-0.86)
万人小学生人数							-0.000102 (-1.41)
万人中学生人数							0.000101 (1.28)

续表

	(1) 人均教育支出	(2) 人均教育支出	(3) 人均教育支出	(4) 人均教育支出	(5) 人均教育支出	(6) 人均教育支出	(7) 人均教育支出
时间虚拟变量	0. 801 *** (28. 20)	0. 195 *** (5. 07)	0. 153 *** (4. 78)	0. 157 *** (5. 52)	0. 144 *** (5. 64)	0. 131 *** (5. 33)	0. 101 *** (3. 86)
组内 R^2	0. 7640	0. 8499	0. 8984	0. 9221	0. 9411	0. 9456	0. 9468
截距项	3. 278 *** (17. 28)	1. 807 *** (10. 65)	2. 537 *** (17. 53)	2. 330 *** (15. 60)	2. 740 *** (14. 97)	3. 121 *** (15. 89)	3. 062 *** (12. 49)
样本观测值	671	671	671	671	671	671	671

注：1. ***、**、* 分别表示回归系数在 1%、5% 和 10% 的水平上显著，括号内为 t 值。

2. 模型选择为固定效应模型。

3. 数据来源：由《中国统计年鉴》《新中国 60 年统计资料汇编》《中国县市社会经济统计年鉴》《中国财政年鉴》等统计年鉴资料，以及 EPS 统计数据库和该省财政厅预决算公布数据整理得到。

附录 15　财政转移支付对安徽省县级政府人均社会保障和就业服务支出影响的敏感性分析

	(1) 人均社会保障和就业服务支出	(2) 人均社会保障和就业服务支出	(3) 人均社会保障和就业服务支出	(4) 人均社会保障和就业服务支出	(5) 人均社会保障和就业服务支出	(6) 人均社会保障和就业服务支出	(7) 人均社会保障和就业服务支出
一般性转移支付	0.523*** (8.15)	0.0985* (2.03)	0.0781 (1.68)	-0.00719 (-0.17)	-0.0126 (-0.28)	0.0939* (2.01)	0.115* (2.36)
专项转移支付		1.152*** (25.84)	1.068*** (24.68)	0.574*** (9.38)	0.579*** (8.65)	0.526*** (7.93)	0.547*** (7.88)
人均税收收入			0.0000143 (0.43)	0.0000227 (0.76)	0.0000549 (1.48)	0.0000380 (1.06)	0.0000436 (1.21)
人均财政收入			0.00000253 (1.13)	-0.000000580 (-0.27)	-0.00000173 (-0.79)	0.000000491 (0.23)	0.000000303 (0.14)
人均 GDP			8.72e-08 (1.08)	0.000000120 (1.61)	7.71e-08 (0.89)	-1.41e-08 (-0.17)	-7.20e-08 (-0.81)
人均行政管理支出				0.169* (2.55)	0.162* (2.17)	0.130 (1.80)	0.186* (2.47)
人均经济建设支出				0.308*** (10.82)	0.301*** (10.37)	0.236*** (8.05)	0.223*** (7.36)
财政收入分权变量					-0.844 (-1.51)	0.411 (0.73)	0.534 (0.92)
财政支出分权变量					0.122 (0.71)	0.0972 (0.60)	0.0374 (0.23)

续表

	(1) 人均社会保障和就业服务支出	(2) 人均社会保障和就业服务支出	(3) 人均社会保障和就业服务支出	(4) 人均社会保障和就业服务支出	(5) 人均社会保障和就业服务支出	(6) 人均社会保障和就业服务支出	(7) 人均社会保障和就业服务支出
财政自主度变量					0.264 (1.72)	-1.084*** (-3.52)	-1.109*** (-3.51)
专项转移支付占财政支出比重						2.666*** (6.66)	2.532*** (5.96)
财政转移支付占财政收入比重						0.0355 (1.20)	0.0148 (0.49)
万人病床位数							-0.000616 (-0.56)
万人农业人口数							0.00114 (0.91)
城市化率							0.149 (0.49)
人口密度							3.037* (2.17)
万人小学生人数							-0.000113 (-0.62)
万人中学生人数							-0.0000192 (-0.10)

续表

	(1) 人均社会保障和就业服务支出	(2) 人均社会保障和就业服务支出	(3) 人均社会保障和就业服务支出	(4) 人均社会保障和就业服务支出	(5) 人均社会保障和就业服务支出	(6) 人均社会保障和就业服务支出	(7) 人均社会保障和就业服务支出
时间虚拟变量	1.757*** (27.91)	0.329*** (4.64)	0.253*** (3.53)	0.256*** (3.97)	0.259*** (4.02)	0.184** (2.93)	0.141* (2.03)
组内 R^2	0.7201	0.8704	0.8772	0.8996	0.8995	0.9060	0.9069
截距项	0.504 (1.32)	-2.582*** (-8.67)	-2.152*** (-7.37)	-1.227*** (-4.23)	-0.917* (-2.32)	0.00992 (0.02)	-0.540 (-0.97)
样本观测值	671	671	671	671	671	671	671

注：1. ***、**、* 分别表示回归系数在 1%、5% 和 10% 的水平上显著，括号内为 t 值。

2. 模型选择为固定效应模型。

3. 数据来源：由《中国统计年鉴》《新中国 60 年统计资料汇编》《中国县市社会经济统计年鉴》《中国财政年鉴》等统计年鉴资料，以及 EPS 统计数据库和该省财政厅预决算公布数据整理得到。

附录 16　财政转移支付对安徽省县级政府人均医疗卫生支出影响的敏感性分析

	(1) 人均医疗卫生支出	(2) 人均医疗卫生支出	(3) 人均医疗卫生支出	(4) 人均医疗卫生支出	(5) 人均医疗卫生支出	(6) 人均医疗卫生支出	(7) 人均医疗卫生支出
一般性转移支付	0.541*** (10.12)	0.207*** (5.21)	0.160*** (4.76)	0.0958** (3.05)	0.139*** (4.49)	0.281*** (9.32)	0.265*** (8.72)
专项转移支付		0.952*** (26.04)	0.830*** (26.60)	0.462*** (10.27)	0.636*** (13.70)	0.576*** (13.42)	0.607*** (14.05)
人均税收收入			-0.00000329 (-1.37)	-0.00000219 (-0.98)	0.00000220 (0.86)	-2.86e-08 (-0.01)	-0.00000130 (-0.59)
人均财政收入			0.00000782*** (4.82)	0.00000441** (2.77)	0.000000446 (0.29)	0.00000341* (2.51)	0.00000349** (2.70)
人均 GDP			9.87e-08 (1.70)	0.000000155** (2.85)	0.000000152* (2.53)	4.07e-08 (0.74)	-1.15e-08 (-0.21)
人均行政管理支出				0.277*** (5.73)	0.0899 (1.73)	0.0388 (0.83)	0.0726 (1.54)
人均经济建设支出				0.139*** (6.51)	0.0918*** (4.56)	0.0140 (0.75)	-0.00845 (-0.46)
财政收入分权变量					1.745*** (4.49)	1.134*** (3.37)	1.288*** (3.80)
财政支出分权变量					0.0372 (0.31)	-0.0104 (-0.09)	-0.129 (-1.13)

续表

	(1) 人均医疗 卫生支出	(2) 人均医疗 卫生支出	(3) 人均医疗 卫生支出	(4) 人均医疗 卫生支出	(5) 人均医疗 卫生支出	(6) 人均医疗 卫生支出	(7) 人均医疗 卫生支出
财政自主度变量					1.013*** (9.52)	-0.813*** (-4.13)	-0.835*** (-4.33)
专项转移支付占财政支出比重						3.316*** (13.01)	2.918*** (11.23)
财政转移支付占财政收入比重						0.00432 (0.22)	0.00580 (0.30)
万人病床位数							0.00235*** (3.51)
万人农业人口数							0.00274** (3.22)
城市化率							0.0170 (0.09)
人口密度							0.974 (1.03)
万人小学生人数							-0.000187 (-1.66)
万人中学生人数							-0.000536*** (-4.40)

续表

	(1) 人均医疗 卫生支出	(2) 人均医疗 卫生支出	(3) 人均医疗 卫生支出	(4) 人均医疗 卫生支出	(5) 人均医疗 卫生支出	(6) 人均医疗 卫生支出	(7) 人均医疗 卫生支出
时间虚拟变量	1.726*** (33.83)	0.536*** (9.22)	0.427*** (8.26)	0.464*** (9.66)	0.441*** (9.85)	0.339*** (8.45)	0.225*** (5.34)
组内 R^2	0.7985	0.9044	0.9249	0.9336	0.9466	0.9580	0.9629
截距项	0.388 (1.21)	-2.259*** (-9.16)	-1.529*** (-7.27)	-1.155*** (-5.61)	-0.316 (-1.16)	0.823** (3.01)	0.653 (1.84)
样本观测值	671	671	671	671	671	671	671

注：1. ***、**、* 分别表示回归系数在 1%、5% 和 10% 的水平上显著，括号内为 t 值。

2. 模型选择为固定效应模型。

3. 数据来源：由《中国统计年鉴》《新中国 60 年统计资料汇编》《中国县市社会经济统计年鉴》《中国财政年鉴》等统计年鉴资料，以及 EPS 统计数据库和该省财政厅预决算公布数据整理得到。

附录 17　财政转移支付对安徽省县级政府人均城乡社区事务支出影响的敏感性分析

	(1) 人均城乡社区事务支出	(2) 人均城乡社区事务支出	(3) 人均城乡社区事务支出	(4) 人均城乡社区事务支出	(5) 人均城乡社区事务支出	(6) 人均城乡社区事务支出	(7) 人均城乡社区事务支出
一般性转移支付	0.470*** (6.82)	0.311*** (4.63)	0.195*** (3.33)	0.174** (2.92)	0.295*** (5.00)	0.304*** (4.73)	0.282*** (4.22)
专项转移支付		0.584*** (9.38)	0.457*** (8.27)	0.343*** (4.11)	0.630*** (7.22)	0.627*** (6.87)	0.592*** (6.25)
人均税收收入			0.0000153*** (3.88)	0.0000155*** (3.91)	0.00000392 (0.83)	0.00000354 (0.75)	0.00000282 (0.59)
人均财政收入			0.0000121*** (4.62)	0.0000115*** (4.19)	0.0000109*** (4.00)	0.0000111*** (4.01)	0.0000112*** (4.06)
人均 GDP			-0.000000995*** (-9.54)	-0.000000994*** (-9.52)	-0.000000750*** (-6.57)	-0.000000759*** (-6.45)	-0.000000661*** (-5.38)
人均行政管理支出				0.0293 (0.32)	-0.323** (-3.28)	-0.329*** (-3.33)	-0.398*** (-3.84)
人均经济建设支出				0.0689 (1.82)	0.0256 (0.69)	0.0145 (0.38)	0.0420 (1.07)
财政收入分权变量					1.959** (2.62)	2.175** (2.81)	1.827* (2.31)
财政支出分权变量					-0.677* (-2.41)	-0.707* (-2.49)	-0.661* (-2.29)

续表

	(1) 人均城乡社区事务支出	(2) 人均城乡社区事务支出	(3) 人均城乡社区事务支出	(4) 人均城乡社区事务支出	(5) 人均城乡社区事务支出	(6) 人均城乡社区事务支出	(7) 人均城乡社区事务支出
财政自主度变量					0.477* (2.49)	0.358 (0.88)	0.425 (1.02)
专项转移支付占财政支出比重						-0.408 (-0.77)	-0.518 (-0.92)
财政转移支付占财政收入比重						0.0321 (0.78)	0.0497 (1.17)
万人病床位数							-0.00110 (-0.76)
万人农业人口数							-0.00388 (-1.87)
城市化率							-0.286 (-0.74)
人口密度							-2.622 (-1.15)
万人小学生人数							0.000304 (1.23)
万人中学生人数							-0.000306 (-1.15)

续表

	(1) 人均城乡社区事务支出	(2) 人均城乡社区事务支出	(3) 人均城乡社区事务支出	(4) 人均城乡社区事务支出	(5) 人均城乡社区事务支出	(6) 人均城乡社区事务支出	(7) 人均城乡社区事务支出
时间虚拟变量	0.948*** (15.49)	0.194* (1.96)	0.174* (2.00)	0.186* (2.15)	0.149 (1.79)	0.137 (1.64)	0.231* (2.54)
组内 R^2	0.5212	0.5703	0.6637	0.6654	0.6887	0.6903	0.6941
截距项	0.661 (1.58)	-1.237** (-2.82)	0.152 (0.40)	0.427 (0.99)	0.385 (0.70)	0.539 (0.88)	1.511 (1.88)
样本观测值	671	671	671	671	671	671	671

注：1. ***、**、*分别表示回归系数在1%、5%和10%的水平上显著，括号内为t值。

2. 模型选择为固定效应模型。

3. 数据来源：由《中国统计年鉴》《新中国60年统计资料汇编》《中国县市社会经济统计年鉴》《中国财政年鉴》等统计年鉴资料，以及EPS统计数据库和该省财政厅预决算公布数据整理得到。

附录18　2004～2014年云南省110个样本县财政转移支付规模、占比、人均GDP、基本公共服务供给效率、财政支出效率统计

编号	县（市、区）名称	转移支付占财政收入比重	排名	人均GDP（元）	排名	转移支付规模	排名	基本公共服务支出效率	排名	财政支出效率	排名
1	安宁市	0.283	110	35318.273	1	1165.502	104	1.626	20	1.3309	93
2	水富县	1.664	92	22509.482	2	2139.758	25	1.058	50	2.7569	20
3	呈贡县	0.378	109	21959.636	3	711.772	110	1.675	11	1.1978	103
4	弥勒县	2.187	80	21789.591	4	1237.887	99	1.037	78	2.5561	30
5	开远市	0.874	107	21367.918	5	1446.050	87	1.026	91	1.7289	71
6	个旧市	1.167	104	20695.245	6	1657.105	71	1.570	30	1.7952	63
7	宜良县	1.200	102	16700.010	7	1027.871	109	1.039	74	1.758	66
8	沾益县	1.078	106	16459.208	8	1144.088	106	1.053	63	2.9877	6
9	澄江县	1.135	105	16418.077	9	1512.200	79	1.023	96	2.8688	12
10	峨山县	1.266	99	15872.772	10	1776.357	53	1.676	10	1.2027	102
11	晋宁县	0.750	108	15697.325	11	1235.964	100	1.548	35	1.801	61
12	易门县	1.472	95	15092.705	12	1777.099	52	1.022	98	3.2144	2
13	新平县	1.191	103	15052.572	13	1858.654	45	1.586	26	1.3198	94
14	富民县	1.702	90	15009.950	14	1679.233	64	1.632	19	1.5139	83
15	禄丰县	1.425	98	14461.191	15	1264.533	97	1.025	93	2.4974	33
16	瑞丽市	1.436	97	14380.650	16	2535.607	15	1.056	60	1.8525	57
17	德钦县	9.482	7	13283.640	17	8952.110	1	1.555	34	1.7544	67
18	河口县	3.247	58	13064.910	18	3015.009	7	1.030	85	3.088	4

续表

编号	县（市、区）名称	转移支付占财政收入比重	排名	人均 GDP（元）	排名	转移支付规模	排名	基本公共服务支出效率	排名	财政支出效率	排名
19	通海县	1.586	93	12933.660	19	1230.299	101	1.027	90	2.29	40
20	华宁县	1.777	88	12635.805	20	1474.263	84	1.022	99	3.0701	5
21	嵩明县	1.499	94	11995.042	21	1709.560	59	1.039	76	2.2767	42
22	石林县	1.259	100	11955.900	22	1405.360	89	1.080	41	2.0491	50
23	东川区	2.092	81	11950.497	23	2385.703	20	1.053	62	2.7195	21
24	勐腊县	3.118	59	11765.413	24	1953.525	36	1.019	104	2.9034	10
25	华坪县	1.458	96	11435.245	25	2238.109	24	1.037	79	2.3684	37
26	元江县	2.507	72	11295.694	26	1784.953	51	1.653	14	1.5322	82
27	罗平县	2.228	78	11270.597	27	1262.266	98	1.665	13	1.5594	79
28	江川县	1.701	91	11258.317	28	1381.794	92	1.028	88	2.6864	22
29	景谷县	2.302	76	10900.947	29	1702.785	60	1.621	21	1.5134	84
30	富源县	1.245	101	10796.617	30	1137.217	108	1.746	4	1.3678	90
31	陆良县	2.443	74	10748.827	31	1319.201	95	1.051	65	1.7868	64
32	宾川县	3.519	55	10701.179	32	1669.270	67	1.616	23	1.1052	107
33	宁洱县	2.886	66	10582.865	33	1887.601	42	1.650	16	1.1262	106
34	祥云县	1.981	83	10556.476	34	1314.678	96	1.023	97	2.8451	13
35	师宗县	2.219	79	10477.986	35	1499.585	81	1.561	32	1.8426	58
36	盈江县	2.914	65	9709.090	36	2390.761	19	1.426	40	1.7533	69

续表

编号	县（市、区）名称	转移支付占财政收入比重	排名	人均 GDP（元）	排名	转移支付规模	排名	基本公共服务支出效率	排名	财政支出效率	排名
37	勐海县	4.863	36	9592.412	37	1893.011	41	1.019	105	2.8355	15
38	兰坪县	1.981	82	9553.094	38	2115.141	28	1.040	72	2.8418	14
39	建水县	1.738	89	9476.367	39	1172.504	103	1.025	92	2.0095	52
40	耿马县	5.965	25	9373.880	40	2600.019	13	1.056	57	2.7915	17
41	马龙县	1.966	84	9199.939	41	1857.843	46	1.051	67	3.1132	3
42	永仁县	4.585	41	9177.408	42	2807.077	9	1.044	71	1.8151	60
43	维西县	8.764	9	8911.945	43	3402.927	5	1.677	9	1.5458	80
44	砚山县	2.863	67	8743.416	44	1491.756	82	1.019	101	1.5084	85
45	腾冲县	1.921	85	8725.631	45	1677.664	65	1.058	49	2.9863	7
46	昌宁县	3.050	61	8689.308	46	1762.450	55	1.618	22	1.0871	109
47	江城县	5.503	30	8665.112	47	2705.415	11	1.024	94	1.9645	54
48	云县	2.862	68	8595.166	48	1459.401	85	1.053	61	1.9342	56
49	大姚县	3.767	52	8484.829	49	1860.689	44	1.037	80	1.5339	81
50	宣威市	1.907	87	8331.094	50	1146.929	105	1.766	2	1.2489	98
51	云龙县	4.510	43	8312.988	51	2331.842	21	1.051	66	1.8385	59
52	贡山县	12.038	4	8266.413	52	7859.393	2	1.740	5	1.3543	91
53	龙陵县	3.529	54	8251.969	53	1990.586	34	1.567	31	1.2318	99
54	会泽县	1.918	86	8231.483	54	1143.662	107	1.039	73	2.0674	48

续表

编号	县（市、区）名称	转移支付占财政收入比重	排名	人均GDP（元）	排名	转移支付规模	排名	基本公共服务支出效率	排名	财政支出效率	排名
55	鹤庆县	2.777	70	8093.358	55	1751.598	57	1.057	56	2.6381	26
56	玉龙县	3.042	63	8067.285	56	2313.066	22	1.039	75	2.7706	18
57	元谋县	4.833	37	8063.351	57	1922.069	39	1.028	87	2.0449	51
58	永平县	3.334	57	8048.159	58	1923.950	38	1.059	47	1.5919	78
59	陇川县	5.437	31	8020.365	59	2543.062	14	1.052	64	1.6235	76
60	镇康县	5.544	29	7950.795	60	2745.417	10	1.058	51	2.3777	36
61	漾濞县	3.897	50	7878.885	61	2407.530	17	1.023	95	2.6753	23
62	姚安县	5.013	35	7864.345	62	1809.616	50	1.557	33	1.6283	75
63	马关县	2.939	64	7768.985	63	1743.572	58	1.015	107	2.1669	44
64	洱源县	4.076	48	7697.886	64	1764.743	54	1.050	69	2.059	49
65	牟定县	4.593	40	7693.043	65	1949.047	37	1.666	12	1.2081	100
66	石屏县	2.793	69	7497.024	66	1699.863	61	1.037	81	2.2336	43
67	南华县	3.585	53	7383.969	67	1760.661	56	1.683	8	1.3745	89
68	武定县	3.103	60	7296.477	68	1671.175	66	1.027	89	2.2901	39
69	泸西县	2.258	77	7238.114	69	1481.020	83	1.033	82	2.7704	19
70	麻栗坡县	4.025	49	7209.685	70	2079.726	30	1.019	103	1.9419	55
71	南涧县	2.453	73	7189.203	71	1633.078	72	1.527	36	1.4571	88
72	富宁县	4.629	39	7010.040	72	1910.542	40	1.016	106	2.6563	25

续表

编号	县（市、区）名称	转移支付占财政收入比重	排名	人均 GDP（元）	排名	转移支付规模	排名	基本公共服务支出效率	排名	财政支出效率	排名
73	双江县	7.874	12	6915.042	73	2861.391	8	1.058	52	2.6022	29
74	双柏县	4.217	45	6814.260	74	2122.646	27	1.715	7	1.0997	108
75	镇沅县	4.775	38	6786.650	75	2093.535	29	1.580	28	1.8009	62
76	凤庆县	4.082	47	6786.309	76	1549.375	77	1.066	42	1.67	74
77	沧源县	8.020	11	6690.435	77	3080.740	6	1.057	53	2.9301	9
78	禄劝县	2.536	71	6635.068	78	1427.813	88	1.062	43	2.537	32
79	孟连县	6.772	17	6608.869	79	2624.849	12	1.022	100	2.4481	34
80	寻甸县	2.396	75	6489.494	80	1379.140	93	1.056	59	2.899	11
81	屏边县	5.874	27	6451.155	81	1996.352	33	1.031	83	2.9456	8
82	景东县	3.047	62	6445.848	82	1550.539	76	1.030	84	1.7116	72
83	剑川县	3.502	56	6433.943	83	1954.317	35	1.059	46	2.3946	35
84	巍山县	3.880	51	6324.157	84	1552.822	75	1.501	38	1.688	73
85	永胜县	5.644	28	6183.407	85	1875.051	43	1.046	70	2.119	47
86	施甸县	5.147	34	6075.631	86	1842.142	48	1.057	54	2.8257	16
87	弥渡县	4.108	46	5910.278	87	1553.829	74	1.586	27	1.2579	97
88	永善县	6.438	21	5881.641	88	1627.049	73	1.597	25	1.7538	68
89	绥江县	5.217	33	5788.368	89	2240.811	23	1.058	48	1.7476	70
90	墨江县	4.370	44	5389.879	90	1668.765	68	1.636	18	1.2995	96
91	永德县	6.641	19	5052.893	91	1850.496	47	1.060	45	2.1546	46
92	梁河县	5.982	24	5022.112	92	2404.228	18	1.500	39	1.4747	87
93	鲁甸县	5.895	26	4886.555	93	1659.219	69	1.057	55	3.1139	1

续表

编号	县（市、区）名称	转移支付占财政收入比重	排名	人均 GDP（元）	排名	转移支付规模	排名	基本公共服务支出效率	排名	财政支出效率	排名
94	宁蒗县	9.235	8	4784.669	94	2518.838	16	1.037	77	2.6049	28
95	丘北县	5.408	32	4724.768	95	1680.687	63	1.014	109	2.3613	38
96	澜沧县	6.338	22	4570.568	96	2037.097	32	1.009	110	2.1605	45
97	西畴县	11.228	5	4549.100	97	2127.994	26	1.030	86	1.762	65
98	盐津县	7.156	14	4533.011	98	1453.921	86	1.763	3	1.3197	95
99	福贡县	13.708	2	4494.710	99	3435.542	4	1.652	15	1.1622	104
100	金平县	4.581	42	4450.517	100	1657.438	70	1.645	17	1.0672	110
101	广南县	7.146	15	4396.385	101	1361.968	94	1.015	108	2.545	31
102	西盟县	14.680	1	4246.067	102	3690.836	3	1.019	102	2.6709	24
103	彝良县	6.879	16	4188.859	103	1536.414	78	1.060	44	2.2876	41
104	绿春县	6.534	20	4110.245	104	2057.363	31	1.521	37	1.5924	77
105	大关县	10.106	6	4089.143	105	1685.647	62	1.728	6	1.4858	86
106	元阳县	6.288	23	4072.397	106	1403.341	90	1.571	29	1.1549	105
107	巧家县	8.106	10	4051.811	107	1401.280	91	1.852	1	1.205	101
108	威信县	6.756	18	3907.431	108	1506.552	80	1.056	58	2.6232	27
109	红河县	12.641	3	3891.342	109	1834.997	49	1.604	24	1.3349	92
110	镇雄县	7.370	13	3030.785	110	1182.515	102	1.051	68	2.0035	53

数据来源：由《中国统计年鉴》《新中国 60 年统计资料汇编》《中国县市社会经济统计年鉴》《中国财政年鉴》等统计年鉴资料，以及 EPS 统计数据库和该省财政厅预决算公布数据整理得到。

附录 19　2004～2014 年广东省 67 个样本县财政转移支付规模、占比、人均 GDP、基本公共服务供给效率、财政支出效率统计表

编号	县（市、区）名称	所属区域	人均 GDP（元）	排名	财政转移支付占财政收入比重	排名	财政转移支付总额	排名	基本公共服务供给效率	排名	财政支出效率	排名
1	增城市	珠三角	60003.562	1	0.138	66	409.328	57	1.192	4	2.919	8
2	四会市	粤　北	42561.565	2	0.262	64	450.104	52	1.165	8	2.888	27
3	鹤山市	珠三角	33012.612	3	0.139	65	238.051	66	1.163	10	2.924	6
4	博罗县	珠三角	27893.574	4	0.447	60	536.660	42	1.096	22	2.883	34
5	从化市	珠三角	27549.234	5	0.386	61	764.969	14	1.173	7	2.917	9
6	惠东县	珠三角	25389.88	6	0.676	57	555.763	41	1.118	17	2.886	30
7	龙门县	珠三角	25001.853	7	1.184	42	839.258	12	1.074	37	2.890	24
8	开平市	珠三角	23402.991	8	0.104	67	147.958	67	1.07	40	2.883	35
9	高要市	粤　北	23381.08	9	0.343	62	334.981	63	1.048	50	2.863	50
10	阳东县	粤　西	23355.239	10	0.872	51	711.937	20	1.073	38	2.896	20
11	潮安县	粤　东	20690.202	11	1.167	43	486.723	48	1.076	34	2.856	53
12	新兴县	粤　北	20677.28	12	0.662	58	565.760	40	1.12	16	2.885	33
13	仁化县	粤　北	20538.197	13	0.776	54	717.556	18	1.09	24	2.910	14
14	佛冈县	粤　北	18632.613	14	0.599	59	680.618	26	1.163	9	2.907	18
15	台山市	珠三角	18298.241	15	0.264	63	263.705	64	1.038	54	2.906	19
16	清新县	粤　北	16550.695	16	1.233	39	688.443	25	1.079	31	2.877	40
17	恩平市	珠三角	15899.421	17	0.848	53	585.969	39	1.086	26	2.887	28
18	梅　县	粤　北	15830.625	18	0.700	56	612.874	35	1.173	6	2.909	15

续表

编号	县（市、区）名称	所属区域	人均 GDP（元）	排名	财政转移支付占财政收入比重	排名	财政转移支付总额	排名	基本公共服务供给效率	排名	财政支出效率	排名
19	海丰县	粤　东	15604.164	19	0.888	50	534.296	43	1.017	63	2.879	37
20	阳西县	粤　西	15597.975	20	2.508	15	705.093	23	1.039	53	2.868	45
21	揭东县	粤　东	15483.299	21	1.025	46	354.830	61	1.012	65	2.847	62
22	蕉岭县	粤　北	14628.799	22	0.901	49	762.849	15	1.16	11	2.929	5
23	乳源县	粤　北	14498.223	23	1.055	45	1033.825	5	1.102	20	2.915	11
24	阳春市	粤　西	14286.528	24	1.555	32	489.095	47	1.072	39	2.871	44
25	德庆县	珠三角	14087.499	25	0.863	52	641.137	28	1.083	28	2.889	26
26	连平县	粤　北	13710.096	26	1.783	27	996.684	6	1.18	5	2.908	16
27	云安县	粤　北	13609.187	27	1.315	37	670.723	27	1.058	45	2.886	31
28	高州市	粤　西	13572.701	28	1.396	35	398.437	58	1.025	60	2.848	61
29	电白县	粤　北	13091.928	29	1.352	36	395.255	60	1.063	42	2.845	64
30	信宜市	粤　西	12929.732	30	1.944	23	466.646	51	1.019	62	2.860	51
31	连州市	粤　北	12801.616	31	1.215	41	693.125	24	1.086	25	2.878	39
32	化州市	粤　西	12423.274	32	1.758	28	396.884	59	1.012	64	2.851	58
33	始兴县	粤　北	12210.706	33	2.009	22	871.272	11	1.09	23	2.922	7
34	平远县	粤　北	12126.089	34	1.722	30	894.758	9	1.114	18	2.929	4
35	封开县	珠三角	11782.142	35	0.946	48	516.941	45	1.042	52	2.875	41
36	英德市	粤　北	11417.39	36	1.118	44	598.845	37	1.056	48	2.859	52

续表

编号	县（市、区）名称	所属区域	人均 GDP（元）	排名	财政转移支付占财政收入比重	排名	财政转移支付总额	排名	基本公共服务供给效率	排名	财政支出效率	排名
37	连山县	粤 北	11296.183	37	3.415	6	1522.527	2	1.219	3	2.972	2
38	遂溪县	粤 西	10927.92	38	2.371	19	531.887	44	1.075	36	2.855	56
39	新丰县	粤 北	10875.358	39	2.375	18	940.890	8	1.075	35	2.917	10
40	南雄市	粤 北	10789.114	40	1.487	34	589.589	38	1.105	19	2.892	22
41	普宁市	粤 东	10782.551	41	0.759	55	239.709	65	1.007	66	2.837	66
42	饶平县	粤 东	10636.478	42	3.346	7	609.796	36	1.033	56	2.864	48
43	广宁县	珠三角	10476.577	43	1.271	38	468.211	50	1.076	33	2.867	46
44	南澳县	粤 东	10432.226	44	2.289	20	1767.017	1	1.323	2	2.985	1
45	揭西县	粤 东	9961.4139	45	3.868	4	617.780	33	1.032	57	2.863	49
46	乐昌市	粤 北	9896.332	46	1.849	25	710.680	21	1.076	32	2.891	23
47	郁南县	粤 北	9841.1098	47	1.739	29	613.099	34	1.044	51	2.885	32
48	怀集县	珠三角	9368.401	48	0.998	47	443.884	53	1.02	61	2.850	59
49	徐闻县	粤 西	9239.1009	49	2.430	17	633.407	29	1.062	43	2.874	42
50	翁源县	粤 北	9237.0602	50	2.433	16	730.401	16	1.083	29	2.908	17
51	东源县	粤 北	9213.7938	51	2.895	10	1122.778	4	1.141	13	2.910	13
52	连南县	粤 北	9021.7259	52	2.270	21	1247.417	3	1.13	14	2.948	3
53	廉江市	粤 西	8974.0916	53	2.554	14	473.296	49	1.029	59	2.855	55
54	龙川县	粤 北	8406.848	54	3.436	5	807.706	13	1.127	15	2.879	38

续表

编号	县（市、区）名称	所属区域	人均 GDP（元）	排名	财政转移支付占财政收入比重	排名	财政转移支付总额	排名	基本公共服务供给效率	排名	财政支出效率	排名
55	阳山县	粤　北	8381.6997	55	1.646	31	726.328	17	1.085	27	2.882	36
56	陆河县	粤　东	8034.3241	56	2.731	13	878.512	10	1.062	44	2.890	25
57	惠来县	粤　东	7909.9308	57	3.279	8	489.937	46	1.056	47	2.846	63
58	吴川市	粤　西	7895.8465	58	1.911	24	422.129	56	1.005	67	2.843	65
59	丰顺县	粤　北	7521.4553	59	2.817	12	712.223	19	1.058	46	2.887	29
60	和平县	粤　北	7515.9502	60	4.469	3	978.064	7	1.145	12	2.911	12
61	大埔县	粤　北	7198.1612	61	1.836	26	708.827	22	1.097	21	2.894	21
62	兴宁市	粤　北	7093.0521	62	2.876	11	629.440	30	1.068	41	2.874	43
63	陆丰市	粤　东	6625.2506	63	1.218	40	354.811	62	1.035	55	2.831	67
64	罗定市	粤　北	6393.5674	64	1.489	33	425.594	55	1.031	58	2.856	54
65	雷州市	粤　西	6359.4252	65	2.911	9	436.857	54	1.053	49	2.851	57
66	五华县	粤　北	4738.8932	66	5.749	2	629.376	31	1.082	30	2.866	47
67	紫金县	粤　北	2820.2779	67	7.167	1	617.888	32	1.332	1	2.850	60

数据来源：由《中国统计年鉴》《新中国 60 年统计资料汇编》《中国县市社会经济统计年鉴》《中国财政年鉴》等统计年鉴资料，以及 EPS 统计数据库和该省财政厅预决算公布数据整理得到。

附录 20　2004～2014 年安徽省 61 个样本县财政转移支付规模、占比、人均 GDP、基本公共服务供给效率、财政支出效率统计

编号	县（市、区）名称	所属区域	人均 GDP（元）	排名	专项转移支付占财政收入比重	排名	财政转移支付总额	排名	基本公共服务供给效率	排名	财政支出效率	排名
1	繁昌县	江淮地区	27873.814	1	0.279	61	689.019	53	1.150	6	3.074	4
2	宁国市	江南地区	26603.645	2	0.279	60	946.860	29	1.096	25	3.100	3
3	肥西县	江淮地区	22615.779	3	0.419	56	536.379	58	1.065	40	2.489	16
4	当涂县	江淮地区	22491.770	4	0.362	59	769.042	45	1.138	11	2.659	12
5	芜湖县	江淮地区	20646.578	5	0.371	58	1104.107	20	1.141	9	2.681	10
6	凤台县	江淮地区	19141.932	6	0.385	57	883.264	35	1.196	2	2.312	19
7	天长市	江淮地区	18395.777	7	0.462	53	1186.198	17	1.065	41	2.245	21
8	铜陵县	江南地区	18276.724	8	0.532	45	528.677	60	1.039	60	2.749	9
9	霍山县	江淮地区	17392.165	9	0.540	42	664.117	54	1.055	54	2.560	14
10	肥东县	江淮地区	16447.135	10	0.477	51	716.991	50	1.048	56	2.014	31
11	长丰县	江淮地区	16222.797	11	0.487	50	1750.057	4	1.069	37	2.179	24
12	广德县	江南地区	15341.470	12	0.443	55	732.998	49	1.040	59	2.649	13
13	绩溪县	江南地区	14479.063	13	0.583	36	694.620	52	1.047	58	3.006	6
14	祁门县	江南地区	13818.064	14	0.593	31	948.688	28	1.124	17	2.826	7
15	南陵县	江淮地区	13741.987	15	0.462	52	946.310	30	1.083	29	2.195	22
16	怀宁县	江淮地区	13464.402	16	0.490	49	767.759	46	1.062	45	2.023	30
17	歙　县	江南地区	13463.912	17	0.587	35	1257.448	13	1.082	30	2.297	20
18	郎溪县	江南地区	13446.052	18	0.540	43	1357.629	10	1.061	46	2.415	17
19	黟　县	江南地区	12980.097	19	0.599	30	1185.014	18	1.138	12	3.263	2
20	休宁县	江南地区	11997.819	20	0.565	37	962.279	25	1.111	21	2.669	11
21	东至县	江南地区	11934.874	21	0.611	28	823.860	39	1.072	35	3.020	5

续表

编号	县（市、区）名称	所属区域	人均 GDP（元）	排名	专项转移支付占财政收入比重	排名	财政转移支付总额	排名	基本公共服务供给效率	排名	财政支出效率	排名
22	枞阳县	江淮地区	11798.708	22	0.592	32	853.059	37	1.216	1	2.091	26
23	无为县	江淮地区	11790.419	23	0.560	40	824.612	38	1.063	43	1.798	36
24	含山县	江淮地区	11756.009	24	0.533	44	856.797	36	1.030	61	2.047	29
25	凤阳县	江淮地区	11504.480	25	0.590	33	793.559	42	1.081	32	2.352	18
26	明光市	江淮地区	11198.363	26	0.589	34	1468.375	7	1.075	34	2.184	23
27	和　县	江淮地区	10795.223	27	0.562	39	938.437	31	1.058	50	2.082	27
28	固镇县	江淮地区	10788.014	28	0.702	17	811.701	41	1.058	52	1.781	37
29	泾　县	江南地区	10610.467	29	0.541	41	1209.806	16	1.088	28	2.552	15
30	旌德县	江南地区	10603.825	30	0.606	29	486.765	61	1.125	16	2.779	8
31	石台县	江南地区	9910.183	31	0.775	4	765.022	47	1.060	48	1.373	59
32	潜山县	江淮地区	9837.903	32	0.729	11	1083.994	21	1.070	36	2.008	32
33	五河县	江淮地区	9763.609	33	0.662	22	1293.242	11	1.104	22	1.766	38
34	桐城市	江淮地区	9171.652	34	0.509	46	2185.643	2	1.058	51	1.820	35
35	全椒县	江淮地区	8934.944	35	0.503	47	900.885	34	1.057	53	1.740	40
36	定远县	江淮地区	8717.203	36	0.707	16	530.113	59	1.094	26	2.078	28
37	青阳县	江南地区	8481.906	37	0.499	48	1067.315	22	1.138	10	4.105	1
38	岳西县	江淮地区	8360.792	38	0.711	15	2158.587	3	1.060	47	2.123	25
39	宿松县	江淮地区	8180.765	39	0.733	10	1427.109	8	1.050	55	1.699	45
40	濉溪县	淮北地区	8110.741	40	0.716	13	1212.946	15	1.100	24	1.711	42
41	怀远县	江淮地区	7940.995	41	0.660	24	595.380	57	1.063	42	1.589	49
42	太湖县	江淮地区	7793.792	42	0.748	9	1698.488	5	1.128	15	1.891	34

续表

编号	县（市、区）名称	所属区域	人均 GDP（元）	排名	专项转移支付占财政收入比重	排名	财政转移支付总额	排名	基本公共服务供给效率	排名	财政支出效率	排名
43	泗　县	淮北地区	7630.530	43	0.757	6	962.041	26	1.062	44	1.546	52
44	舒城县	江淮地区	7402.157	44	0.688	19	1141.652	19	1.059	49	1.752	39
45	庐江县	江淮地区	7310.410	45	0.456	54	917.708	33	1.066	38	1.631	47
46	界首市	淮北地区	7255.733	46	0.651	25	925.823	32	1.113	20	1.700	44
47	来安县	江淮地区	7095.172	47	0.564	38	595.668	56	1.065	39	1.535	53
48	蒙城县	淮北地区	6989.117	48	0.674	21	1213.464	14	1.137	13	1.625	48
49	金寨县	江淮地区	6771.814	49	0.700	18	962.564	24	1.048	57	1.943	33
50	萧　县	淮北地区	6736.744	50	0.775	3	956.916	27	1.155	5	1.502	55
51	望江县	江淮地区	6662.384	51	0.749	8	3088.954	1	1.101	23	1.733	41
52	涡阳县	淮北地区	6631.665	52	0.683	20	695.703	51	1.146	8	1.530	54
53	砀山县	淮北地区	6613.440	53	0.803	1	816.454	40	1.158	3	1.550	51
54	霍邱县	江淮地区	6408.580	54	0.661	23	639.825	55	1.082	31	1.703	43
55	灵璧县	淮北地区	6218.011	55	0.778	2	738.699	48	1.088	27	1.435	56
56	颍上县	淮北地区	5381.556	56	0.650	26	1363.670	9	1.113	18	1.636	46
57	寿　县	江淮地区	5369.857	57	0.712	14	1028.206	23	1.077	33	1.560	50
58	太和县	淮北地区	4926.761	58	0.717	12	1594.087	6	1.128	14	1.435	57
59	利辛县	淮北地区	4890.154	59	0.627	27	1277.541	12	1.158	4	1.424	58
60	阜南县	淮北地区	3844.451	60	0.755	7	772.049	43	1.113	19	1.304	60
61	临泉县	淮北地区	3313.294	61	0.764	5	771.506	44	1.150	7	1.292	61

数据来源：由《中国统计年鉴》《新中国60年统计资料汇编》《中国县市社会经济统计年鉴》《中国财政年鉴》等统计年鉴资料，以及EPS统计数据库和该省财政厅预决算公布数据整理得到。

附录 21 人均行政管理支出和经济建设支出对基本公共服务支出影响的扩展模型

$$\ln BasicSerper_{it} = \alpha_0 + \alpha_1 \ln GelTransper_{it} + \alpha_2 \ln SpeTransper_{it} + \delta_1 GD \cdot \ln admin_{it} + \delta_2 AH \cdot \ln admin_{it} + \delta_3 GD \cdot \ln ecoexpenditure_{it} + \delta_4 AH \cdot \ln ecoexpenditure_{it} + \beta X_{it} + \varepsilon_{it} \quad (6-1-1)$$

$$lnEduper_{it} = \alpha_0 + \alpha_1 \ln GelTransper_{it} + \alpha_2 \ln SpeTransper_{it} + \delta_1 GD \cdot \ln admin_{it} + \delta_2 AH \cdot \ln admin_{it} + \delta_3 GD \cdot \ln ecoexpenditure_{it} + \delta_4 AH \cdot \ln ecoexpenditure_{it} + \beta X_{it} + \varepsilon_{it} \quad (6-1-2)$$

$$lnSecurityper_{it} = \alpha_0 + \alpha_1 \ln GelTransper_{it} + \alpha_2 \ln SpeTransper_{it} + \delta_1 GD \cdot \ln admin_{it} + \delta_2 AH \cdot \ln admin_{it} + \delta_3 GD \cdot \ln ecoexpenditure_{it} + \delta_4 AH \cdot \ln ecoexpenditure_{it} + \beta X_{it} + \varepsilon_{it} \quad (6-1-3)$$

$$lnMedcialper_{it} = \alpha_0 + \alpha_1 \ln GelTransper_{it} + \alpha_2 \ln SpeTransper_{it} + \delta_1 GD \cdot \ln admin_{it} + \delta_2 AH \cdot \ln admin_{it} + \delta_3 GD \cdot \ln ecoexpenditure_{it} + \delta_4 AH \cdot \ln ecoexpenditure_{it} + \beta X_{it} + \varepsilon_{it} \quad (6-1-4)$$

$$lnCxshequ_{it} = \alpha_0 + \alpha_1 \ln GelTransper_{it} + \alpha_2 \ln SpeTransper_{it} + \delta_1 GD \cdot \ln admin_{it} + \delta_2 AH \cdot \ln admin_{it} + \delta_3 GD \cdot \ln ecoexpenditure_{it} + \delta_4 AH \cdot \ln ecoexpenditure_{it} + \beta X_{it} + \varepsilon_{it} \quad (6-1-5)$$

参考文献

蔡彤、舒智伟：《人口结构与地方政府义务教育公共支出——基于中国省级面板数据的研究》，《经济与管理评论》2015 年第 2 期。

曹鲲：《中国地方政府财政竞争及其优化研究》，武汉大学，2012。

陈昌盛：《基本公共服务均等化：中国行动路线图》，《财会研究》2008 年第 2 期。

陈金山：《〈哥达纲领批判〉中的马克思公正观研究》，兰州大学，2012。

陈强：《高级计量经济学及 Stata 应用》（第二版），高等教育出版社，2014。

陈诗一、张军：《中国地方政府财政支出效率研究：1978 - 2005》，《中国社会科学》2008 年第 4 期。

陈硕：《分税制改革、地方财政自主权与公共品供给》，《经济学》2010 年第 4 期。

陈思霞、田丹：《均衡性转移支付与公共服务供给效率——基于中国地市一级的经验证据》，《华中农业大学学报》（社会科学版）2013 年第 3 期。

陈志武：《金融技术、经济增长与文化》，《经济导刊》2005 年第 5 期。

〔美〕戴维·伊斯顿：《政治生活的系统分析》，人民出版社，2012。

邓宗兵、吴朝影、封永刚、王炬：《中国区域公共服务供给效率评价与差异性分析》，《经济地理》2014 年第 5 期。

范子英：《央地关系与区域经济格局：财政转移支付的视角》，复旦大学，2010。

范子英、张军：《财政分权、转移支付与国内市场整合》，《经济研究》2010 年第 3 期。

范子英：《转移支付、基础设施投资与贪腐》，《经济社会体制比较》2013 年第 2 期。

伏润民、常斌、缪小林：《我国省对县（市）一般性转移支付的绩效评价——基于 DEA 二次相对效益模型的研究》，《经济研究》2008 年第 11 期。

伏润民、王卫昆、常斌、缪小林：《我国规范的省对县（市）均衡性转移支付制度研究》，《经济学》2012 年第 1 期。

付文林：《财政分权、财政竞争与经济绩效》，高等教育出版社，2011。

傅勇：《财政分权、政府治理与非经济性公共物品供给》，《经济研究》2010 年第 8 期。

高鸿业：《西方经济学（微观部分）》（第六版），中国人民大学出版社，2014。

高培勇：《公共经济学》（第三版），中国人民大学出版社，2011。

龚锋、卢洪友：《财政分权与地方公共服务配置效率——基于义务教育和医疗卫生服务的实证研究》，《经济评论》2013 年第 1 期。

管新帅、王思文：《中国地方公共品供给效率地区差异测度》，《兰州大学学报》（社会科学版）2009 年第 4 期。

郭其友，李宝良：《机制设计理论：资源最优配置机制性质的解释与应用——2007 年度诺贝尔经济学奖得主的主要经济学理论贡献述评》，《外国经济与管理》2007 年第 11 期。

郭庆旺、贾俊雪：《财政分权、政府组织结构与地方政府支出规模》，《经济研究》2010 年第 11 期。

国务院发展研究中心课题组：《改善民生应重点关注社会性基本公共服务》，《中国经济时报》2012 年 10 月 26 日。

过勇、胡鞍钢：《行政垄断、寻租与贪腐——转型经济的贪腐机理分析》，《经济社会体制比较》2003 年第 2 期。

〔美〕哈维·S. 罗森、特德·盖亚：《财政学》（第八版），郭庆旺、赵志耘译，中国人民大学出版社，2009。

韩华为、苗艳青：《地方政府卫生支出效率核算及影响因素实证研究——以中国 31 个省份面板数据为依据的 DEA - Tobit 分析》，《财经研究》2010 年第 5 期。

韩仁月、常世旺：《中国教育支出效率的地区差异：要素集聚与转移支付依赖》，《财经论丛》2009 年第 6 期。

韩蕊：《〈哥达纲领批判〉分配思想与我国现阶段的按劳分配制度之比较》，《山东社会科学》2015 年第 12 期。

贾俊雪、郭庆旺、宁静：《财政分权、政府治理结构与县级财政解困》，《管理世界》2011 年第 1 期。

贾康：《“十二五”时期中国的公共财政制度改革》，《财政研究》2011 年第 7 期。

冷毅：《地方财政支出与基本公共服务供给：一个总体框架》，《改革》2013 年第 11 期。

冷毅、杨琦：《财政竞争对地方政府财政支出结构的影响研究——基于民生和发展的权衡》，《江西财经大学学报》2014 年第 4 期。

李丹、刘小川：《政府间财政转移支付对民族扶贫县财政支出行为影响的实证研究——基于 241 个民族扶贫县的考察》，《财经研究》2014 年第 1 期。

李华、任龙洋：《财政分权、预算约束与地方公共品供给效率》，《当代财经》2013 年第 3 期。

李建军、张辰昕：《地方政府公共品供给效率实证研究》，《经济经纬》2012 年第 4 期。

李森：《论财政支出效率的三个层次及其实现》，《西安财经学院学报》2005 年第 3 期。

李雪松：《中国式分权与农村公共品供给、农业经济增长绩效研究》，重庆大学，2014。

李燕凌：《农村公共品供给效率研究》，湖南农业大学，2007。

李永友、沈玉平：《转移支付与地方财政收支决策——基于省级面板数据的实证研究》，《管理世界》2009 年第 11 期。

林洁：《公共物品供给效率研究》，《学术探索》2014 年第 2 期。

林毅夫、刘志强：《中国的财政分权与经济增长》，《北京大学学报》（哲学社会科学版）2000 年第 4 期。

刘凤伟:《财政转移支付对地区差距的影响研究》,中国农业科学院,2008。

刘侃:《云南省省对下一般性转移支付有效性研究》,云南财经大学,2014。

刘宁:《公共财政视角下的中国地方财政支出结构及其优化研究》,辽宁大学,2009。

刘尚希、杨元杰、张洵:《基本公共服务均等化与公共财政制度》,《经济研究参考》2008 年第 40 期。

刘宇:《我国基本公共服务区域及城乡效率差异研究》,中国农业大学,2014。

陆庆平:《公共财政支出的绩效管理》,《财政研究》2003 年第 4 期。

吕炜、王伟同:《政府服务性支出缘何不足?——基于服务性支出体制性障碍的研究》,《经济社会体制比较》2010 年第 1 期。

罗植:《中国地方公共服务拥挤性与财政支出结构优化》,《财经科学》2014 年第 5 期。

潘文轩:《我国财政分权对区域协调发展的影响》,财政部财政科学研究所,2011。

平新乔、白洁:《中国财政分权与地方公共品供给》,《财贸经济》2006 年第 2 期。

乔宝云、范剑勇、冯兴元:《中国的财政分权与小学义务教育》,《中国社会科学》2005 年第 6 期。

邱兆林、马磊:《经济新常态下政府财政支出的就业效应——基于中国省级面板数据的系统 GMM 分析》,《中央财经大学学报》2015 年第 12 期。

沈坤荣、付文林:《中国的财政分权制度与地区经济增长》,《管理世界》2005 年第 1 期。

石培琴:《我国区域基本公共服务均等化研究》,财政部财政科学研究所,2014。

宋小宁、陈斌、梁若冰:《一般性转移支付:能否促进基本公共服务供给?》,《数量经济技术经济研究》2012 年第 7 期。

孙文祥、蔡方:《我国财政支农经济绩效实证研究》,《财政研究》2005 年第 11 期。

唐齐鸣、王彪:《中国地方政府财政支出效率及影响因素的实证研究》,《金融研究》2012 年第 2 期。

王德祥、李建军:《我国税收征管效率及其影响因素——基于随机前沿分析（SFA）技术的实证研究》,《数量经济技术经济研究》2009 年第 4 期。

王鹏:《财政转移支付制度改革研究》,吉林大学,2012。

王守义:《地方国有企业间异地并购的动态博弈分析——一个财政竞争的视角》,《技术经济与管理研究》2015 年第 9 期。

王守义、张荐华:《转移支付结构会影响边疆多民族地区公共服务供给吗?——基于云南省县级政府财政支出面板数据的实证分析》,《商业研究》2016 年第 5 期。

王文剑、覃成林:《地方政府行为与财政分权增长效应的地区性差异——基于经验分析的判断、假说及检验》,《管理世界》2008 年第 1 期。

王文剑、仉建涛、覃成林:《财政分权、地方政府竞争与 FDI 的增长效应》,《管理世界》2007 年第 3 期。

吴后宽、罗剑朝:《农业财政投资效率评估变量体系的构建》,《统计与决策》2005 年第 4 期。

吴一平:《财政分权、贪腐与治理》,《经济学》2008 年第 3 期。

肖育才:《转移支付与县级基本公共服务均等化研究》,西南财经大学,2014。

闫龙飞:《我国准公共品多元化供给研究》,西南财经大学,2012。

严成樑、雷小钧:《均等性转移支付与宏观经济波动》,《财经问题研究》2016 年第 1 期。

杨林、陈书全、张晴:《青岛市城乡基本公共服务供给均等化实证研究》,《地方财政研究》2009 年第 10 期。

尹奥、李星洲、丁谦:《山东省财政科技投入绩效空间差异分析》,《山东经济》2010 年第 1 期。

尹恒、杨龙见:《地方财政对本地居民偏好的回应性研究》,《中国社会科学》2014 年第 5 期。

尹恒、朱虹：《县级财政生产性支出偏向研究》，《中国社会科学》2011 年第 1 期。

曾明、华磊、刘耀彬：《地方财政自给与转移支付的公共服务均等化效应——基于中国 31 个省级行政区的面板门槛分析》，《财贸研究》2014 年第 3 期。

曾明：《教育财政支出占 GDP4% 目标的实现与选择性政策执行——基于江西省县域面板数据的分析》，《甘肃行政学院学报》2011 年第 6 期。

曾明：《欠发达省份的省以下财政体制安排：遵从性的政策执行——1980 ~ 2009 年的江西省》，《公共管理研究》2010 年卷。

翟军亮、吴春梅、高韧：《村民参与公共服务供给中的民主激励与效率激励分析——基于对河南省南坪村和陕西省钟家村的调查》，《中国农村观察》2012 年第 3 期。

詹姆斯·布坎南：《民主过程中的财政》，上海三联书店，1992。

张恒龙、陈宪：《政府间转移支付对地方财政努力与财政均等的影响》，《经济科学》2007 年第 1 期。

张恒龙：《转型期中国政府间财政关系研究》，上海社会科学院，2006。

张军、高远、傅勇、张弘：《中国为什么拥有了良好的基础设施?》《经济研究》2007 年第 3 期。

张维迎：《博弈论与信息经济学》，上海三联书店、上海人民出版社，2012。

张维迎、栗树和：《地区间竞争与中国国有企业的民营化》，《经济研究》1998 年第 12 期。

张晏、龚六堂：《分税制改革、财政分权与中国经济增长》，《经济学》2005 年第 4 期。

郑浩生、叶子荣、查建平：《中央对地方财政转移支付影响因素研究——基于中国县级数据的实证检验》，《公共管理学报》2014 年第 1 期。

郑浩生：《以“县”为承接基础的财政转移支付制度绩效研究》，西南交通大学，2013。

郑谦：《公共物品供应和生产的分离与“俘获”的发生——对地方

"政绩工程"的另一种分析路径》,《上海行政学院学报》2011 年第 6 期。

钟科耀:《财政分权体制下的地方公共品供给效率研究》, 西南财经大学, 2013。

周黎安、陶婧:《政府规模、市场化与地区贪腐问题研究》,《经济研究》2009 年第 1 期。

周业安、章泉:《财政分权、经济增长和波动》,《管理世界》2008 年第 3 期。

朱文奇:《提高我国财政支出效率和效益的策略探析》,《广西社会科学》2009 年第 10 期。

朱志刚:《财政支出绩效评价研究》, 中国财政经济出版社, 2003。

Alberto, Ades, and Rafael Di Tella, "Rents, Competition and Corruption," *American Economic Review* 9 (1999): 982.

Asia, E., and P. Region, *Governance, Investment Climate, and Harmonies Society: Competitiveness Enhancement for* 120 *Cities in China* (Paper presented at the World Bank Report 22953 – CHA, Washington D. C., October 2006).

Battese, G. E., and T. J. Coelli, "A Model for Technical Inefficiency Effects in a Stochastic Frontier Production Function for Panel Data," *Empirical Economics* 20 (1995).

Becker, Elizabeth, "The Illusion of Fiscal Illusion: Unsticking the Flypaper Effect," *Public Choice* 86 (1996).

Besley, T., and S. Coate, "Centralized versus Decentralized Provision of Local Public Goods: A Political Economy Approach," *Journal of Public Economics* 87 (2003).

Bradford, D. F. et al., "The Raising Cost of Local Public Services: Some Evidence and Reflections," *National Tax Journal* 22 (1969).

Broadway, Robin W. et al., "Intergovernmental Fiscal Relations in Canada," *Social Science Electronic Publishing* 13 (2006).

Burgat, Paul, and Claude Jeanrenaud, "Technical Efficiency and Institutional Variables," *Swiss Journal of Economics and Statistics* 130 (1994).

Coase, R. H., "The Nature of the Company," *Economica* 4 (1937):

386 - 405.

d'Aspremont, Claude C. et al., "Incentives and Incomplete Information," *Journal of Public Economics* 11 (1979).

Dougan, W. R., and D. A. Kenyon, "Pressure Groups and Public Expenditures: The Flypaper Effect Reconsidered," *Economic Inquiry* 26 (1988).

Ebel, R. D., and S. Yilmaz, 2002, "On the Measurement and Impact of Fiscal Decentralization," *The World Bank Working Paper.*

Farrell, M. J., "The Measurement of Productive Efficiency," *Journal of the Royal Statistical Society Series A* 120 (1957).

Fudenberg, D., and J. Tirole, *Game Theory* (Cambridge, USA: MIT Press, 1991).

Gibbard, A., "Manipulation of Voting Schemes: A General Result," *Econometrica* 41 (1973).

Greene, W., "Distinguishing between Heterogeneity and Inefficiency: Stochastic Frontier Analysis of the World Health Organization's Panel Data on National Health Care Systems," *Journal of Health Economics* 13 (2004).

Gupta, S., and M. Verhoeven, "The Efficiency of Government Expenditure Experiences from Africa," *Journal of Policy Modelling* 23 (2001).

Hayek, Friedrich A., "The Use of Knowledge in Society," *American Economic Review* 35 (1945).

Hepp, R., and J. V. Hagen, "Fiscal Federalism in Germany: Stabilization and Redistribution before and after Unification," *Journal of Federalism* 42 (2009).

Hurwicz, L., *On Informational Decentralized Systems in Decision and Organization* (Marschak: North - Holland, 1972).

Hurwicz, L., "Optimality and Informational Efficiency in Resource Allocation Processes," in K. Arrow, ed., *Mathematical Methods in the Social Sciences* (Stanford: Stanford University Press, 1960).

Inman, Robert P., "The Flypaper Effect," *NBER Working Paper* 14579 (2003).

Kaplan, R. S., and D. P. Norton, "Putting the Balanced Scorecard to Work," *Harvard Business Review* 71 (1993).

Keen, M., and M. Marchand, "Fiscal Competition and the Pattern of Public Spending," *Journal of Public Economics* 66 (1997).

Knight, J., and L. Song, "The Spatial Contribution to Income Inequality in Rural China," *Cambridge Journal of Economics* 17 (1993).

Kumbhakar, S. C. et al., "A Generalized Production Frontier Approach for Estimating Determinants of Inefficiency in U. S. Dairy Farms," *Journal of Business and Economic Statistics* 9 (1991).

Leibenstein, Harvey, "Incremental Capital - Output Ratios and Growth Rates in the Short Run," *Review of Economics & Statistics* 48 (1966).

Lucas, Robert E., Jr, "On the Mechanics of Economic Development," *Journal of Monetary Economics* 22 (1988): 3.

Ma Jun, *Intergovernmental Relations and Economic Management in China* (England: Macmillan Press, 1997).

Maskin, E., "Nash Equilibrium and Welfare Optimality," *Review of Economic Studies* 66 (1999).

Muller, D., *Public Choice II* (New York: Cambridge University Press, 1989).

Mundlak, Yair, "On the Pooling of Time Series and Cross Section Data," *Econometrica* 46 (1978a).

Murphy, Kevin et al., "Why is Rent - seeking So Costly to Growth?" *American Economic Review* 83 (1993).

Musgrave, Richard A., *The Theory of Public Finance: A Study in Public Economy* (Kogakusha: Mc Graw - Hill, 1959).

Myerson, R. B., "Incentive Compatibility and the Bargaining Problem," *Econometrica* 47 (1979).

Myerson, R. B., "Optimal Coordination Mechanisms in Generalized Principal - Agent Problems," *Journal of Mathematical Economics* 10 (1982).

Niskanen, William A., *Bureaucracy and Representative Government* (Chicago:

Aldine, Atherton, 1971).

Oates, Wallace E., "An Essay on Fiscal Federalism," *Journal of Economic Literature* 27 (1999).

Oates, Wallace E., *Fiscal Federalism* (New York: Harcourt Brace Jovanovic, 1972).

Olson, M. T., *The Logic of Collective Action: Public Goods and the Theory of Groups* (Harvard: Harvard University Press, 1995).

Olson, M. T., "The Principle of 'Fiscal Equivalence': The Division of Responsibilities among Different Levels of Government," *American Economic Review* 59 (1969).

Ostrom, E., "The Future of Democracy," *Telos* 23 (1987).

Paolo, Mauro, "Corruption and Growth," *Quarterly Journal of Economics* 110 (1995).

Persson, T., and G. Tabellini, "Comparative Politics and Public Finance," *Journal of Political Economy* 108 (2010).

Qian, Yingyi, and R. Weingast, "China's Transition to Markets: Market - Preserving Federalism, Chinese Style," *Journal of Economic Policy Reform* 2 (1996).

Qian, Yingyi, and R. Weingast, "Federalism as a Commitment to Preserving Market Incentives," *Journal of Economic Perspectives* 11 (1997).

Rasmusen, Eric, "Judicial Legitimacy as a Repeated Game," *Journal of Law Economics and Organization* 10 (1994).

Raymond, Fisman, and Jakob Svensson, "Are Corruption and Taxation Really Harmful to Growth? Firm Level Evidence," *Journal of Development Economics* 83 (2007).

Rizzo, L., "Local Government Responsiveness to Federal Transfers: Theory and Evidence," *International Tax & Public Finance* 15 (2008).

Romer, Paul M., "Increasing Returns and Long Run Growth," *Journal of Political Economy* 10 (1986).

Saaty, T. L., "How to Make a Decision: The Analytic Hierarchy Process," *European Journal of Operational Research* 48 (1990).

Samuelson, Paul A., "The Pure Theory of Public Expenditure," *The Review of Economics and Statistics* 36 (1954).

Sanjeev, Gupta et al., "Does Corruption Affect Income Inequality and Poverty?" *Economics of Governance* 3 (2002).

Satterthwaite, M., "Strategy - proofness and Arrow's Conditions: Existence and Correspondence Theorems for Voting Procedures and Welfare Functions," *Journal of Economic Theory* 10 (1975).

Scott, A. D., "The Evaluation of Federal Grants," *Econometrica* 19 (1952).

Shah, A., "The Reform of Intergovernmental Fiscal Relations in Developing and Emerging Market Economics, Washington D. C.: World Bank," *Journal of Control Measurement & System Integration* 2 (1994).

Snoddon, T., and J. F. Wen., "Grants Structure in an Intergovernmental Fiscal Game," *Economics of Governance* 4 (2003).

Stigler, George J., *Tenable Range of Function of Local Government on Federal Expenditure Policy for Economic Growth and Stability* (Paper presented at the Joint Economic Committee, Washington D. C., January 1957).

Tiebout, Charles M., "A Pure Theory of Local Expenditure," *Journal of Political Economy* 64 (1956).

Turnbull, G. K., "Fiscal Illusion, Uncertainty and the Flypaper Effect," *Journal of Public Economics* 48 (1992).

Wilde, James A., "Grants - in - aid: The Analytics of Design and Response," *National Tax Journal* 24 (1971).

Zhang, T., and Zou H. Fu, "Fiscal Decentralization, Public Spending and Economic Growth in China," *Journal of Public Economics* 67 (1998).

Zhuravskaya, E. V., "Incentives to Provide Local Public Goods: Fiscal Federalism, Russian Style," *Journal of Public Economics* 76 (2000).

后　记

财政转移支付资金在地方政府提供基本公共服务中所发挥的作用，尤其是转移支付对县级政府的基本公共服务供给效率所产生的影响一直是学术界关心的问题。在云南大学经济学院攻读博士学位期间，我有幸主持并参与了多项云南省财政厅及相关部门的课题。在课题的研究过程中，我发现云南省作为一个地处祖国西南边疆、经济欠发达省份，其县级层面的基本公共服务供给失衡状况在近些年得到了极大缓解，县级政府的工作成绩得到了社会各界的广泛认可，但存在的问题依然不少，尤其是一些县区政府的基本公共服务供给状况并没有随着上级政府拨付的转移支付的大量增加得到相应改善，于是我就开始思考，这个问题的根结究竟在哪里？对这个问题的关注和思考，促使我进行了长期而深入的研究。其中在攻读博士学位的三年多时间里，相关研究得到了多方面的关心与支持，尤其是2016年我作为主要成员参与的云南大学经济学院张林教授的云南省哲学社会科学创新团队获得课题立项后，相关数据搜集与整理工作得以加速推进，经过一番艰辛的努力，终于有了目前这个初步的研究成果。

本书是在我的博士学位论文基础上修改完善而成的。感谢我的恩师张荐华教授。在我读硕士的三年，然后留校，再到博士三年多，张老师一直是我的导师，一直谆谆教导我，教我做人做事，如慈父般温暖，我的博士学位论文从选题、初稿到最后成稿——第九稿，张老师总是逐字逐句帮着修改，其严谨的治学精神和态度让我铭记在心，并将令我终身受益。

感谢云南大学杨先明教授、梁双陆研究员、张林教授、徐光远教授、施本植教授、郭树华教授、罗美娟教授、蒋冠教授、吕昭河教授、张国胜教授，云南财经大学赵果庆教授、云南民族大学高梦滔教授，正是各位良师在我的博士论文撰写和后续学术研究中给予了大量无私帮助、关心和爱护，我才有信心继续相关研究，并取得了一点成绩。感谢我的同事兼好友徐琰超博士，感谢杨伟副教授、李贤副教授，几位老师的关心和帮助，让我受益良多。同时，还要感谢李娟副教授、娄锋副教授、马丹副教授、刘娟老师、邓碧惠老师、博士生石超和高军同学、本科生陆振豪、王雪键和张靖同学，以及清华大学蔡万焕老师和徐铭拥博士等。

感谢我的家人，他们默默无闻的支持与无微不至的关爱是我心灵的依靠。感谢父母对我的理解和关心；感谢我妻子罗丹博士的辛勤付出，一杯杯暖茶化解了写作的劳累，妻子在家庭中的付出让我有更多的时间投入研究；感谢爱子王嘉骏对爸爸的理解，他虽然非常想让我陪着玩儿，但只要轻声地告诉他爸爸需要读书、写文章，他总会理解地走开……

岁月匆匆，如白驹过隙，青春年少容易逝去，但岁月却带给我人生更多的积淀和厚重，以及成熟后的几分从容。云南大学之于我，是成长与成熟的沃土，更是一种“会泽百家、致公天下”的精神感召。愿母校越办越好！

长风破浪会有时，直挂云帆济沧海。本书对相关问题的研究可能稍显粗浅，但会实实在在激励我在日后的学术道路上不忘初心、砥砺前行，永葆追求学术真理之信念。

本书的出版得到云南省哲学社会科学创新团队成果文库的资助，得到社会科学文献出版社编辑老师们专业而耐心的帮助与指导。在此一并致谢，特表示我深深的敬意。

王守义

2017 年 9 月 5 日

云南大学呈贡校区

图书在版编目(CIP)数据

财政分权、转移支付与基本公共服务供给效率 / 王守义著. -- 北京：社会科学文献出版社，2017.9
(云南省哲学社会科学创新团队成果文库)
ISBN 978-7-5201-1367-0

Ⅰ.①财… Ⅱ.①王… Ⅲ.①地方财政-财政转移支付-研究-中国 Ⅳ.①F812.7

中国版本图书馆 CIP 数据核字（2017）第 220530 号

·云南省哲学社会科学创新团队成果文库·
财政分权、转移支付与基本公共服务供给效率

著　　者 / 王守义

出 版 人 / 谢寿光
项目统筹 / 宋月华　袁卫华
责任编辑 / 孙以年

出　　版 / 社会科学文献出版社·人文分社（010）59367215
地址：北京市北三环中路甲 29 号院华龙大厦　邮编：100029
网址：www.ssap.com.cn
发　　行 / 市场营销中心（010）59367081　59367018
印　　装 / 三河市东方印刷有限公司

规　　格 / 开 本：787mm×1092mm　1/16
印 张：21.25　字 数：336 千字
版　　次 / 2017 年 9 月第 1 版　2017 年 9 月第 1 次印刷
书　　号 / ISBN 978-7-5201-1367-0
定　　价 / 98.00 元